今注本二十四史

後漢書

一

紀〔一〕

南朝宋 范曄 撰　唐 李賢等 注

卜憲群 周天游 主持校注

中國社会科学出版社

圖書在版編目（CIP）數據

後漢書/（南朝宋）范曄撰；卜憲群，周天游主持校注．—北京：中國社會科學出版社，2021.12
（今注本二十四史）
ISBN 978-7-5203-9440-6

Ⅰ.①後…　Ⅱ.①范…　②卜…　③周…　Ⅲ.①中國歷史—東漢時代—紀傳體②《後漢書》—注釋　Ⅳ.①K234.204.2

中國版本圖書館CIP數據核字（2021）第266025號

出 版 人　趙劍英
項目統籌　王　茵
責任編輯　李凱凱　顧世寶　孫　萍　趙　威　郝玉明　韓國茹
特約編輯　王仁霞　王思桐　彭　麗　許微微　高文川　崔芝妹　石　瑊　靳　寶
責任校對　徐林平　韓　悦　鮑有情
封面設計　蔡易達
責任印製　王　超

出　　版　中國社會科學出版社
社　　址　北京鼓樓西大街甲158號　郵　　編　100720
網　　址　http://www.csspw.cn
發 行 部　010-84083685　門 市 部　010-84029450
經　　銷　新華書店及其他書店　印刷裝訂　三河弘翰印務有限公司
版　　次　2021年12月第1版　印　　次　2021年12月第1次印刷
開　　本　1/16　成品尺寸　228mm×152mm
印　　張　441.5　字　　數　5369千字
定　　價　1780.00元（全24册）

《今注本二十四史》工作委員會

《今注本二十四史》編纂委員會

領導小組　何兹全　林甘泉　伍　傑　陳高華　陳祖武
　　　　　卜憲群　趙劍英

總 編 纂　張政烺

執行總編纂　賴長揚　孫　曉

委　　員（按姓氏筆畫排列）

卜憲群　王玉哲　王　茵　王毓銓　王榮彬　王鑫義
毛佩琦　毛　蕾　史爲樂　朱大渭　朱紹侯　朱淵壽
伍　傑　李天石　李昌憲　李祖德　李錫厚　李　憑
吴松弟　吴樹平　何兹全　何德章　余太山　汪福寶
林甘泉　林　建　周天游　周偉洲　周　群　段志洪
施　丁　紀雪娟　馬俊民　華林甫　晁福林　高榮盛
陳久金　陳長琦　陳祖武　陳時龍　陳高華　陳得芝
陳智超　崔文印　商　傳　梁滿倉　張玉興　張　欣
張博泉　萬繩楠　程妮娜　童　超　曾貽芬　游自勇
靳　寶　楊志玖　楊　軍　楊際平　楊翼驤　楊耀坤
趙　凱　趙劍英　蔣福亞　鄭學檬　漆　俠　熊清元
劉中玉　劉迎勝　劉鳳翥　薄樹人　戴建國　韓國磐
魏長寶　蘇　木　龔留柱

秘 書 長　宗月霄　趙　凱

《今注本二十四史》編輯部

主　　任　王　茵　趙　凱

副 主 任　孫　萍　徐林平　劉艷强

成　　員（按姓氏筆畫排列）

丁坤麗　王仁霞　王沛姬　王思桐　石　瑊　李凱凱
郝玉明　紀雪娟　高文川　郭清霞　陳　穎　常文相
崔芝妹　許微微　張沛林　張　欣　張雲華　張　潛
彭　麗　靳　寶　趙　威　熊光照　鮑有情　韓　悦
韓國茹　顧世寶

《今注本二十四史·後漢書》項目組

主 持 人 卜憲群　周天游

成　　員（按姓氏筆畫排列）

丁坤麗　卜憲群　于振波　王　燮　石　堿　安子毓

吴雪飛　孟慶溥　陳久金　孫　曉　黄梓桐　符　奎

張沛林　張夢晗　曾　磊　游自勇　靳　寶　趙　凱

齊繼偉　翟金明　蘇俊林

《今注本二十四史》出版説明

二十四史，是中國古代二十四部史書的統稱，包括《史記》《漢書》《後漢書》《三國志》《晋書》《宋書》《南齊書》《梁書》《陳書》《南史》《魏書》《北齊書》《周書》《北史》《隋書》《舊唐書》《新唐書》《舊五代史》《新五代史》《宋史》《遼史》《金史》《元史》和《明史》。其成書時間自公元前二世紀下半葉至十八世紀中葉，前後相距約兩千年，總卷帙（不含複卷）達3213卷，共4000餘萬字。它們采用本紀、列傳、表、志等形式，構成了一個完整地記述清朝以前中國古代社會的著作體系。二十四史上起傳説時代的黄帝，下迄明朝滅亡，包容了我國古代的政治、軍事、經濟、思想、文化、天文、地理、民風、民俗等廣闊的社會内容，形成了一套展現中華民族起源和發展的最重要的核心典籍，被後人稱爲“正史”。世界上没有任何一個國家有如此内容涵蓋宏富、時間接續綿延、體例基本統一的歷史記載。

共同的歷史文化是一個民族賴以整體維繫的基本條件之一。而對歷史著作的不斷整合和續修，顯然有利於促進國家的統一、民族的團結、社會的進步。從《史記》到《明史》，不同地位、不同民族的史家和政治家，以同一體例連續不斷地編纂我們祖國發展演進的歷史，本質上反映了我國人民尋求構建多民族國家共同歷史的强烈願望。歷史上隨時把正史歸爲“三史”“十三史”“十七史”“廿一史”“廿二史”“廿四史”，不僅反映了人們對正史的認同，更重要的是反映了對共同歷史文化的認同，即民族的認同。而對正史進行大規模的整理，在另一個層面上，更有利於妥善保存民族文化遺產，豐富民族文化内涵，陶鑄民族文化精神，從而强化民族的尊嚴與自信心，提升國家的榮譽和國人對國家的歸屬感。

對二十四史進行整理，在此次之前規模較大的有三次。第一次是清朝乾隆年間，其成果是殿本；第二次是二十世紀三十年代張元濟先生組織的整理，其成果是百衲本；第三次即毛澤東同志倡議，由中華書局出面進行的整理，其成果是中華書局標點本。這一次是由張政烺先生等史學家倡議，由中華文化促進會主持編纂的今注，其成果是《今注本二十四史》。應當充分地注意到，這四次整理的發動，都有與其所處時代社會歷史息息相關的背景。乾隆朝的武英殿大量刊刻文化典籍，尤其是對二十四史的選本、校勘都經“欽定”，絶不是僅僅要製造盛世氣象；張元濟先生奔走於國難深重的二十世紀初的中國，“當中華文化存亡絶續之交”，有更深刻的原動力；毛澤東同志指示標點正史，倡議於中華人民共和國成立、百廢待舉之初；而我們如今正在進行的今注，則發軔於改革開放、萬象更新之時。這絕不是歷史的偶然。可以説，每每針對二十四史的重大舉措，都是應社會對具有主體性的統一的歷史文化需求而展開的。

當今世界，文化的融合過程逐漸加快，在共生的基礎上融合，在融合中保持共生，互補互融直至趨一。因此，各種文化都面臨着選擇。面臨選擇，充分展示本民族的歷史文化是學者們義不容辭的職責。而作爲歷史文化直接守護者的歷史學者，有責任爲世界提供對本民族歷史文化文本的正確詮釋，有責任努力爲民衆争取對民族歷史文化解讀的話語權。

《今注本二十四史》1994 年 8 月由中華人民共和國文化部批准立項，2005 年被中華人民共和國新聞出版總署列入“十一五”期間（2006—2010）“國家重點圖書出版規劃”。自 1994 年起，迄今已經進行了二十餘年。

《今注本二十四史》總編纂張政烺先生爲本書做了奠基性的工作。在他學術生命的最後時期，不僅親自審訂了最初的《今注本二十四史編纂總則》，還逐一遴選了各史主編。

《今注本二十四史》編纂委員會主要由各史主編與相關同仁組成。張政烺先生逝世後，根據多位主編的建議，我們陸續邀請了何兹全、林甘泉、伍傑、陳高華、陳祖武、卜憲群、趙劍英七位編委成立領導小組，全面指導編纂出版工作。他們爲本項目的編纂出版，付出了大量心血與智慧，没有他們的支持，本項目難以玉成。

本項目動員了全國三十餘所科研機構和高等學府的中

國古史專家共襄其事。全書設總編纂一人，執行總編纂二人，各史設主編一人或二人；某些特殊的“志（書）”如律曆、天文、五行（靈徵）等歸類單列，各設主編一人。各史主編自選作者，全書作者總計約三百人。多年來，他們薄利求義、任勞任怨、兢兢翼翼，惟敬業畢功是務，繼承和發揚了我國史學家捨身務實的優良傳統，爲本書的完成做出了不可磨滅的貢獻！

本項目啓動之初，老一輩的歷史學家王玉哲、王毓銓、陳可畏、張博泉、萬繩楠、楊志玖、楊翼驤、漆俠、薄樹人、韓國磐等先生不僅從道義上給予全力支援，而且主動承擔各史（志）主編。何兹全、林甘泉先生更是不厭其煩，爲編纂工作提出具體建議，爲項目立項奔走呼籲。執行總編纂賴長揚先生鞠躬盡瘁，承擔了大量繁雜的組織工作。現在，雖然以上先生已經辭世，但他們學術生涯的最後抉擇所表現出的對民族、對國家的崇高責任感，永遠值得我們銘記和學習！

本項目自動議始就得到了中華文化促進會及社會各界的回應與傾力支持。中華文化促進會主席王石先生、副主席段先念先生及前任領導人蕭秧先生在本項目立項、推動、經費籌措等方面辛勤奔走，起到了關鍵作用。

香港企業家黄丕通、劉國平先生在項目前期曾給予慷慨資助。

國家出版基金與中國社會科學院也給予本項目一定的出版資助。

四川省出版集團及巴蜀書社曾在編纂和出版方面起了重要的推動作用，已出版今注本《三國志》《梁書》。

《今注本二十四史》編纂出版工作，自 1994 年立項以來，一波三折、幾經沉浮。2017 年深圳華僑城集團予以鼎力襄助，全面解决了編纂出版經費拮据的問題，編纂出版工作方步入正軌。在此，編委會全體成員向深圳華僑城集團謹表達深深敬意和感謝！

鑒古知今，學史明智。中國社會科學出版社歷來重視歷史學及中國古代典籍的整理與出版工作，爲本項目組織專門團隊，秉持專業、嚴謹、高效的原則，爲項目整體的最終出版提供了重要保障。中國社會科學出版社將與各相關單位通力協作，努力將《今注本二十四史》打造成一部具有思想穿透力與廣泛影響力的精品力作，從而爲講好中國歷史、推動中國歷史研究做出貢獻。

謹以本書紀念爲弘揚中華文化而做出貢獻的歷史學家們！
謹以本書感謝爲傳承中華文化而支援和幫助我們的人們！

《今注本二十四史》編纂委員會
中國社會科學出版社
2020 年 6 月

《今注本二十四史》凡例

《今注本二十四史》在編纂過程中一共産生了四個總體規範性質的文件。這就是：《今注本二十四史編纂總則》（1995 年，2005 年 4 月修改，2017 年 8 月修訂）、《關於〈編纂總則〉的修改和補充意見》（2006 年 3 月）、《關於編纂工作若干問題的決定》（2007 年 1 月）、《關於〈今注本二十四史編纂總則〉幾點重要的補充説明》（2017 年 10 月）。它們確定了全書編纂的目的、特點及其具體操作規則。綜其要概述如下。

本書的基本特點是史家注史。工作主要集中在三個方面：版本的改誤糾謬；史實的正義疏通；史料的補充增益。由各史主編撰寫《前言》，扼要介紹該史所涉及的時代背景、作者生平、寫作過程、著作特點、史料價值、在史學史上的地位和研究概況。

本書的學術目標有兩個。一個是通過校勘，得到一套善本；一個是通過今注，得到一套最佳的注釋本。即完成由史家校勘並加以注釋的二十四史的新校勘新注釋本。它從史家的角度出發，集數百年以來學界的研究成果，采取有圖有文的注釋形式，力圖以新的角度、新的内容、新的形式，爲二十四史創造出一整套代表當代學術水準的、權威的現代善本。

一　校勘

1. 底本：原則上以商務印書館百衲本爲底本；因百衲本並非善本的另行確定底本。

2. 校勘：充分吸收包括中華書局標點本在内的前人的校勘成果，全面參校，以形成一個全新的校勘本。

各史采用的底本和參校本，在各史序言中寫出全稱和簡稱。整套書統一規定的簡稱有六個：武英殿本簡稱“殿本”；國子監本，相應簡稱“南監本”“北監本”；毛氏汲古閣本簡稱“汲古閣本”；同治五書局本簡稱“局本”；商務印書館百衲本簡稱“百衲本”。

校勘成果反映在原文中，即依據有充分把握的校勘結果，將底本中的衍、脱、誤、倒之處全部改正；刊正底本的理由，全部在相應注釋中加以説明。對無十分把握之處，不改原文，衹出校勘記質疑。

采用中華書局標點本爲工作本的史書，不録入原校勘記。直接吸收其校勘成果者則加以説明，對其提出商榷者在相應注釋中加以辨證。

二　注釋

1. 對有古注並已與原書集合行世的前四史，原則上保留古注，視同原文並加注。

2. 注釋程度：以幫助具有大專文化水準以上的讀者讀懂爲限；以給研究者提供簡要索引爲限。注文力求做到：準確、質樸、簡練、嚴謹、規範。

3. 出注（除一些專志外）以卷（篇）爲單位。即對應當加注者，在每卷（篇）第一次出現時加注。此後即使該卷（篇）中再出現，如意義完全等同者，不再加注；而在别卷（篇）再出現時，仍另行加注。有多卷的同類志書出注時視爲同卷，即同類志書對應當加注者在首次出現時加注，其後再現如意義完全等同，亦不再加注。

4. 注釋範圍：冷僻的字音、字義、詞義，成語典故；不易理解的名物制度、地名、人名、别號、謚號、廟號；有争議或原作記述有歧誤的史實等。

（1）字音、字義、詞義的注釋祇限於生僻字、異體字、避諱字、破讀和易生歧義及晦澀難懂的語辭。對多音字，在文中必讀某音的，以漢語拼音出注。避諱字的注文應説明避諱原因，原文原則上不改，出注。字音標注采用漢語拼音。

（2）對原文中的古體、通假、異體字的處理：古體、通假字不作改動，對其中罕見或疑難者，在注中説明其今體或正體字。全書原文和古注保留異體字，今注除人名、地名、書名和職官（署）名之外，原則上不使用異體字。

（3）成語典故，出注祇限於冷僻的成語典故，注文僅簡單説明成語典故來源、内容和意義。常見的詞語一般不出注，包括常見的古漢語虛詞與實詞，但某些不注會産生歧義者除外。

（4）人名、别號、謚號等，凡係本部書中没有專傳（或紀）的人物一般出注説明係何時、何地之人，姓、氏、名、字一般不出注，有特殊來源者，可出注。常見的歷史人物名號與某些不注無礙於全文理解者不必出注；對暫不可考者則説明未詳。

（5）地名注釋：一般僅注明今地；如須説明沿革方可解讀者，則簡述其沿革。本史有《地理志》者，地名出注從簡；若古今地名相同，所治地區大致相同者，則不出注。

（6）官名、官署名及職官制度和爵位制度名稱出注，遵循以下三個原則：常見者（如丞相、太尉、太守、縣令等），若其意義與通常理解無顯著變化，一般不出注；不常見者（如太阿、決曹、次等司等），應説明品秩、職掌範圍，需叙述沿革等方能理解原文意義者，則説明沿革變化、上下級關係、置廢時間；若本史有相應專志者，此類出注即從簡略；無相應專志者，可稍詳盡。

（7）原文與史實不符處，前後文不符處，則予以辯明。考證力求言之有據，簡明扼要。

（8）紀、傳注文以疏通原文爲目的，一般不采取補注、匯注形式。力求不枝不蔓，緊扣原文。各志（書）注文可采取補注、匯注形式，以求内容豐富、全面。

（9）對有爭議的問題，客觀公允地羅列諸説，反映歧見；同時指出帶傾向性的意見。盡量不作價值評論性質的分析。

（10）今注出注各有重點：“紀”（“世家”“載記”）着重歷史事件；“傳”着重人物事迹及人際關係；“志”着重制度内容及沿革；“表”着重疏理時序。除《史記》外，注文内容貫徹詳本朝略前代的原則。

（11）注釋以段爲單位，統一順次編碼。出注（校）標碼與注文標碼一致，均采用［1］［2］［3］……標示。

校注側重學術性，努力吸收前人的研究成果，尤其是現代學者的研究成果，充分準確地反映當代二十四史學術研究現狀；爲相關專業的學者提供足資利用的準確原文和内容索引，亦爲一般文史讀者搭建起提高水準的階梯。

《今注本二十四史》編纂委員會

2017 年 10 月

目　録

卷一〇上　皇后紀第十上

卷一〇下　皇后紀第十下

卷一一　列傳第一

卷一二　列傳第二

卷一三　列傳第三

卷一四　列傳第四

卷一五　列傳第五

卷一六　列傳第六

卷一七　列傳第七

卷一八　列傳第八

卷一九　列傳第九

卷二〇　列傳第十

卷二一　列傳第十一

卷二二　列傳第十二

卷二三　列傳第十三

卷二四　列傳第十四

卷二五　列傳第十五

卷二六　列傳第十六

卷二七　列傳第十七

卷三二　列傳第二十二

卷三三　列傳第二十三

卷三四　列傳第二十四

卷三五　列傳第二十五

卷三六　列傳第二十六

卷三七　列傳第二十七

卷三八　列傳第二十八

卷三九　列傳第二十九

卷四〇上　列傳第三十上

卷四〇下　列傳第三十下

卷四一　列傳第三十一

卷四二　列傳第三十二

卷四三　列傳第三十三

卷四四　列傳第三十四

卷四五　列傳第三十五

卷四六　列傳第三十六

卷四七　列傳第三十七

卷四八　列傳第三十八

卷四九　列傳第三十九

卷五〇　列傳第四十

卷五一　列傳第四十一

卷五二　列傳第四十二

卷五三　列傳第四十三

卷五四　列傳第四十四

卷五五　列傳第四十五

卷五六　列傳第四十六

卷五七　列傳第四十七

卷五八　列傳第四十八

卷五九　列傳第四十九

卷六〇上　列傳第五十上

卷六〇下　列傳第五十下

卷六一　列傳第五十一

卷六二　列傳第五十二

卷六三　列傳第五十三

卷六四　列傳第五十四

卷六五　列傳第五十五

卷六六　列傳第五十六

卷六七　列傳第五十七

卷六九　列傳第五十九

卷七〇　列傳第六十

卷七一　列傳第六十一

卷七二　列傳第六十二

卷七三　列傳第六十三

卷七四上　列傳第六十四上

卷七四下　列傳第六十四下

卷七五　列傳第六十五

卷七六　列傳第六十六

卷七七　列傳第六十七

卷七八　列傳第六十八

卷七九上　列傳第六十九上

卷七九下　列傳第六十九下

卷八〇上　列傳第七十上

卷八〇下　列傳第七十下

卷八一　列傳第七十一

卷八二上　列傳第七十二上

卷八二下　列傳第七十二下

志第五　禮儀中

志第六　禮儀下

志第七　祭祀上

志第八　祭祀中

志第九　祭祀下

志第十　天文上

志第十一　天文中

志第十二　天文下

志第十三　五行一

志第十四　五行二

志第十五　五行三

志第十六　五行四

志第十七　五行五

志第十八　五行六

志第十九　郡國一

志第二十　郡國二

志第二十一　郡國三

志第二十二　郡國四

志第二十三　郡國五

志第二十七　百官四

志第二十八　百官五

志第二十九　輿服上

志第三十　輿服下

前　言

卜憲群

范曄所撰《後漢書》，是中國“二十四史”中的經典著作之一，不僅對東漢一代歷史發展進程有精彩的記述，而且呈現了一位優秀史家的“自得”之學。

一

范曄（398—445），字蔚宗，祖籍順陽郡順陽縣（今河南淅川縣）。在他的生命歷程中，前 22 年是在東晉度過的，後 26 年是在劉宋王朝中走過來的，這影響到他的人生命運和史學際遇。

范氏在晉宋之際是名門望族。曾祖范汪，幼年孤貧，雖布衣蔬食，仍潛心讀書。成年後，“博學多通，善談名理”①。晉安西將軍桓温掌荆州，以范汪爲將軍長史。後任東陽郡太守，其間大興學校，惠政一方。因與桓温失和，遂遭嫉恨，雖有任職，不得重用。范汪次子范甯，少篤學，多所通覽。因桓温阻擾，長期未得仕進。桓温死後，范甯任餘杭令，興學校，整風俗，史稱“自中興以來，崇學敦教，未有如甯者也”②。嗣後，歷任臨淮太守、中書侍郎等職。後有人上奏朝廷，説范甯所作所爲有違常制，遂被晉武帝免官。范甯勤於經學，所撰《春秋穀梁傳集解》，其義精深，爲世所重。其子范泰，東晉末歷任天門太守、中書侍郎等職。當范甯受到彈劾時，時任天門太守的范泰，曾棄官爲父申訴。桓玄擅權，以“居喪無禮”之名，將范泰廢徙丹徒。這是范氏家族同桓温、桓玄父子在政治上的又一過節。桓玄之變後，劉裕主晉事。其間，范泰任南郡太守、御史中丞、司空等職，備受禮遇和善待。這是范氏家族在東晉末年最輝煌的時期。劉裕代晉，建立劉宋王朝，范泰被授予金紫光禄大夫，加散騎常侍，後爲國子祭酒。范泰同樣重視教育，他曾上書建議興建國學。宋文帝時期，以范泰先朝舊臣，恩禮甚重。這是范氏家族在劉宋時期最榮耀的歲月。

范曄是范泰第四子，後出繼給從伯父范弘之。范曄“少好學，博涉經史，善爲文章，能隸書，曉音律”③，這與他

① 《晉書》卷七五《范汪傳》。

② 《晉書》卷七五《范甯傳》。

③ 《宋書》卷六九《范曄傳》。

出身於范氏家族這樣一個書香門第、仕宦之家有關。南朝宋建立後，范曄在彭城王劉義康部下做右軍參軍，後任秘書丞等職。宋文帝元嘉五年（428），他因父親去世而離職服喪。元嘉八年，理應隨軍北伐，而范曄竟然"憚行，辭以脚疾"。雖然最終不得不隨軍而戰，且北伐大獲全勝，但由此使自己陷入了被動。次年冬，彭城太妃（劉義康母）去世，范曄却夜中酣飲，且聽挽歌爲樂。劉義康大怒，貶范曄爲宣城太守。范曄有違常理的行爲，不衹這一件事。元嘉十六年，嫡母亡，范曄不及時奔喪，後來奔喪時竟妓妾相隨，爲世俗不容。於是，他遭到彈劾，宋文帝愛其才而不予治罪。

范曄出身門閥世族，承襲家學，學識過人，所以自視甚高，喜歡臧否人物，指點天下。他的優缺點都與此有關。其爲人簡直率性，恃才傲物，拓落不羈，從不阿諛奉承，服低做小。這樣的品行，對其治學撰史上的影響也是非常深刻的，一方面自負，一方面自得。正是因他不拘小節，導致他交友不慎，深深地陷入當時政治鬬争的漩渦之中而無法掙脱。元嘉二十二年（445）以"謀逆"之罪被殺，人生以悲劇結束。

二

范曄《後漢書》與司馬遷《史記》、班固《漢書》、陳壽《三國志》合稱"前四史"。或説"前四史"皆有私修國史之嫌，班固還曾被人誣告私作國史下獄。但是，司馬遷畢竟爲太史令，班固是蘭臺令史，陳壽也曾授職著作郎，他們似乎都有修國史的資格。可范曄並没有史官的身份，據《宋書·范曄傳》載，他左遷宣城太守後“不得志，乃删衆家《後漢書》，爲一家之作”。這是《後漢書》與前三史的區别之一。在范曄編撰《後漢書》之前，已有不少史家熱衷於修撰東漢史，著作迭出，如東漢官修國史《東觀漢記》、三國吴謝承的《後漢書》、西晉薛瑩的《後漢記》、西晉司馬彪的《續漢書》、西晉華嶠的《漢後書》、東晉謝沈的《後漢書》、東晉張瑩的《後漢南記》、東晉袁宏的《後漢紀》、東晉袁山松的《後漢書》、東晉張璠的《後漢紀》等。其中，謝承所著東漢史，被譽爲“東漢第一良史”[1]，作者中，華嶠有“良史之志”[2]，謝沈亦“有史才”[3]。從佚文來看，謝承《後漢書》設有循吏、酷吏、宦官、儒林、文苑、獨行、方術、逸民、列女、風教等類傳；華嶠“以皇后配天作合，前史作外戚傳以繼末編，非其義也，故易爲皇后紀，以次帝紀”，又改“表”爲“譜”，改“志”爲“典”；謝沈《後漢書》列有禮儀、祭祀、天文、五行、郡國等志；袁山松《後漢書》亦有律曆、禮儀、祭祀、天文、五行、郡國、百官、藝文等志；司馬彪《續漢書》有律曆、禮儀、祭祀、天文、五行、郡

---

① 姚之駰輯，孫志祖增訂：《謝氏後漢書補逸》姚序，《今注本二十四史》編纂委員會編《二十四史研究資料彙編·兩漢書》，人民出版社 2010 年版，第 17 册，第 520 頁。

② 《晉書》卷四四《華嶠傳》。

③ 《晉書》卷八二《謝沈傳》。

國、百官、輿服等志。除了司馬彪《續漢書》的“八志”傳於世，其他大多數都散佚了。但從這些佚文可以看出，范曄之前修撰東漢史的史家們，有一些在歷史撰述上頗有獨到見解，有的創見直接影響到范曄的《後漢書》編撰。

唐代史學家劉知幾在《史通·古今正史》中説范曄“廣集學徒，窮覽舊籍，删繁補略，作《後漢書》”，這裏的“舊籍”，指的就是上述所列的東漢史著作。這説明范曄博采諸家之長，在《後漢書》編撰過程中借鑒、吸收了不少其他東漢史著作的體例和材料。如華嶠創設的《皇后紀》，范曄“沿用其例，遵而不改”①；“其《黨錮傳》，可能來自司馬彪《續漢書·黨錮傳》；其循吏、酷吏、宦者、儒林、文苑、獨行、方術、逸民、列女等類傳可能來自謝承《後漢書》之同名的類傳；其‘六夷’傳，包括東夷、南蠻、西羌、西域、南匈奴、烏桓鮮卑等，可能是分别參考了謝承、司馬彪、華嶠三家後漢史中有關的傳。而范曄在整理材料中對歷史人物傳記的編次上，則更多地受到袁宏《後漢紀》‘言行趣舍，各以類書’的方法的影響”②。由此，有人提出《後漢書》“並不完全是范曄個人卓越的創見，而是自東漢末年至魏晉時代思潮轉變下凝結的産

---

① 周天游：《八家後漢書輯注·前言》，上海古籍出版社1986年版，第3頁。

② 瞿林東：《中國史學史綱》，北京出版社1999年版，第241頁。

物"①。這樣的評議也算客觀，但我們還是要看到范曄在前人基礎上如何以更加廣泛的視野采擇史料、組織史事，使其成爲一個有機聯繫的整體，這是需要卓越的史識的。正如學者所指出的，"范曄對各家後漢史的整合、改造、提升與創新，頗具匠心，雖博采衆家之長，但却是按照自己的想法予以重新熔鑄，其間凝聚了范曄的創造性思維與他對東漢歷史演進路徑的思考"②。《史通·補注》曾言："范曄之删《後漢》也，簡而且周，疏而不漏，蓋云備矣。"《史通·書事》又言："范曄博採衆書，裁成漢典，觀其所取，頗有奇工。"劉知幾的這些評論還是比較客觀的。

范曄《後漢書》專記東漢一朝的史事，其記事起於王莽天鳳年間（14—19），終於東漢獻帝建安二十五年（220），包括本紀十卷，列傳八十卷。范曄修史計劃中，是有"志"的，"欲徧作諸志，前漢所有者悉令備"③，可惜没有撰成。至南朝梁劉昭爲《後漢書》作注時，取司馬彪《續漢書》八志與范曄《後漢書》紀傳合而爲一，流傳於世，即今天我們所看到的《後漢書》。

范曄是一個自負的人，也是一個自得的人。他在《獄

① 逯耀東：《魏晉時期歷史人物評論標準》，《魏晉史學及其他》，臺北：東大圖書公司 1998 年版，第 54 頁。

② 陳其泰主編，張峰著：《中國歷史編纂學史》第三卷《魏晉南北朝隋唐五代時期》，國家圖書館出版社 2018 年版，第 63 頁。

③ 《宋書》卷六九《范曄傳》。

中與諸甥姪書》中指出："既造《後漢》，轉得統緒，詳觀古今著述及評論，殆少可意者。班氏最有高名，既任情無例，不可甲乙辨。後贊於理近無所得，唯志可推耳。博贍不可及之，整理未必愧也……此書行，故應有賞音者。紀傳例爲舉其大略耳，諸細意甚多。自古體大而思精，未有此也。"① 他以班固《漢書》爲參照，相較後認爲自己所編撰的《後漢書》在史料的整理和體例的創新上更勝一籌，自信他的《後漢書》乃體大思精之作，一定會有知音的。事實證明，范曄《後漢書》能留傳於世，從一個側面反映出這部史著的生命力。

三

范曄《後漢書》十篇本紀，包含《光武帝紀》《孝明帝紀》《孝章帝紀》《孝和孝殤帝紀》《孝安帝紀》《孝順孝沖孝質帝紀》《孝桓帝紀》《孝靈帝紀》《孝獻帝紀》以及《皇后紀》。在本紀編纂上，他繼承了《漢書》以帝王作爲本紀主要記載對象的做法，同時又根據東漢一代歷史的特點而加以變通，目的在於揭示東漢一代的歷史面貌。其一，在本紀中開創附紀的先例。如把夭折的漢殤帝劉隆在位期間的一些歷史事件附載於和帝本紀，從而保障了歷史記述的連續性。再如漢沖帝劉炳、漢質帝劉纘在位均不到一年，很難單獨成紀，於是范曄將其二人在位期間的重

---

① 《宋書》卷六九《范曄傳》。

大史事附載於順帝本紀之後，這同樣可起到貫串史事、彰顯歷史發展大勢的作用。這一變通的方法，爲後代正史帝紀編纂所承繼。其二，承繼華嶠《漢後書》體例，創設《皇后紀》。爲皇后立紀始於司馬遷《史記》的《吕太后本紀》。班固《漢書》雖然關注到皇后在國家運轉和歷史變革中的重要影響，但僅設置《高后紀》，其餘皇后列於《外戚列傳》之中。東漢時期，幼主即位，皇太后臨朝聽政、掌握大權的現象甚爲普遍，這也是東漢歷史和政治的一個顯著特點。爲了反映這樣的時代特點，范曄在借鑒華嶠編纂思想的基礎上，取消了《外戚列傳》，也没有給個别皇后單獨立紀，而是設置《皇后紀》記載東漢一代的皇后這一特殊群體。

列傳八十卷，范曄采用“以類相從”的編纂方法，多角度多層面地反映東漢歷史面貌和發展大勢。一是將東漢時期具有相同事迹、品行、學術旨趣的人物編次於一傳之中。這一點，清代學者趙翼有很深刻的認識。如“卓茂本在雲臺圖像内，乃與魯恭、魏霸、劉寬等同卷，以其皆以治行著也”；“王充，國初人；王符、仲長統，漢末人，而亦同卷，以其皆著書恬於榮利也”；“班超、梁慬同卷，以其立功絶域也”，等等。趙翼總結説，凡此諸類，皆“編次之用意也”。[1] 這就從一個方面揭示了范曄“以類相從”的編纂思想，即打破了依照時間先後來編排人物傳記的常

① 趙翼著，王樹民校證：《廿二史劄記校證》卷四“後漢書編次訂正”條，中華書局 2001 年版，第 80—81 頁。

規做法。二是將一些在某一領域有重要影響的歷史人物獨立作傳。如馬融、鄭玄，爲東漢時期大儒，他們在當時乃至中國古代經學史上都有一定的地位和影響，故范曄並没有將二人列入《儒林列傳》，而是獨立成傳，以凸顯他們在經學史上的成就及其獨特的歷史地位。張衡精於天文曆法、數術，發明渾天儀和地動儀，在中國天文學史上是有貢獻和影響力的歷史人物，因此范曄也没有把他列於《方術列傳》，而是獨立設傳。同時，還有《竇憲列傳》《梁冀列傳》，揭露東漢社會外戚專政的弊病，與《宦者列傳》形成呼應。三是設置十篇類傳，這是范曄“以類相從”編纂方法的集中體現。類傳是紀傳體史書的一大特點，自《史記》始設，《漢書》承繼。相較二者，范曄《後漢書》的類傳，既表現出繼承性，又有創新性。這就是，《後漢書》在繼承《史記》《漢書》的《儒林列傳》《循吏列傳》和《酷吏列傳》三篇類傳的同時，另創《黨錮列傳》《宦者列傳》《文苑列傳》《獨行列傳》《方術列傳》《逸民列傳》《列女傳》七篇，“進一步完善了紀傳體史書的内部體例，奠定了後世紀傳體史書類傳的基本格局，推進了歷史編纂的深入發展”①。范曄的這一類傳創新，是時代與社會的新發展所決定的，當然也離不開史學自身發展的推動。正如汪榮祖指出的，范曄在《後漢書》中新增類傳，“非欲徒增名目，實因世變情異，新人雜出，不得不爾。蓋紀

① 陳其泰主編，張峰著：《中國歷史編纂學史》第三卷，第65—66頁。

傳既以人彰事，不述其人，事何以彰？自光武以來，文風鼎盛，是知‘文苑列傳’必作。黨錮、宦者尤關係東漢一代政治之升降，能不書之？故曄所立傳，‘揆諸當代史實，最得體要’，而其所立諸傳，尤重一代風教，重文顯俗，顧及‘文化之史’，可補馬班之不逮”[1]。

除了這三大特點外，范書的一些細節處理，更加豐富了人們對東漢歷史人物和社會風貌的認識。白壽彝説：“范書的方法不衹是簡單地以類相從，而是在於類從之中，猶有‘細意’往往是因人見事，反映出一些歷史問題來的。”[2] 范曄在《獄中與諸甥姪書》中明確提到，“紀傳例爲舉其大略耳，諸細意甚多”。其書雖衹有紀、傳兩個部分，但其内容之豐富、結構之嚴謹，足以使其能够超越以前的同類史書而卓然自立”[3]。劉知幾在《史通·古今正史》中説“世言漢中興史者，唯范、袁二家而已”。這個評價是中肯的。

四

范曄不僅在史書編纂上有“自得”之學，而且在歷史

---

① 汪榮祖：《史傳通説——中西史學之比較》，中華書局2003年版，第105頁。

② 白壽彝：《中國史學史論集》，中華書局1999年版，第135頁。

③ 瞿林東、李珍：《范曄評傳》，南京大學出版社2011年版，第95頁。

見解和史學認識上更有“自得”之學。范曄的史學思想，主要體現在他所言的“以意爲主，以文傳意”和“因事就卷内發論，以正一代得失”①。

范曄在《獄中與諸甥姪書》中言：“常謂情志所託，故當以意爲主，以文傳意。以意爲主，則其旨必見；以文傳意，則其詞不流。然後抽其芬芳，振其金石耳。”對於這一思想主旨，范曄從三個層面作了説明。一是對於史論，他説：“詳觀古今著述及評論，殆少可意者……吾雜傳論，皆有精意深旨，既有裁味，故約其詞句。至於《循吏》以下及‘六夷’諸序論，筆勢縱放，實天下之奇作。其中合者，往往不減《過秦篇》。嘗共比方班氏所作，非但不愧之而已。”雖説范曄對以往史學、史家的評論未必恰當，自己又有點自負，但這裏强調的史論要有精意深旨和筆勢縱放，實際上與他所言的“以意爲主，以文傳意”之史學主旨是相合的。二是關於史書體例，他説其所撰《後漢書》“紀傳例爲舉其大略耳，諸細意甚多。自古體大而思精，未有此也。恐世人不能盡之，多貴古賤今，所以稱情狂言耳”。這裏提到的“細意甚多”和“體大思精”，再次突出了“以意爲主”的史學思想。三是對作史的目的，范曄也有論述，即“雖事不必多，且使見文得盡”。這是講他原計劃要作“志”及所要達到的目的，實際上談到了史家爲史之意。

“正一代得失”是范曄《後漢書》史論的史學旨趣所

① 《宋書》卷六九《范曄傳》。

在。顧炎武《日知録》卷一三《兩漢風俗》從兩漢風俗視角肯定了范曄的歷史見解，他説："漢自孝武表彰六經之後，師儒雖盛，而大義未明，故新莽居攝，頌德獻符者，遍於天下。光武有鑒於此，故尊崇節義，敦厲名實，所舉用者莫非經明行修之人，而風俗爲之一變。至其末造，朝政昏濁，國事日非，而黨錮之流、獨行之輩，依仁蹈義，捨命不渝，風雨如晦，雞鳴不已。三代以下，風俗之美，無尚於東京者！故范曄之論，以爲桓靈之間，君道秕辟，朝綱日陵，國隙屢起，自中智以下靡不審其崩離，而强權之臣，息其闚盗之謀，豪俊之夫，屈於鄙生之議。所以傾而未頹，決而未潰，皆仁人君子心力之爲，可謂知言者矣。使後代之主，循而弗革，即流風至今，亦何不可？"王鳴盛《十七史商榷》卷三六《范矯班失》從范曄史論的精神境界着眼對其作了肯定："蔚宗遂力矯班氏之失。如《黨錮》《獨行》《逸民》等傳，正所以表死節，褒正直，而叙殺身成仁之爲美也。而諸列傳中亦往往見重仁義、貴守節之意。善讀書者當自知之，並可以想見蔚宗之爲人。"歷代學者對范曄史論的肯定和推崇，正説明范曄史論確實做到了"正一代得失"。正如周一良所説，"《後漢書》的序或論，在范蔚宗的心目中，實爲再三致意的全書之靈魂"①，可謂一語中的。

---

① 周一良：《略論南北朝史學之異同》，見氏著《魏晋南北朝史論集續編》，北京大學出版社 1991 年版，第 100 頁。

五

今本《後漢書》中《律曆》《禮儀》《祭祀》《天文》《五行》《郡國》《百官》《輿服》八志，取自西晉史學家司馬彪的《續漢書》。

司馬彪（？—306），字紹統，西晉宗室子弟。早年因有薄行失德之舉，風評不佳，經歷秘書丞、散騎侍郎等職，宦迹平平。但是他少時篤學不倦，積學厚重，失意之後，以著述安身立命，“不交人事，而專精學習，故得博覽群籍，終其綴集之務”①。他著《九州春秋》，爲《莊子》作注，又依據《汲冢紀年》考校譙周《古史考》失當之處，皆得時譽。《續漢書》八十篇則是他垂名後世的代表作。

關於著史緣起，據《晉書》本傳記述，司馬彪有感於“漢氏中興，訖于建安，忠臣義士亦以昭著，而時無良史，記述煩雜，譙周雖已删除，然猶未盡，安、順以下，亡缺者多”，遂“討論衆書，綴其所聞，起于世祖，終于孝獻，編年二百，録世十二，通綜上下，旁貫庶事，爲紀、志、傳凡八十篇，號曰《續漢書》”。《續漢書》參綜《東觀漢記》諸書，呈現東漢一朝歷史，首尾齊整，體例完備。遺憾的是，今日所見，唯八篇典志及紀傳佚文。

《續漢書》八志（或徑稱爲《續漢志》），是記録秦漢典章制度的主要文獻之一，其中有不少創新之處。以

---

① 《晉書》卷八二《司馬彪傳》。

《郡國志》爲例，其内容雖不及《漢書·地理志》豐富詳贍，但在體例上以州部統轄郡國，避免了錯亂，顯然優於《漢書·地理志》。如清人王鳴盛《十七史商榷》卷三二《國隨郡次》："《前志》每郡注屬某州，既不如《續志》徑分各州之直捷，而將各國總聚於各郡之後，遂致東西間隔、南北錯互，亦不如《續志》隨各國道里附近之郡編次爲愜當。"由於范曄《後漢書》有紀傳而無志，《續漢志》的重要性尤顯突出，如有識者所言，與其説是彪《志》依范《書》而得以傳世，不如説范《書》憑彪《志》而近於完備。①

六

范曄《後漢書》完成後，得到廣泛傳播，而其他諸家東漢史，除了袁宏《後漢紀》這一編年體史書外，都逐漸散佚。

范曄《後漢書》問世後，不斷有人爲其作注釋、校勘、補撰和評論。較早爲范曄《後漢書》作注釋的，是南朝梁人劉昭。他不僅爲《後漢書》作注，還借司馬彪《續漢書》的志爲其補志，使得今天我們看到的《後漢書》相對完整。從這個意義上説，劉昭對於范曄《後漢書》的流傳作出了非常重要的貢獻。之後，唐初章懷太子李賢等爲范曄《後漢書》作注，這是我們今天閲讀范曄《後漢書》

① 周天游：《八家後漢書輯注·前言》，第4頁。

的史學基礎。北宋時，劉攽撰成《東漢刊誤》，對《後漢書》中的訛誤、衍脱等多有校正。清人對范曄《後漢書》的注釋、校勘也多有貢獻，其中以惠棟《後漢書補注》、沈欽韓《後漢書疏證》最有影響。王先謙作《後漢書集解》，是《後漢書》歷代注釋的集大成者。

自宋以下，歷代學者對范曄《後漢書》作補撰，如補撰史表、志，代表性成果有清人錢大昭《補續漢書藝文志》、侯康《補後漢書藝文志》、姚振宗《後漢藝文志》等，其中以姚振宗《後漢藝文志》最爲翔實。

不論是校勘、注釋還是補撰，都説明范曄《後漢書》歷來備受關注，它的史學價值不斷被人們所認知和肯定，反映出它所具有的社會影響。

《後漢書》的刊刻，始於北宋太宗淳化年間，即所謂“淳化本”。“淳化本”與宋真宗景德年間的“景德本”都有紀、傳而無志，且俱已失傳。今天我們還能看到較早的宋槧《後漢書》有兩種，一種是北宋仁宗景祐間刻至南宋初遞修本。該本半葉十行，行十九字左右，小字雙行二十五字左右。今中國國家圖書館藏有數種殘本，其中一種存九十四卷，爲瞿氏鐵琴銅劍樓舊物，五卷未補，其餘卷次補以宋刻元修本及清初鈔本。① 又一種存二十二卷，缺十四卷，其餘卷次補以南宋“黄善夫本”或“蔡琪本”，均較珍貴。此外宋元刊《後漢書》還有宋紹興江南東路轉運

① ［日］尾崎康著，喬秀岩、王鏗編譯：《正史宋元版之研究》，中華書局 2018 年版，第 357—358 頁。

司刻宋元遞修本、宋建安王叔邊刊本、宋慶元黄善夫刊本、宋嘉定蔡琪一經堂刊本、元大德九年寧國路儒學刻明成化遞修本等。其中國家圖書館藏宋紹興江南東路轉運司刻宋元遞修本，存一百一十五卷，半葉九行，行十六字，小字雙行二十字左右，國家圖書館藏元大德九年寧國路儒學刻明成化遞修本，半葉十行，行二十二字左右，小字雙行同，是較有代表性的刊本。明清時期的《後漢書》刊本有明南北監本、明毛氏汲古閣本、清乾隆武英殿本、清同治金陵書局刊本等。其中“武英殿本”源自明北監本，半葉十行，行二十一字，小字雙行同，後附考證五百餘條，其版本價值雖不如《漢書》等源出宋本，但校對頗精，亦屬善本。在當代影響最大的，是中華書局 1965 年出版的《後漢書》點校本，學界簡稱爲“中華本”《後漢書》。中華本以紹興本爲底本，校以汲古閣本、殿本，並廣泛吸收王先謙、張森楷等的校勘成果。它是新中國成立以來較爲重要的古籍整理成果，爲當代學術研究中普遍使用的版本。但中華本參校本較少，其中也有一些校勘、標點問題，自推出以來學者們提出了諸多商榷，學術界正期待一部校勘精良、注釋完善的《後漢書》古籍整理著作。

七

今注本《後漢書》是《今注本二十四史》的一種。我們按照《編纂總則》的要求，主要做了以下兩個方面的工作：

（一）底本的選定與校勘。國家圖書館藏北宋仁宗景祐間刻至南宋初遞修本爲《後漢書》現存最早版本，存一百一十五卷。今注本《後漢書》以此書爲底本，缺卷以國家圖書館藏另一部同版本補（是本存一百零六卷，鈐“鹽官蔣氏衍芬草堂三世臧書印”），參校以國家圖書館藏宋紹興江南東路轉運司刻宋元遞修本（卷十二至十六配涵芬樓抄本）、國家圖書館藏元大德九年寧國路儒學刻明成化遞修本（大德九路儒學刻十七史之一）、國家圖書館藏乾隆年間武英殿刊本。同時參考王先謙《後漢書集解》、中華書局點校本、周天游《八家後漢書輯注》等。

（二）注釋。人名、地名、職官、生僻字詞典故及不易理解的名物、制度、現象，皆在注釋之列。注文有疏有密，或繁或簡，務在疏通文義，爲讀者掃除讀史障礙。本書注釋貫徹《今注本二十四史》“史家注史”原則，具有三個明顯的特點：

其一，注重參考吸收前人特別是當代學者研究成果，職官方面如安作璋、熊鐵基著《秦漢官制史稿》，地理方面如周振鶴、李曉傑、張莉編著《中國行政區劃通史·秦漢卷》，錢林書《續漢書郡國志彙釋》，文獻校訂如周天游《八家後漢書輯注》、曹金華《後漢書稽疑》等，力求向讀者呈現主流學術觀點和最新研究動態。

其二，注重借鑒簡牘、銘刻及其他文物考古資料，以補史文之不足。如《後漢書·光武帝紀》有“父後”一詞，今注本先注以“即後子，指繼承父親户主、爵位、財產的兒子”，又引張家山漢簡《二年律令·置後律》關於後子繼承爵位的律文“疾死置後者，徹侯後子爲徹侯，其無嫡子，以孺子子、良人子。關内侯後子爲關内侯。卿後子爲公乘……其無嫡子，以下妻子、偏妻子”，提出“可見一般的‘父後’當指正妻所生的嫡長子”。這樣的解釋，無疑豐富了我們的認識。考古遺址是歷史現場的再現，其證史價值無可替代，如《後漢書·郡國志四》“東平陵”條本注云“有鐵”。今注云：“東平陵：縣名。治所在今山東濟南市章丘區。”又據考古研究成果云：“故城遺址平面呈正方形，週長約7500米，面積約300萬平方米。遺址中有鑄鐵作坊區，俗稱‘鐵十里鋪’，可見鐵屑和爐渣，並採集到鐵器及鐵範等遺物，有的器範上帶有‘大山二’‘陽丘’等銘文，可證其地設有鐵官，冶鐵業十分發達。”今注本《後漢書》中同樣關注璽印、封泥、畫像石等材料，如《郡國志二》汝南郡有“汝陰”“汝陽”二縣，今注除注明其沿革及今地所在外，復以“女陰令印”“女陰左尉”“女陽侯相”“女陽令印”等東漢封泥，説明“汝陰”“汝陽”在東漢時往往寫作“女陰”“女陽”。

其三，重要名物制度，往往依據出土文物及研究成果繪以綫圖，以圖釋史。如《輿服志》“高山冠”條，今注於釋文之外，根據河南南陽市軍帳營出土漢代畫像石，繪製“高山冠”圖，生動而形象。

此外，我們在中華書局點校本基礎上，參考學界研究成果，在段落劃分與標點上作了一些調整。

今注本《後漢書》校注團隊由來自不同高校和科研機

構的十餘位學者組成。工作繁細，超過預期，工期緊迫，加之新冠肺炎疫情反復，更加大了我們的工作難度。由於功力有限，校勘、注釋中一定還有錯訛失當之處，敬祈讀者指正。

例　言

一、今注本《後漢書》（以下簡稱“本書”）旨在對今本唐李賢等注《後漢書》作精密校勘的基礎上，吸收2021年以前歷代學者有關《後漢書》的研究成果，並充分補充考古和新發現的史料，編寫一部兼具學術性、資料性、普及性的繁體字橫排新注本，爲學者提供可靠文獻、豐富資料，爲文史愛好者搭建提高水準的階梯。

二、本書以國家圖書館藏兩種北宋刻宋元遞修本爲底本，參校本爲國家圖書館藏宋紹興江南東路轉運司刻宋元遞修本（簡稱“紹興本”）、元大德九年寧國路儒學刻明成化遞修本（簡稱“大德本”）、清乾隆武英殿本（簡稱“殿本”）。

三、本書對《後漢書》原文分段以文意完整、連貫與方便讀者閲讀兩個方面爲標準。對《後漢書》原文進行注釋，保留李賢注。注釋以原文一段爲單位，注釋符號[1][2][3]……位置首先依據李賢注在原文中的相應位置，若無李賢注則置於逗號、句號、嘆號、問號等表示停頓意義的標點符號之後。

四、詞條主要以語詞爲單位，詞條出注以卷爲單位，注釋範圍包括詞語的基本解釋、引證相關資料、校勘記三個大方面。注釋結構依次爲概括説明性質的注文、引證羅列與資料補充的注文、校勘記。

五、底本中古體字一般不做改動，部分宋代版刻異體字徑改；注音用漢語拼音，在生僻字及破音字的詞目中加圓括號注音；注釋中的紀年，漢代則寫明某帝、年號、某年，在圓括號内加公元紀年，其他朝代標明朝代、皇帝、年號、公元紀年。

六、人名、字號、謚號等，常見的歷史人物與某些事迹不詳且無礙於全文理解的人物不出注；在《漢書》《後漢書》中有傳者一般作簡單介紹，並注出卷次，没有專門紀、傳的人物一般出注作簡要介紹，有事迹者注明本書卷次及篇名，具體到所依傳主。

七、地名一般僅注明今地；如須説明沿革方可解讀者，則簡述其沿革。今地名及行政區劃，以 2018 年中國地圖出版社出版的《中華人民共和國行政區劃簡册》

爲準。

八、官名、官署名、爵位名，見於本書《百官志》者，在其他篇目中略述官爵設置時間、職掌、員數、地位品級，不見於《百官志》的詳述其職掌、隸屬、沿革等内容，並補充史料。

九、在舉證或補充史料時引用古籍，標明時代、作者、書名、卷數或篇名，帶有官修性質的常見經史原典、名著省略作者。卷次數字一律用漢字，“十”“百”“千”一律不用。所引用古籍版本信息見“主要參考文獻”。

十、引用今人學術著作、論文集成果時，該卷首次出現時標作者姓名、書名、出版社、出版年及頁碼，引用今人論文，該卷首次出現須標明作者姓名、論文篇名、發表刊物刊名、出版年、刊期。同卷之後的引用，僅標作者、書名或篇名、頁碼。

主要參考文獻

一　古籍整理著作

清・阮元校刻:《十三經注疏(附校勘記)》,中華書局 1980 年版。
清・孫詒讓著,雪克輯校:《十三經注疏校記》,中華書局 2009 年版。
清・阮元、王先謙編:《清經解・清經解續編》,上海書店出版社 2014 年版。
魏・王弼撰,樓宇烈校釋:《周易注(附周易略例)》,中華書局 2011 年版。
魏・王弼、晉・韓康伯注,唐・孔穎達疏,于天寶點校:《宋本周易注疏》,中華書局 2018 年版。
唐・李鼎祚撰,王豐先點校:《周易集解》,中華書局 2016 年版。
清・惠棟撰,鄭萬耕點校:《周易述(附:易漢學、易例)》,中華書局 2007 年版。
清・孫星衍撰,黄晃點校:《孫氏周易集解》,中華書局 2018 年版。
清・李道平撰,潘雨廷點校:《周易集解纂疏》,中華書局 1994 年版。

曹元弼著,吴小鋒整理:《周易集解補釋》,上海人民出版社 2019 年版。
高亨:《周易古經今注》,清華大學出版社 2010 年版。
高亨:《周易大傳今注》,清華大學出版社 2010 年版。
黄壽祺、張善文:《周易譯注(最新增訂版)》,中華書局 2016 年版。
漢·孔安國傳,唐·孔穎達正義,黄懷信整理:《尚書正義》,上海古籍出版社 2007 年版。
杜澤遜主編:《尚書注疏彙校》,中華書局 2018 年版。
清·孫星衍撰,陳抗、盛冬鈴點校:《尚書今古文注疏》,中華書局 1986 年版。
清·皮錫瑞撰,盛冬鈴、陳抗點校:《今文尚書考證》,中華書局 1989 年版。
清·王先謙撰,何晉點校:《尚書孔傳參正》,中華書局 2011 年版。
顧頡剛、劉起釪:《尚書校釋譯論》,中華書局 2005 年版。
曾運乾:《尚書正讀》,華東師範大學出版社 2011 年版。
楊筠如著,黄懷信標校:《尚書覈詁》,陝西人民出版社 2005 年版。
屈萬里著,李偉泰、周鳳五校:《尚書集釋》,中西書局 2014 年版。
周秉鈞:《尚書易解》,華東師範大學出版社 2010 年版。
漢·毛亨傳,漢·鄭玄箋,唐·陸德明音義,孔祥軍點校:《毛詩傳箋》,中華書局 2018 年版。
清·胡承珙撰,郭全芝校點:《毛詩後箋》,黄山書社 1999 年版。
清·馬瑞辰撰,陳金生點校:《毛詩傳箋通釋》,中華書局 1989 年版。
清·王先謙撰,吴格點校:《詩三家義集疏》,中華書局 1987 年版。
吴闓生著,蔣天樞、章培恒校點:《詩義會通》,中西書局 2012 年版。
林義光:《詩經通解》,中西書局 2012 年版。

魯洪生主編:《詩經集校集注集評》,現代出版社 2015 年版。
[日]竹添光鴻箋注:《毛詩會箋》,鳳凰出版社 2012 年版。
漢・韓嬰撰,許維遹校釋:《韓詩外傳集釋》,中華書局 1980 年版。
屈守元箋疏:《韓詩外傳箋疏》,巴蜀書社 2012 年版。
漢・鄭玄注,唐・賈公彦疏,彭林整理:《周禮注疏》,上海古籍出版社 2010 年版。
清・孫詒讓著,汪少華整理:《周禮正義》,中華書局 2015 年版。
漢・鄭玄注,唐・賈公彦疏,王輝整理:《儀禮注疏》,上海古籍出版社 2008 年版。
清・胡培翬撰,段熙仲點校:《儀禮正義》,江蘇古籍出版社 1993 年版。
漢・鄭玄注,唐・孔穎達正義,吕友仁整理:《禮記正義》,上海古籍出版社 2008 年版。
清・朱彬撰,沈文倬、水渭松校點:《禮記訓纂》,浙江大學出版社 2010 年版。
清・孫希旦撰,沈嘯寰、王星賢點校:《禮記集解》,中華書局 1989 年版。
清・王聘珍撰,王文錦點校:《大戴禮記解詁》,中華書局 1983 年版。
清・孔廣森撰,王豐先點校:《大戴禮記補注(附校正孔氏大戴禮記補注)》,中華書局 2013 年版。
方向東:《大戴禮記彙校集解》,中華書局 2008 年版。
黄懷信主撰,孔德立、周海生參撰:《大戴禮記彙校集注》,三秦出版社 2005 年版。
清・黄以周撰,王文錦點校:《禮書通故》,中華書局 2007 年版。
戰國・左丘明撰,西晉・杜預集解:《左傳》,上海古籍出版社 2015 年版。

清・洪亮吉撰,李解民點校:《春秋左傳詁》,中華書局 1987 年版。
楊伯峻編著:《春秋左傳注(修訂本)》,中華書局 2016 年版。
趙生群:《春秋左傳新注》,陝西人民出版社 2008 年版。
漢・何休解詁,唐・徐彦疏,刁小龍整理:《春秋公羊傳注疏》,上海古籍出版社 2014 年版。
清・陳立撰,劉尚慈點校:《公羊義疏》,中華書局 2017 年版。
劉尚慈譯注:《春秋公羊傳譯注》,中華書局 2010 年版。
清・鍾文烝撰,駢宇騫、郝淑慧點校:《春秋穀梁經傳補注》,中華書局 1996 年版。
清・廖平撰,郜積意點校:《穀梁古義疏》,中華書局 2012 年版。
柯劭忞:《春秋穀梁傳注》,廣西師範大學出版社 2018 年版。
清・蘇輿撰,鍾哲點校:《春秋繁露義證》,中華書局 1992 年版。
鍾肇鵬主編:《春秋繁露校釋(校補本)》,河北人民出版社 2005 年版。
宋・朱熹:《四書章句集注》,中華書局 1983 年版。
梁・皇侃撰,高尚榘校點:《論語義疏》,中華書局 2013 年版。
清・劉寶楠撰,高流水點校:《論語正義》,中華書局 1990 年版。
程樹德撰,程俊英、蔣見元點校:《論語集釋》,中華書局 1990 年版。
陳大齊著,周春健校訂:《論語輯釋》,華夏出版社 2010 年版。
晉・郭璞注,宋・邢昺疏,黄侃經文句讀:《爾雅注疏(附校勘記)》,上海古籍出版社 1990 年版。
清・邵晉涵:《爾雅正義》,上海古籍出版社 2017 年版。
清・郝懿行:《爾雅義疏》,上海古籍出版社 2017 年版。
周祖謨:《爾雅校箋》,雲南人民出版社 2004 年版。
唐・李隆基注,宋・邢昺疏,金良年整理:《孝經注疏》,上海古籍出版社 2009 年版。

清・皮錫瑞撰,吴仰湘點校:《孝經鄭注疏》,中華書局 2016 年版。
清・焦循撰,沈文倬點校:《孟子正義》,中華書局 1987 年版。
清・陳立撰,吴則虞點校:《白虎通疏證》,中華書局 1994 年版。
清・陳壽祺撰,曹建墩點校:《五經異義疏證》,上海古籍出版社 2012 年版。
清・陳壽祺、清・皮錫瑞撰,王豐先整理:《五經異義疏證　駁五經異義疏證》,中華書局 2014 年版。
古風主編:《經學輯佚文獻彙編》,國家圖書館出版社 2010 年版。
清・趙在翰輯,鍾肇鵬、蕭文郁點校:《七緯(附論語讖)》,中華書局 2012 年版。
[日]安居香山、中村璋八輯:《緯書集成》,河北人民出版社 1994 年版。
唐・陸德明撰,張一弓點校:《經典釋文》,上海古籍出版社 2012 年版。
黄焯:《經典釋文彙校》,武漢大學出版社 2008 年版。
清・王引之撰,虞思徵、馬濤、徐煒君校點:《經義述聞》,上海古籍出版社 2016 年版。
清・王引之撰,李花蕾點校:《經傳釋詞》,上海古籍出版社 2014 年版。
漢・許慎撰,清・段玉裁注,許惟賢整理:《説文解字注》,鳳凰出版社 2015 年版。
唐・顔師古:《匡謬正俗》,商務印書館 1936 年版。
宋・洪适:《隸釋　隸續》,中華書局 1985 年版。
宋・劉球編:《隸韻》,中華書局 1989 年版。
清・翟云升編撰:《隸篇》,中華書局 1985 年版。
清・顧藹吉編撰:《隸辨》,中華書局 1986 年版。
南朝梁・顧野王編撰:《原本玉篇殘卷》,中華書局 1985 年版。

南朝梁・顧野王:《大廣益會玉篇》,中華書局 1987 年版。
余迺永:《新校互注宋本廣韻(增訂本)》,上海辭書出版社 2000 年版。
華學誠匯證,王智群、謝榮娥、王彩琴協編:《揚雄方言校釋匯證》,中華書局 2006 年版。
漢・劉熙撰,清・畢沅疏證,清・王先謙補,祝敏徹、孫玉文點校:《釋名疏證補》,中華書局 2008 年版。
遲鐸集釋:《小爾雅集釋》,中華書局 2008 年版。
清・王念孫:《廣雅疏證》,江蘇古籍出版社 2000 年版。
漢・司馬遷撰,宋・裴駰集解,唐・司馬貞索隱,唐・張守節正義:《史記(修訂本)》,中華書局 2013 年版。
漢・司馬遷撰,[日]瀧川資言考證,楊海峥整理:《史記會注考證》,上海古籍出版社 2015 年版。
二十五史補編編委會編:《史記兩漢書三史補編》,北京圖書館出版社 2005 年版。
清・崔適著,張烈點校:《史記探源》,中華書局 1986 年版。
清・郭嵩燾:《史記札記》,商務印書館 1957 年版。
清・梁玉繩:《史記志疑》,中華書局 1981 年版。
清・張文虎:《校刊史記集解索隱正義札記》,中華書局 2012 年版。
清・牛運震撰,崔凡芝校釋:《空山堂史記評注校釋(附史記糾謬)》,中華書局 2012 年版。
張衍田輯校:《史記正義佚文輯校》,北京大學出版社 1985 年版。
錢穆:《史記地名考》,商務印書館 2001 年版。
陳直:《史記新證》,天津人民出版社 1979 年版。
韓兆琦編著:《史記箋證》,江西人民出版社 2017 年版。
張玉春疏證:《〈史記〉日本古注疏證》,齊魯書社 2016 年版。

王駿圖、王駿觀：《史記舊注平義》，正中書局 1936 年版。
王利器主編：《史記注譯》，三秦出版社 1988 年版。
王叔岷：《史記斠證》，中華書局 2007 年版。
辛德勇：《史記新本校勘》，廣西師範大學出版社 2017 年版。
徐仁甫：《史記注解辨正》，中華書局 2014 年版。
漢·班固著，唐·顏師古注：《漢書》，中華書局 1962 年版。
漢·班固撰，清·王先謙補注，上海師範大學古籍研究所整理：《漢書補注》，上海古籍出版社 2012 年版。
漢·班固撰，王繼如主編：《漢書今注》，鳳凰出版社 2013 年版。
漢·許慎撰，清·王仁俊輯：《漢書舊注　漢書許注義》，《〈漢書〉研究文獻輯刊（九）》，國家圖書館出版社 2008 年版。
趙增祥、徐世虹注，高潮審訂：《〈漢書·刑法志〉注釋》，法律出版社 1983 年版。
明·葛錫璠彙評：《漢書彙評》，《〈漢書〉研究文獻輯刊（三）》，國家圖書館出版社 2008 年版。
明·凌稚隆輯：《漢書評林》，《〈漢書〉研究文獻輯刊（三）》，國家圖書館出版社 2008 年版。
清·沈欽韓等：《漢書疏證（外二種）》，上海古籍出版社 2006 年版。
岑仲勉：《漢書西域傳地里校釋》，中華書局 1981 年版。
《今注本二十四史》編纂委員會編：《二十四史研究資料彙編·兩漢書》，人民出版社 2014 年版。
漢·班固編撰，顧實講疏：《漢書藝文志講疏》，上海古籍出版社 2009 年版。
楊樹達：《漢書窺管》，上海古籍出版社 2013 年版。
南朝宋·范曄撰，唐·李賢等注：《後漢書》，中華書局 1965 年版。

章惠康、易孟醇主編：《後漢書今注今譯》，岳麓書社 1998 年版。
清·惠棟：《後漢書補注》，商務印書館 1936 年版。
清·錢大昭：《後漢書辨疑》，商務印書館 1937 年版。
清·周壽昌：《後漢書注補正》，中華書局 1985 年版。
清·王先謙：《後漢書集解》，中華書局 1984 年版。
佚名：《漢書考正　後漢書考正（外一種）》，上海古籍出版社 2007 年版。
宋·熊方等撰，劉祜仁點校：《後漢書三國志補表三十種》，中華書局 1984 年版。
清·汪文臺輯，周天游校：《七家後漢書》，河北人民出版社 1987 年版。
周天游輯注：《八家後漢書輯注》，上海古籍出版社 1986 年版。
漢·劉珍等撰，吴樹平校注：《東觀漢記校注》，中華書局 2008 年版。
宋文民：《後漢書考釋》，上海古籍出版社 1995 年版。
曹金華：《後漢書稽疑》，中華書局 2014 年版。
錢林書編著：《續漢書郡國志匯釋》，安徽教育出版社 2007 年版。
晉·陳壽撰，陳乃乾校點：《三國志》，中華書局 1982 年版。
盧弼：《三國志集解》，中華書局 1982 年版。
清·錢大昕著，方詩銘、周殿傑校點：《廿二史考異（附三史拾遺　諸史拾遺）》，上海古籍出版社 2004 年版。
清·王鳴盛著，黄曙輝點校：《十七史商榷》，上海書店出版社 2005 年版。
清·趙翼撰，曹光甫校點：《廿二史劄記》，上海古籍出版社 2011 年版。

宋・司馬光編著，元・胡三省音注，“標點資治通鑑小組”校點：《資治通鑑》，中華書局 1956 年版。
宋・王益之撰，王根林點校：《西漢年紀》，中華書局 2018 年版。
漢・荀悦、晉・袁宏撰，張烈點校：《兩漢紀》，中華書局 2002 年版。
晉・袁宏撰，周天游校注：《後漢記校注》，天津古籍出版社 1987 年版。
黄懷信：《逸周書校補注譯》，西北大學出版社 1996 年版。
漢・宋衷注，清・秦嘉謨等輯：《世本八種》，中華書局 2008 年版。
徐元誥撰，王樹民、沈長雲點校：《國語集解（修訂本）》，中華書局 2002 年版。
方詩銘、王修齡：《古本竹書紀年輯證（修訂本）》，上海古籍出版社 2005 年版。
何建章注釋：《戰國策注釋》，中華書局 1990 年版。
清・程夔初集注，程朱昌、程育全編：《戰國策集注》，上海古籍出版社 2013 年版。
清・郝懿行撰，沈海波校點：《山海經箋疏》，上海古籍出版社 2019 年版。
袁珂校注：《山海經校注（最終修訂版）》，北京聯合出版公司 2014 年版。
李步嘉校釋：《越絶書校釋》，中華書局 2013 年版。
清・馬驌撰，王利器整理：《繹史》，中華書局 2002 年版。
清・王照圓著，虞思徵點校：《列女傳補注》，華東師範大學出版社 2012 年版。
晉・常璩撰，劉琳校注：《華陽國志校注（修訂版）》，成都時代出版社 2007 年版。
陳直校證：《三輔黄圖校證》，陝西人民出版社 1980 年版。
何清谷：《三輔黄圖校釋》，中華書局 2005 年版。
漢・趙岐等撰，清・張澍輯，陳曉捷注：《三輔決録　三輔故事　三輔舊事》，三秦出版社 2006 年版。
漢・王褒等撰，陳曉捷輯注：《關中佚志輯注》，三秦出版社 2006 年版。
元・駱天驤撰，黄永年點校：《類編長安志》，三秦出版社 2006 年版。
清・徐松輯，高敏點校：《河南志》，中華書局 1994 年版。
清・顧祖禹撰，賀次君、施和金點校：《讀史方輿紀要》，中華書局 2005 年版。
清・畢沅撰，張沛校點：《關中勝蹟圖志》，三秦出版社 2004 年版。
余太山：《兩漢魏晉南北朝正史西域傳要注》，商務印書館 2013 年版。
清・全祖望：《全校水經注》，《四庫未收書輯刊》第 2 輯第 24 册，北京出版社 2000 年版。
陳橋驛編著：《〈水經注〉地名匯編》，中華書局 2012 年版。
清・唐晏著，吴東民點校：《兩漢三國學案》，中華書局 1986 年版。
清・永瑢等撰：《四庫全書總目》，中華書局 1965 年版。
唐・杜佑撰，王文錦等點校：《通典》，中華書局 1988 年版。
清・孫星衍等輯，周天游點校：《漢官六種》，中華書局 1990 年版。
清・王先謙撰，沈嘯寰、王星賢點校：《荀子集解》，中華書局 1988 年版。

戰國·荀況著，王天海校釋：《荀子校釋（修訂本）》，上海古籍出版社 2016 年版。
清·陳士珂輯，崔濤點校：《孔子家語疏證》，鳳凰出版社 2017 年版。
傅亞庶：《孔叢子校釋》，中華書局 2011 年版。
王利器：《新語校注》，中華書局 1986 年版。
漢·賈誼撰，閻振益、鍾夏校注：《新書校注》，中華書局 2000 年版。
王利器校注：《鹽鐵論校注（定本）》，中華書局 1992 年版。
聶濟冬：《鹽鐵論集解》，鳳凰出版社 2018 年版。
漢·劉向編著，石光瑛校釋，陳新整理：《新序校釋》，中華書局 2001 年版。
漢·劉向撰，向宗魯校證：《説苑校證》，中華書局 1987 年版。
汪榮寶撰，陳仲夫點校：《法言義疏》，中華書局 1987 年版。
漢·桓譚撰，朱謙之校輯：《新輯本桓譚新論》，中華書局 2009 年版。
黄暉：《論衡校釋（附劉盼遂集解）》，中華書局 1990 年版。
漢·王符著，清·汪繼培箋，彭鐸校正：《潛夫論箋校正》，中華書局 1985 年版。
王卡點校：《老子道德經河上公章句》，中華書局 1993 年版。
漢·嚴遵撰，樊波成校箋：《老子指歸校箋》，上海古籍出版社 2013 年版。
魏·王弼注，樓宇烈校釋：《老子道德經注校釋》，中華書局 2008 年版。
高明：《帛書老子校注》，中華書局 1996 年版。
朱謙之：《老子校釋》，中華書局 2000 年版。
清·孫詒讓撰，孫啓治點校：《墨子閒詁》，中華書局 2001

年版。
吴毓江撰，孫啓治點校：《墨子校注》，中華書局 2006 年版。
王焕鑣：《墨子集詁》，上海古籍出版社 2005 年版。
清·郭慶藩撰，王孝魚點校：《莊子集釋》，中華書局 2012 年版。
阮毓崧撰，劉韶軍點校：《重訂莊子集注》，上海古籍出版社 2018 年版。
劉文典撰，趙鋒、諸偉奇點校：《莊子補正》，中華書局 2015 年版。
黎翔鳳撰，梁運華整理：《管子校注》，中華書局 2004 年版。
郭沫若、聞一多、許維遹：《管子集校》，科學出版社 1956 年版。
許富宏：《慎子集校集注》，中華書局 2013 年版。
蔣禮鴻：《商君書錐指》，中華書局 1986 年版。
清·汪繼培輯，魏代富疏證：《尸子疏證》，鳳凰出版社 2018 年版。
許維遹撰，梁運華整理：《吕氏春秋集釋》，中華書局 2009 年版。
戰國·吕不韋著，陳奇猷校注：《吕氏春秋新校釋》，上海古籍出版社 2002 年版。
清·王先慎撰，鍾哲點校：《韓非子集解》，中華書局 1998 年版。
《韓非子》校注組編寫，周勛初修訂：《韓非子校注（修訂本）》，鳳凰出版社 2009 年版。
張覺：《韓非子校疏》，上海古籍出版社 2010 年版。
王琯：《公孫龍子懸解》，中華書局 1992 年版。
春秋·孫武撰，三國·曹操等注，楊丙安校理：《十一家注孫子校理》，中華書局 1999 年版。
王震：《司馬法集釋》，中華書局 2018 年版。
劉文典撰，馮逸、喬華點校：《淮南鴻烈集解》，中華書局 1989 年版。
何寧：《淮南子集釋》，中華書局 1998 年版。
張雙棣：《淮南子校釋》，北京大學出版社 1997 年版。
漢・焦延壽撰，徐傳武、胡真校點集注：《易林彙校集注》，上海古籍出版社 2012 年版。
漢・揚雄撰，鄭萬耕校釋：《太玄校釋》，中華書局 2014 年版。
漢・應劭撰，王利器校注：《風俗通義校注》，中華書局 2010 年版。
漢・崔寔撰，石聲漢校注：《四民月令校注》，中華書局 2013 年版。
漢・荀悅撰，明・黄省曾注，孫啓治校補：《申鑒注校補》，中華書局 2012 年版。
晉・葛洪撰，周天游校注：《西京雜記》，三秦出版社 2006 年版。
晉・葛洪著，金毅校注：《抱朴子内外篇校注》，上海古籍出版社 2018 年版。
北魏・賈思勰著，石聲漢校釋：《齊民要術今釋》，中華書局 2009 年版。
宋・王應麟撰，欒保群、田松青校點：《困學紀聞》，上海古籍出版社 2015 年版。
清・顧炎武著，黄汝成集釋，欒保群、吕宗力校點：《日知録集釋》，上海古籍出版社 2014 年版。
清・何焯著，崔高維點校：《義門讀書記》，中華書局 1987 年版。
清・王鳴盛著，顧美華標校：《蛾術編》，上海書店出版社 2012

年版。
清·錢大昕著，楊勇軍整理：《十駕齋養新録》，上海書店出版社 2011 年版。
清·王念孫：《讀書雜志》，江蘇古籍出版社 1985 年版。
清·趙翼撰，曹光甫校點：《陔餘叢考》，上海古籍出版社 2011 年版。
唐·虞世南輯録：《北堂書鈔》，學苑出版社 2015 年版。
唐·歐陽詢：《宋本藝文類聚》，上海古籍出版社 2013 年版。
唐·徐堅等：《初學記》，中華書局 2004 年版。
宋·李昉等：《太平御覽》，中華書局 1960 年版。
國學整理社編：《諸子集成》，中華書局 1954 年版。
宋·洪興祖撰，白化文、許德楠、李如鸞、方進點校：《楚辭補注》，中華書局 1983 年版。
漢·司馬相如著，金國永校注：《司馬相如集校注》，上海古籍出版社 1993 年版。
吴雲、李春臺校注：《賈誼集校注（增訂版）》，天津古籍出版社 2010 年版。
于智榮譯注：《賈誼新書譯注》，黑龍江人民出版社 2003 年版。
漢·賈誼撰，方向東集解：《賈誼集匯校集解》，河海大學出版社 2000 年版。
漢·董仲舒撰，袁長江等校注：《董仲舒集》，學苑出版社 2003 年版。
漢·揚雄著，張震澤校注：《揚雄集校注》，上海古籍出版社 1993 年版。
方家常譯注：《諸葛亮文集全譯》，貴州人民出版社 1997 年版。
清·顧炎武撰，華東師範大學古籍研究所整理，黄坤、嚴佐之、劉永翔主編：《顧炎武全集》，上海古籍出版社 2011 年版。

清·戴震撰，楊應芹、諸偉奇主編：《戴震全書》，黄山書社 2010 年版。
清·盧文弨撰，陳東輝主編：《盧文弨全集》，浙江大學出版社 2017 年版。
清·錢大昕撰，陳文和主編：《嘉定錢大昕全集（增訂本）》，鳳凰出版社 2016 年版。
清·王鳴盛撰，陳文和主編：《嘉定王鳴盛全集》，中華書局 2010 年版。
清·汪中著，田漢雲點校：《新編汪中集》，廣陵書社 2005 年版。
趙一生主編：《俞樾全集》，浙江古籍出版社 2017 年版。
吴仰湘編：《皮錫瑞全集》，中華書局 2015 年版。
舒大剛、楊世文主編：《廖平全集》，上海古籍出版社 2015 年版。
梁·蕭統編，唐·李善、吕延濟、劉良、張銑、吕向、李周翰注：《六臣注文選》，中華書局 2012 年版。
南朝梁·劉勰著，詹鍈義證：《文心雕龍義證》，上海古籍出版社 1989 年版。
王雲五主編：《典論及其他三種》，商務印書館 1936 年版。
清·嚴可均輯：《全上古三代秦漢三國六朝文（附索引）》，中華書局 1958 年版。
銀雀山漢墓竹簡整理小組編：《銀雀山漢墓竹簡（壹）》，文物出版社 1985 年版。
謝桂華、李均明、朱國炤：《居延漢簡釋文合校》，文物出版社 1987 年版。
連雲港市博物館、東海縣博物館、中國社會科學院簡帛研究中心、中國文物研究所編：《尹灣漢墓簡牘》，中華書局 1997

年版。
張家山二四七號漢墓竹簡整理小組編著：《張家山漢墓竹簡［二四七號墓］（釋文修訂本）》，文物出版社 2006 年版。
胡海帆、湯燕編著：《中國古代磚刻銘文集》，文物出版社 2008 年版。
王玉清、傅春喜編著：《新出汝南郡秦漢封泥集》，上海書店出版社 2009 年版。
甘肅簡牘保護研究中心等：《肩水金關漢簡（壹）》，中西書局 2011 年版。
馬怡、張榮强主編：《居延新簡釋校》，天津古籍出版社 2013 年版。
郭宏濤、周劍曙編著：《偃師碑志選粹》，中州古籍出版社 2014 年版。
陳松長主編：《嶽麓書院藏秦簡（肆）》，上海辭書出版社 2015 年版。
長沙市文物考古研究所等編：《長沙五一廣場東漢簡牘選釋》，中西書局 2015 年版。
長沙市文物考古研究所編：《長沙尚德街東漢簡牘》，岳麓書社 2016 年版。
陳偉主編，彭浩、劉樂賢等撰著：《秦簡牘合集·釋文注釋修訂本（壹、貳）》，武漢大學出版社 2016 年版。
陳偉主編：《里耶秦簡牘校釋（第二卷）》，武漢大學出版社 2018 年版。
長沙市文物考古研究所等編：《長沙五一廣場東漢簡牘（貳）》，中西書局 2018 年版。
甘肅簡牘博物館等編：《懸泉漢簡（壹）》，中西書局 2019 年版。
［日］永田英正編：《漢代石刻集成［圖版·釋文篇］》，同朋

舍 1994 年版。

二　學術著作與工具書

馮承鈞：《西域南海史地考證論著彙輯》，中華書局 1957 年版。
黄文弼：《塔里木盆地考古記》，科學出版社 1958 年版。
王國維：《觀堂集林》，中華書局 1959 年版。
勞榦：《勞榦學術論文集（甲編）》，藝文印書館 1976 年版。
張星烺編注，朱傑勤校訂：《中西交通史料彙編》，中華書局 1977 年版。
馮承鈞編，陸峻嶺增訂：《西域地名》，中華書局 1980 年版。
張維華：《漢史論集》，齊魯書社 1980 年版。
黄文弼：《西北史地論叢》，上海人民出版社 1981 年版。
中華書局編輯部編：《雲夢秦簡研究》，中華書局 1981 年版。
譚其驤主編：《中國歷史地圖集》，中國地圖出版社 1982 年版。
高敏：《秦漢史論集》，中州書畫社 1982 年版。
黄文弼：《新疆考古發掘報告》，文物出版社 1983 年版。
于豪亮：《于豪亮學術文存》，中華書局 1985 年版。
黄留珠：《秦漢仕進制度》，西北大學出版社 1985 年版。
孟凡人：《北庭史地研究》，新疆人民出版社 1985 年版。
方國瑜：《中國西南歷史地理考釋》，中華書局 1987 年版。
顧頡剛：《顧頡剛古史論文集》，中華書局 1988 年版。
黄文弼著，黄烈編：《黄文弼歷史考古論集》，文物出版社 1989 年版。
黄留珠：《中國古代選官制度述略》，陝西人民出版社 1989 年版。
馬雍：《西域史地文物叢考》，文物出版社 1990 年版。
孟凡人：《樓蘭新史》，光明日報出版社 1990 年版。
余太山：《塞種史研究》，中國社會科學出版社 1992 年版。

劉又辛：《文字訓詁論集》，中華書局 1993 年版。
劉俊文主編，黃金山、孔繁敏等譯：《日本學者研究中國史論著選譯（第三卷）》，中華書局 1993 年版。
張舜徽主編：《後漢書辭典》，山東教育出版社 1994 年版。
陸昕、徐世虹主編：《中外法律文化大典——中外法律比較編年》，中國政法大學出版社 1994 年版。
余太山：《兩漢魏晉南北朝與西域關係史研究》，中國社會科學出版社 1995 年版。
穆舜英、張平主編：《樓蘭文化研究論集》，新疆人民出版社 1995 年版。
李并成：《河西走廊歷史地理》，甘肅人民出版社 1995 年版。
劉俊文主編：《日本中青年學者論中國史（上古秦漢卷）》，上海古籍出版社 1995 年版。
劉玉建：《兩漢象術易學研究》，廣西教育出版社 1996 年版。
周一良：《魏晉南北朝史論集》，北京大學出版社 1997 年版。
陸侃如：《中古文學繫年》，人民文學出版社 1998 年版。
李均明、劉軍：《簡牘文書學》，廣西教育出版社 1999 年版。
陳橋驛主編：《中國都城辭典》，江西教育出版社 1999 年版。
張建國：《帝制時代的中國法》，法律出版社 1999 年版。
夏曾佑：《中國古代史》，河北教育出版社 2000 年版。
于振波：《秦漢法律與社會》，湖南人民出版社 2000 年版。
丘光明等：《中國科學技術史·度量衡卷》，科學出版社 2001 年版。
甘肅省文物局編，岳邦湖、鍾聖祖著：《疏勒河流域漢代長城考察報告》，文物出版社 2001 年版。
卜憲群：《秦漢官僚制度》，社會科學文獻出版社 2002 年版。
孫筱：《兩漢經學與社會》，中國社會科學出版社 2002 年版。

彭衛、楊振紅：《中國風俗通史·秦漢卷》，上海文藝出版社2002年版。
張政烺先生九十華誕紀念文集編委會：《揖芬集：張政烺先生九十華誕紀念文集》，社會科學文獻出版社2002年版。
上海博物館編：《晉侯墓地出土青銅器國際學術研討會論文集》，上海書畫出版社2002年版。
曹道衡、沈玉成：《中古文學史料叢考》，中華書局2003年版。
楊寬：《西周史》，上海人民出版社2003年版。
侯紹莊、鍾莉：《夜郎研究述評》，貴州人民出版社2003年版。
張政烺：《張政烺文史論集》，中華書局2004年版。
崔向東：《漢代豪族研究》，崇文書局2004年版。
吕思勉：《吕思勉讀史札記（增訂本）》，上海古籍出版社2005年版。
張大可、趙生群等：《史記文獻與編纂學研究》，華文出版社2005年版。
吴礽驤：《河西漢塞調查與研究》，文物出版社2005年版。
程樹德：《九朝律考》，中華書局2006年版。
余華青：《中國宦官制度史》，上海人民出版社2006年版。
楊權：《新五德理論與兩漢政治："堯後火德"説考論》，中華書局2006年版。
林甘泉主編：《中國經濟通史·秦漢經濟卷》，中國社會科學出版社2007年版。
嚴耕望：《中國地方行政制度史：秦漢地方行政制度》，上海古籍出版社2007年版。
安作璋、熊鐵基：《秦漢官制史稿》，齊魯書社2007年版。
黄忠、韓忠勤主編：《沂蒙大觀》，山東大學出版社2007年版。
張一兵：《明堂制度源流考》，人民出版社2007年版。

侯丕勛、劉再聰主編：《西北邊疆歷史地理概論》，甘肅人民出版社 2008 年版。
孫機：《漢代物質文化資料圖説（增訂本）》，上海古籍出版社 2008 年版。
高恒：《秦漢簡牘中法制文書輯考》，社會科學文獻出版社 2008 年版。
廖伯源：《秦漢史論叢（增訂本）》，中華書局 2008 年版。
聞一多：《伏羲考》，上海古籍出版社 2009 年版。
唐長孺：《魏晉南北朝史論叢》，中華書局 2009 年版。
王力主編：《中國古代文化常識（插圖修訂第 4 版）》，世界圖書出版公司 2009 年版。
劉滿：《河隴歷史地理研究》，甘肅文化出版社 2009 年版。
楊英：《祈望和諧——周秦兩漢王朝祭禮的演進及其規律》，商務印書館 2009 年版。
郝樹聲、張德芳：《懸泉漢簡研究》，甘肅文化出版社 2009 年版。
徐世虹主編，中國政法大學法律古籍整理研究所、中國社會科學院法學研究所法制史研究室整理：《沈家本全集》，中國政法大學出版社 2010 年版。
薛宗正：《絲綢之路北庭研究》，新疆人民出版社 2010 年版。
陳國保：《兩漢交州刺史部研究——以交趾三郡爲中心》，雲南大學出版社 2010 年版。
徐芹庭：《漢易闡微》，中國書店 2010 年版。
譚其驤：《長水集》，人民出版社 2011 年版。
邢義田：《治國安邦：法制、行政與軍事》，中華書局 2011 年版。
顧頡剛：《顧頡剛古史論文集》，中華書局 2011 年版。
李寶通、黄兆宏主編：《簡牘學教程》，甘肅人民出版社 2011 年版。

李均明等：《當代中國簡帛學研究》，中國社會科學出版社 2011 年版。
裘錫圭：《裘錫圭學術文集》，復旦大學出版社 2012 年版。
于振波：《簡牘與秦漢社會》，湖南大學出版社 2012 年版。
孫機：《中國古輿服論叢（增訂本）》，上海古籍出版社 2013 年版。
徐龍國：《秦漢城邑考古學研究》，中國社會科學出版社 2013 年版。
曲英傑：《水經注城邑考》，中國社會科學出版社 2013 年版。
宋傑：《漢代監獄制度研究》，中華書局 2013 年版。
馬孟龍：《西漢侯國地理》，上海古籍出版社 2013 年版。
北京大學中國古代史研究中心編：《田餘慶先生九十華誕頌壽論文集》，中華書局 2014 年版。
王曉琨：《戰國至秦漢時期河套地區古代城址研究》，社會科學文獻出版社 2014 年版。
吕宗力主編：《中國歷代官制大辭典（修訂版）》，商務印書館 2015 年版。
楊振紅：《出土簡牘與秦漢社會（續編）》，廣西師範大學出版社 2015 年版。
田天：《秦漢國家祭祀史稿》，生活·讀書·新知三聯書店 2015 年版。
段渝：《西南酋邦社會與中國早期文明——西南夷政治與文化的演進》，商務印書館 2015 年版。
楊寬：《中國上古史導論》，上海人民出版社 2016 年版。
周振鶴、李曉傑、張莉：《中國行政區劃通史·秦漢卷》，復旦大學出版社 2016 年版。
孫聞博：《秦漢軍制演變史稿》，中國社會科學出版社 2016 年版。

［日］宮宅潔著，楊振紅等譯：《中國古代刑制史研究》，廣西師範大學出版社 2016 年版。
杜常順、楊振紅編：《漢晉時期國家與社會論集》，廣西師範大學出版社 2016 年版。
黃文弼：《西域史地考古論集》，商務印書館 2017 年版。
山東省文物考古研究所、北京大學震旦古代文明研究中心編著：《青銅器與山東古國學術研討會論文集》，上海古籍出版社 2017 年版。
楊一凡、朱騰主編：《歷代令考》，社會科學文獻出版社 2017 年版。
廖伯源：《制度與政治——政治制度與西漢後期之政局變化》，中華書局 2017 年版。
趙曉軍：《先秦兩漢度量衡制度研究》，上海交通大學出版社 2017 年版。
沈剛：《漢代國家統治方式研究：列卿、宗室、信仰與基層社會》，社會科學文獻出版社 2017 年版。
徐世虹等：《秦律研究》，武漢大學出版社 2017 年版。
雍際春：《秦早期歷史研究》，中國社會科學出版社 2017 年版。
楊樹達：《漢代婚喪禮俗考》，江西教育出版社 2018 年版。
史黨社：《秦與北方民族歷史文化論集》，科學出版社 2018 年版。
楊振紅主編：《代地歷史文化論集》，廣西師範大學出版社 2018 年版。
薛夢瀟：《早期中國的月令與“政治時間”》，上海古籍出版社 2018 年版。
黃景春：《中國宗教性隨葬文書研究》，上海人民出版社 2018 年版。

中國社會科學院考古研究所、西安市文物保護考古研究院編著：《秦漢上林苑——2004～2012年考古報告》，文物出版社2018年版。
郭偉濤：《肩水金關漢簡研究》，上海古籍出版社2019年版。
李培健：《西漢德運考——五德終始説下的政治史》，陝西人民出版社2019年版。
朱鳳瀚主編：《海昏簡牘初論》，北京大學出版社2020年版。
［日］加藤繁著，吳傑譯：《中國經濟史考證（第一卷）》，商務印書館1959年版。
［日］長澤和俊著，鍾美珠譯：《絲綢之路史研究》，天津古籍出版社1990年版。
［越］陳重金著，戴可來譯：《越南通史》，商務印書館1992年版。
［瑞典］貝格曼著，王安洪譯：《新疆考古記》，新疆人民出版社1997年版。
［日］西嶋定生著，武尚清譯：《中國古代帝國的形成與結構——二十等爵制研究》，中華書局2004年版。
［日］大庭脩著，徐世虹等譯：《秦漢法制史研究》，中西書局2017年版。
［日］金子脩一著，肖聖中等譯：《古代中國與皇帝祭祀》，復旦大學出版社2017年版。

三　學位論文

王巧昱：《“任俠”風尚對秦漢社會的影響》，碩士學位論文，首都師範大學，2007年。
鄢國盛：《西周淮夷綜考》，碩士學位論文，南開大學，2009年。
籍曉蕊：《東漢“三互法”及“幽、冀尤甚”探析》，碩士學位論文，鄭州大學，2012 年。
宋魯彬：《中國古代突騎研究——以秦漢至南北朝爲中心》，碩士學位論文，上海師範大學，2014 年。
桂志恒：《戰國秦漢六博資料的整理與研究》，碩士學位論文，吉林大學，2018 年。
陳冰倩：《西北漢簡中的弛刑徒研究》，碩士學位論文，西北師範大學，2019 年。
鄔文玲：《漢代赦免制度研究》，博士學位論文，中國社會科學院研究生院，2003 年。
王棋：《荀爽易學研究》，博士學位論文，山東大學，2009 年。
張俊：《漢代守官制度研究》，博士學位論文，厦門大學，2010 年。
張玲：《秦漢關隘制度研究》，博士學位論文，河南大學，2012 年。
楊繼剛：《漢靈帝鴻都門學研究》，博士學位論文，華中師範大學，2012 年。
孫志敏：《秦漢刑役研究》，博士學位論文，東北師範大學，2017 年。

四　學術論文

黄文弼：《古代于闐國都之研究》，《史學季刊》第 1 卷第 1 期，1940 年。
陳顧遠：《漢之決事比及其源流》，《復旦學報》1947 年第 3 期。
陳直：《從秦漢史料中看屯田、採礦、鑄錢三種制度》，《歷史研究》1955 年第 6 期。
周連寬：《蘇聯南西伯利亞所發現的中國式宮殿遺址》，《考古學報》1956 年第 4 期。

韓連琪：《漢代的田租口賦和徭役》，《文史哲》1956 年第 7 期。
陳連慶：《東漢的屯田制》，《東北師大學報（自然科學版）》1957 年第 3 期。
安志敏：《青海的古代文化》，《考古》1959 年第 7 期。
王仲殊：《説滇王之印與漢委奴國王印》，《考古》1959 年第 10 期。
陳直：《武威漢簡文學弟子題字的解釋》，《考古》1961 年第 10 期。
白煉行：《關於"夫租薉君"印》，《文化遺産》1962 年第 2 期。
陳夢家：《漢簡所見奉例》，《文物》1963 年第 5 期。
中國科學院考古研究所洛陽工作隊：《東漢洛陽城南郊的刑徒墓地》，《考古》1972 年第 4 期。
黄盛璋：《和林格爾漢墓壁畫與歷史地理問題》，《文物》1974 年第 1 期。
孟池：《從新疆歷史文物看漢代在西域的政治措施和經濟建設》，《文物》1975 年第 7 期。
王振鐸：《介紹一千八百年前的張衡地震儀》，《文物》1976 年第 10 期。
席澤宗：《馬王堆漢墓帛書中的彗星圖》，《文物》1978 年第 2 期。
李新達：《關於秦漢的"蒼頭"問題》，《文史哲》1978 年第 2 期。
王襄天、韓自强：《阜陽雙古堆西漢汝陰侯墓發掘簡報》，《文物》1978 年第 8 期。
侯哲安：《三苗考》，《貴州民族研究》1979 年第 1 期。
楊廣偉：《漢代"任子"制小考》，《復旦學報》1979 年第 6 期。
蕭兵：《"觀"是貓頭鷹》，《社會科學輯刊》1980 年第 4 期。

汪寧生：《釋“武王伐紂前歌後舞”》，《歷史研究》1981 年第 4 期。
曾夫：《張角》，《歷史教學》1981 年第 9 期。
吴礽驤：《玉門關與玉門關候》，《文物》1981 年第 10 期。
蘇北海：《兩漢在西域昆侖山、喀喇昆侖山及帕米爾高原的統治疆域》，《新疆師範大學學報》1982 年第 1 期。
王仲殊：《中國古代都城概説》，《考古》1982 年第 5 期。
肖化：《略談盧水胡的族源》，《西北師大學報》1983 年第 2 期。
吴蘭：《陝西綏德漢畫像石墓》，《文物》1983 年第 5 期。
李書蘭：《漢代的任子制度》，《北京師範大學學報》1983 年第 6 期。
王碩：《“宦官”與“太監”》，《歷史研究》1983 年第 6 期。
周振鶴：《後漢的東海王與魯國》，《歷史地理》第 3 輯，上海人民出版社 1983 年版。
朱紹侯：《秦漢“禁民二業”政策淺析》，《信陽師範學院學報》1984 年第 2 期。
晁福林：《試論殷代的王權與神權》，《社會科學戰綫》1984 年第 4 期。
張鶴泉：《略論漢代的弛刑徒》，《東北師大學報》1984 年第 4 期。
龍振堯、陳永清、周曉陸：《東漢彭城相繆宇墓》，《文物》1984 年第 8 期。
魏向東：《兩漢謁者官制初探》，《蘇州大學學報》1985 年第 2 期。
陳戈：《焉耆尉犁危須都城考》，《西北史地》1985 年第 2 期。
張金龍：《御史大夫職掌辨》，《北京大學學報》1985 年第 4 期。
高敏：《秦漢“都亭”考略》，《學術研究》1985 年第 5 期。

馮一下：《大月氏歷史述略》，《史學月刊》1985 年第 6 期。
莫任南：《中國和歐洲直接交往始於何時》，中外關係史學會編《中外關係史論叢》第 1 輯，世界知識出版社 1985 年版。
陳戈：《別失八里（五域）名義考實》，《新疆社會科學》1986 年第 1 期。
錢振民：《漢代左右將軍以左爲尊考》，《阜陽師範學院學報》1986 年第 1 期。
李昆聲：《“滇王之印”與“漢委奴國王”印之比較研究》，《思想戰綫》1986 年第 3 期。
伍新福：《長沙蠻初考》，《中南民族學院學報》1986 年第 4 期。
張雄：《漢晉以來“長沙蠻”的族屬試析》，《廣西民族研究》1986 年第 4 期。
楊昶：《楚扞關辨正》，《華中師範大學學報》1986 年第 5 期。
孫言誠：《秦漢的屬邦與屬國》，《史學月刊》1987 年第 2 期。
江戌疆：《蒲類、蒲類海、婆悉海考》，《喀什師範學院學報》1987 年第 2 期。
姚國旺：《西漢官制尊右尊左考》，《歷史研究》1987 年第 3 期。
劉慶柱：《漢長安城布局結構辨析——與楊寬先生商榷》，《考古》1987 年第 10 期。
張森年：《“白馬之盟”盟詞辨説》，《廣西大學學報》1988 年第 2 期。
薛宗正：《務塗谷、金蒲、疏勒考》，《新疆文物》1988 年第 2 期。
錢劍夫：《漢代“案比”制度的淵源及其流演》，《歷史研究》1988 年第 3 期。
張鶴泉：《東漢募兵論略》，《史學集刊》1988 年第 4 期。
陳顯遠：《褒斜棧道中幾個重要地名考訂》，《成都大學學報》

1989 年第 1 期。
田餘慶：《説張楚——關於“亡秦必楚”問題的探討》，《歷史研究》1989 年第 2 期。
李大龍：《西漢西域屯田與使者校尉考辨》，《西北史地》1989 年第 3 期。
李吟屏：《古代于闐國都再研究》，《新疆大學學報》1989 年第 3 期。
唐善純：《釋“檮杌”》，《文史知識》1989 年第 9 期。
楊善群：《西周“三事大夫”析》，《史林》1990 年第 3 期。
史念海：《中國古都概説（四）》，《陝西師大學報》1990 年第 4 期。
殷晴：《于闐都城研究——和田緑洲變遷之探索》，《西域史論叢》第 3 輯，新疆人民出版社 1990 年版。
余太山：《大宛和康居綜考》，《西北民族研究》1991 年第 1 期。
孟凡人：《尉犁城、焉耆都城及焉耆鎮城的方位》，《中國邊疆史地研究》1991 年第 1 期。
王宗非：《〈韓非子〉的“道德之意”與“法術之治”》，《四川大學學報》1991 年第 2 期。
余太山：《安息與烏弋山離考》，《敦煌學輯刊》1991 年第 2 期。
李并成：《漢敦煌郡廣至縣城及其有關問題考》，《敦煌研究》1991 年第 4 期。
林梅村：《公元 100 年羅馬商團的中國之行》，《中國社會科學》1991 年第 4 期。
洪濤：《關於奄蔡研究的幾個問題》，《中央民族大學學報》1991 年第 5 期。
曹金華：《試論東漢的遷都思潮及其影響》，《江蘇社會科學》1992 年第 3 期。

馬良懷：《中國宦官制度生存原因試探》，《中國史研究》1992年第3期。
譚吴鐵：《于闐故都新探》，《西北史地》1992年第3期。
劉浦江：《漢沖帝永嘉年號辨》，《古籍整理研究學刊》1992年第4期。
應强：《漢印“故且蘭徒丞”與福泉》，《貴州文史叢刊》1992年第4期。
晉文：《東漢小侯考》，《南都學壇》1993年第2期。
汪涌豪：《古代游俠任俠行義活動之考究》，《殷都學刊》1993年第3期。
張建國：《論文帝改革後兩漢刑制並無斬趾刑》，《中外法學》1993年第4期。
張焯：《西漢“太常郡”考述》，《歷史教學》1993年第4期。
楊共樂：《誰是第一批來華經商的西方人》，《世界歷史》1993年第4期。
裘錫圭：《殺首子解》，《中國文化》第9期，生活·讀書·新知三聯書店1994年版。
卜憲群：《秦漢三公制度淵源論》，《安徽史學》1994年第4期。
宋一夫：《漢代功曹、五官掾考》，《歷史研究》1994年第5期。
四川大學歷史系考古專業、西昌市文物管理所：《四川西昌東坪漢代冶鑄遺址的發掘》，《文物》1994年第9期。
陳建梁《“檮杌”古義之探討》，《四川大學學報》1995年第1期。
李并成：《漢敦煌郡宜禾、中部都尉有關問題考》，《西北師大學報》1995年第2期。
李毓芳：《漢長安城未央宫的考古發掘與研究》，《文博》1995年第3期。

胡平生：《居延漢簡中的“功”與“勞”》，《文物》1995 年第 4 期。
林梅村：《疏勒語考》，《傳統文化與現代化》1995 年第 4 期。
周振鶴：《從漢代“部”的概念釋縣鄉亭里制度》，《歷史研究》1995 年第 5 期。
林梅村：《樓蘭國始都考》，《文物》1995 年第 6 期。
劉慶柱：《漢長安城未央宫布局形制初論》，《考古》1995 年第 12 期。
楊鴻勛：《明堂泛論——明堂的考古學研究》，日本京都大學人文科學研究所《東方學報》，1998 年 3 月。
張兆凱：《任子制新探》，《中國史研究》1996 年第 1 期。
朱桂昌：《後漢洛陽東觀考》，《洛陽大學學報》1996 年第 1 期。
高敏：《“度田”鬬爭與光武中興》，《南都學壇》1996 年第 1 期。
李并成：《漢敦煌郡宜禾都尉府與曹魏敦煌郡宜禾縣城考辨》，《敦煌學輯刊》1996 年第 2 期。
薛瑞澤：《東漢洛陽令及相關問題論考》，《鄭州大學學報》1996 年第 6 期。
臧知非：《劉秀“度田”新探》，《蘇州大學學報》1997 年第 2 期。
張建國：《漢簡〈奏讞書〉和秦漢刑事訴訟程序初探》，《中外法學》1997 年第 2 期。
胡新生：《論漢代巫蠱術的歷史淵源》，《中國史研究》1997 年第 3 期。
金岳：《越族源流研究之一——論越族的起源、越方和越裳氏》，《文物季刊》1997 年第 3 期。
戴良佐：《務塗谷今地考》，《西北史地》1997 年第 4 期。

中國社會科學院考古研究所考古科技實驗研究中心、漢唐考古研究室：《新疆庫爾勒至輪臺間古代城址的遥感探查》，《考古》1997 年第 7 期。

孫家洲、李宜春：《西漢矯制考論》，《中國史研究》1998 年第 1 期。

劉文性：《"閼氏"語義語源及讀音之思考》，《西北民族研究》1998 年第 1 期。

張建國：《漢文帝除肉刑的再評價》，《中外法學》1998 年第 3 期。

張應斌：《土家族古代的殺子祭神》，《貴州民族研究》1998 年第 2 期。

中國社會科學院考古研究所洛陽漢魏城隊：《漢魏洛陽故城城垣試掘》，《考古學報》1998 年第 3 期。

曹之：《〈東觀漢記〉編撰考》，《圖書館論壇》1998 年第 6 期。

羅新：《墨山國之路》，《國學研究》卷五，北京大學出版社 1998 年版。

卜憲群：《西漢東海郡長吏升遷考述》，《商丘師範學院學報》1999 年第 1 期。

王社教：《漢長安城八街九陌》，《文博》1999 年第 1 期。

于振波：《"引經決獄"的實質與作用》，《湖南大學學報》1999 年第 2 期。

王永平：《漢靈帝之置"鴻都門學"及其原因考論》，《揚州大學學報》1999 年第 5 期。

李宜春：《兩漢領、録尚書事制度比較研究》，《晉陽學刊》1999 年第 5 期。

沈頌金：《漢代鄉亭里研究概述》，《中國史研究動態》1999 第 10 期。

閻曉君：《兩漢“故事”論考》，《中國史研究》2000 年第 1 期。
王静：《漢代蠻夷邸論考》，《史學月刊》2000 年第 3 期。
李樹輝：《烏古斯部族諸部落史迹考（下）——烏古斯和回鶻研究系列之三》，《喀什師範學院學報》2000 年第 3 期。
趙國華：《漢鴻都門學考辨》，《華中師範大學學報》2000 年第 3 期。
王彦輝：《漢代豪民與鄉里政權》，《史學月刊》2000 年第 4 期。
余太山：《漢晉正史“西域傳”所見西域諸國的地望》，余太山主編《歐亞學刊》第 2 輯，中華書局 2000 年版。
李零：《論中國的有翼神獸》，《中國學術》2001 年第 1 期。
王彦輝、徐傑令：《論東周秦漢時代的鄉官》，《史學集刊》2001 年第 3 期。
[日] 角谷常子：《秦漢時代的贖刑》，李學勤、謝桂華主編《簡帛研究（二〇〇一）》，廣西師範大學出版社 2001 年版。
趙光懷：《兩漢“禁民二業”政策的歷史考察》，《烟臺大學學報》2002 年第 2 期。
楊權：《論章句與章句之學》，《中山大學學報》2002 年第 4 期。
卜憲群：《秦漢九卿源流及其性質問題》，《南都學壇》2002 年第 6 期。
孫明君：《第三種勢力——政治視角中的鴻都門學》，《學習與探索》2002 年第 5 期。
李炳泉：《兩漢戊己校尉建制考》，《史學月刊》2002 年第 6 期。
龔纓晏：《20 世紀黎軒、條支和大秦研究述評》，《中國史研究動態》2002 年第 8 期。
王子今：《秦漢區域地理學的“大關中”概念》，《人文雜志》2003 年第 1 期。

李炳泉：《西漢西域伊循屯田考論》，《西域研究》2003 年第 2 期。
李存山：《反思經史關係：從“啓攻益”説起》，《中國社會科學》2003 年第 3 期。
孫家洲：《再論“矯制”——讀〈張家山漢墓竹簡〉札記》，《南都學壇》2003 年第 4 期。
韓樹峰：《秦漢律令中的完刑》，《中國史研究》2003 年第 4 期。
羅新慧：《〈容成氏〉〈唐虞之道〉與戰國時期禪讓學説》，《齊魯學刊》2003 年第 6 期。
趙沛：《試論“白馬之盟”與漢初政治模式的建立》，《河南師範大學學報》2003 年第 6 期。
魏平柱：《楚史〈檮杌〉之“檮杌”辨正》，《襄樊學院學報》2003 年第 6 期。
徐興無：《石渠閣會議與漢代經學的變局》，南京大學古典文獻研究所編《古典文獻研究》總第 6 輯，鳳凰出版社 2003 年版。
汪桂海：《漢代的“史書”》，《文獻》2004 年第 2 期。
高榮：《秦漢郵驛的管理系統》，《西北師大學報》2004 年第 4 期。
潘良熾：《秦漢誹謗、妖言罪同異辨析》，《中華文化論壇》2004 年第 4 期。
楊宗兵：《里耶秦簡縣“守”“丞”“守丞”同義説》，《北方論叢》2004 年第 6 期。
閻步克：《詩國：王莽庸部、曹部探源》，《中國社會科學》2004 年第 6 期。
曹旅寧：《釋張家山漢簡〈賊律〉中的“錮”》，《簡牘學研究》第 4 輯，甘肅人民出版社 2004 年版。

余太山：《〈後漢書·西域傳〉要注》，余太山主編《歐亞學刊》第4輯，中華書局2004年版。
李均明：《關於“八月案比”》，中國文物研究所編《出土文獻研究》第6輯，上海古籍出版社2004年版。
張德芳：《懸泉漢簡中若干“時稱”問題的考察》，中國文物研究所編《出土文獻研究》第6輯，上海古籍出版社2004年版。
陳寶勤：《試論“寺”自“官寺”義到“佛寺”義的演化》，《南開語言學刊》2005年第1期。
楊生民：《中國里的長度演變考》，《中國經濟史研究》2005年第1期。
王剛：《秦漢假官、守官問題考辨》，《史林》2005年第2期。
劉緒義：《盤瓠神話與民俗的傳承流變》，《湖南師範大學學報》2005年第2期。
韓樹峰：《秦漢徒刑散論》，《歷史研究》2005年第3期。
王素：《高昌戊己校尉的設置——高昌戊己校尉系列研究之一》，《新疆師範大學學報》2005年第3期。
孫照金：《南陽漢代雕塑天祿、辟邪的藝術特色》，《中原文物》2005年第4期。
何如月：《漢車騎將軍馮緄碑志考釋》，《考古與文物》2006年第1期。
鄒水傑：《秦代縣行政主官稱謂考》，《湖南師範大學社會科學學報》2006年第2期。
張忠煒：《“購賞科條”識小》，《歷史研究》2006年第2期。
鄭威：《西漢東海郡所轄戚縣、建陵、東安侯國地望考辨》，《中國歷史地理論叢》2006年第2輯。
曹建國：《〈詩〉緯三基、四始、五際、六情説探微》，《武漢大學學報》2006年第4期。
吕宗力：《漢代“妖言”探討》，《中國史研究》2006年第4期。
張忠煒：《“詔獄”辨名》，《史學月刊》2006年第5期。
張建國：《漢代的罰作、復作與弛刑》，《中外法學》2006年第5期。
劉振東、張建鋒：《西漢長樂宮遺址的發現與初步研究》，《考古》2006年第10期。
劉振東、張建鋒：《西安市漢唐昆明池遺址的鑽探與試掘簡報》，《考古》2006年第10期。
辛德勇：《兩漢州制新考》，《文史》2007年第1輯。
陳勇：《屠各稱謂的變化與部落遷移》，《文史》2007年第1輯。
俞榮根、龍大軒：《東漢“律三家”考析》，《法學研究》2007年第2期。
黎明釗：《漢代亭長與盜賊》，《中國史研究》2007年第2期。
郭偉川：《古“三苗”新考——兼論“三苗”與南方諸族及楚國之關係》，《汕頭大學學報》2007年第2期。
韓樹峰：《耐刑、徒刑關係考》，《史學月刊》2007年第2期。
王子今：《兩漢軍隊中的“胡騎”》，《中國史研究》2007年第3期。
王暉：《楚史書〈檮杌〉的名源與三星堆青銅人頭像性質考》，《史學史研究》2007年第4期。
張艷玲：《漢代官吏休假制度研究綜述》，《甘肅社會科學》2007年第5期。
劉弘、陳娜、唐亮：《四川涼山州昭覺縣好穀鄉發現的東漢石表》，《四川文物》2007年第5期。
范正娥：《論兩漢時期太學與辟雍、明堂的關係》，《文史博覽》2007年第6期。

劉敏：《秦漢户籍中的“宗室屬籍”》，《河北學刊》2007年第6期。
張忠煒：《〈居延新簡〉所見“購償科别”册書復原及相關問題之研究——以〈額濟納漢簡〉“購賞科條”爲切入點》，《文史哲》2007年第6期。
王寶利：《再論章句與章句之學》，《社會科學論壇》2007年第8期。
侯旭東：《傳舍使用與漢帝國的日常統治》，《中國史研究》2008年第1期。
后曉榮：《〈漢書·地理志〉“道”目補考》，《中國歷史地理論叢》2008年第1輯。
錢志熙：《“鴻都門學”事件考論：從文學與儒學關係、選舉及漢末政治等方面着眼》，《北京大學學報》2008年第1期。
湖北省文物考古研究所、雲夢縣博物館：《湖北雲夢睡虎地M77發掘簡報》，《江漢考古》2008年第4期。
宋艷萍：《先秦秦漢喪葬習俗中的數術行爲》，《管子學刊》2008年第2期。
卜憲群：《秦漢社會勢力及其官僚化問題研究之三——以游士賓客爲中心的探討》，《秦漢研究》第2輯，三秦出版社2008年版。
宋國華：《漢代“見知之法”考述》，《咸陽師範學院學報》2008年第3期。
施謝捷：《秦兵器刻銘零釋》，《安徽大學學報》2008年第4期。
黎國韜：《總章考》，《音樂研究》2008年第5期。
卜憲群：《秦漢“鄉舉里選”考辨》，《社會科學戰綫》2008年第5期。
廖伯源：《論漢廷與匈奴關係之財務問題》，《中國文化研究所學報》2008 年第 48 期。
戴衛紅：《長沙走馬樓吴簡所見“直”“稟”簡及相關問題初探》，卜憲群、楊振紅主編《簡帛研究（二〇〇八）》，廣西師範大學出版社 2010 年版。
周宏偉：《莊蹻入滇與莊豪入滇非一事辨》，《西南大學學報》2009 年第 1 期。
陳二峰：《論漢代的籍田禮》，《南都學壇》2009 年第 3 期。
趙凱：《漢代匿名文書犯罪諸問題再探討》，《河北學刊》2009 年第 3 期。
彭浩：《讀雲夢睡虎地 M77 漢簡〈葬律〉》，《江漢考古》2009 年第 4 期。
任傑：《秦漢時制探析》，《自然科學史研究》2009 年第 4 期。
孫家洲：《東漢光武帝平定“彭寵之叛”史實考論》，《河北學刊》2009 年第 4 期。
石碩：《漢代西南夷中“巂”之族群内涵——兼論蜀人南遷以及與西南夷的融合》，《民族研究》2009 年第 6 期。
薛宗正：《車師考——兼論前、後二部的分化及車師六國諸問題》，《蘭州學刊》2009 年第 8 期。
周群：《西漢二千石秩級的演變》，《史學月刊》2009 年第 10 期。
王子今、李禹階：《漢代的“海賊”》，《中國史研究》2010 年第 1 期。
曾維華、孫剛華：《東漢“鴻都門學”設置原由探析》，《東嶽論叢》2010 年第 1 期。
陳玲、寇鳳梅：《漢代弛刑徒略論》，《河西學院學報》2010 年第 1 期。
唐元：《章句學與兩漢儒學風嚮》，《勵耘學刊》2010 年第 1 期。
馮鋭等：《張衡地動儀的發明、失傳與歷史繼承》，《中原文物》

2010 年第 1 期。
鄔文玲：《長沙東牌樓東漢簡牘〈光和六年自相和從書〉研究》,《南都學壇》2010 年第 3 期。
張欣:《秦漢長吏再考——與鄒水傑先生商榷》,《中國史研究》2010 年第 3 期。
陳英:《漢代行業貧富差距與"禁民二業"政策》,《山西師大學報》2010 年第 4 期。
焦培民:《東漢"輸作左校"刑罰考》,《公民與法(法學版)》2010 年第 5 期。
安忠義:《秦漢簡牘中的作刑》,《魯東大學學報》2010 年第 6 期。
王文利、周偉洲:《西夜、子合國考》,《民族研究》2010 年第 6 期。
温樂平:《漢代"五更"考析》,《史學月刊》2010 年第 7 期。
袁延勝:《東漢光武帝"度田"再論——兼論東漢户口統計的真實性問題》,《史學月刊》2010 年第 8 期。
周運中:《漢代縣治考:江淮篇》,梁安和、徐衛民主編《秦漢研究》第 4 輯,陝西人民出版社 2010 年版。
袁延勝:《懸泉漢簡所見辛武賢事迹考略》,梁安和、徐衛民主編《秦漢研究》第 4 輯,陝西人民出版社 2010 年版。
張鶴泉:《東漢明堂祭祀考略》,《咸陽師範學院學報》2011 年第 1 期。
武玉霞等:《地動儀復原模型的造型設計》,《自然科學史研究》2011 年第 1 期。
王子今:《居延簡文"臨淮海賊"考》,《考古》2011 年第 1 期。
王煜:《四川漢墓畫像中"鈎繩"博局與仙人六博》,《四川文物》2011 年第 2 期。

張建華、王福利：《黄門鼓吹説》，《南陽師範學院學報》2011年第2期。
楊武站：《漢陽陵出土封泥考》，《考古與文物》2011年第4期。
侯旭東：《從朝宿之舍到商鋪——漢代郡國邸與六朝邸店考論》，《清華大學學報》2011年第5期。
李夢澤：《西漢未行火德辨》，《學術研究》2011年第5期。
鄭威：《西漢東海郡的轄域變遷與城邑分布》，中國地理學會歷史地理專業委員會編《歷史地理》第25輯，上海人民出版社2011年版。
張新超：《西漢騎都尉考》，《天水師範學院學報》2012年第1期。
宋傑：《漢代的檻車押解制度》，《首都師範大學學報》2012年第2期。
劉曉滿、卜憲群：《秦漢行政中的效率規定與問責》，《安徽史學》2012年第2期。
丁岩：《西漢富平侯張安世繫年述略》，《咸陽師範學院學報》2012年第3期。
張忠煒：《漢科研究：以購賞科爲中心》，《南都學壇》2012年第3期。
徐暢：《西漢長安城未央宫北闕的地理位置及政治功能》，《四川文物》2012年第4期。
杜曉宇：《試論秦漢“邊郡”的概念、範圍與特徵》，《中國邊疆史地研究》2012年第4期。
高榮：《論秦漢的置（上、下）》，《魯東大學學報》2012年第5、6期。
郭俊然：《漢代大司馬職官叢考》，《運城學院學報》2012年第6期。

黄學超：《漢唐汾陽縣城及漢羊腸倉址考述——對〈水經·汾水注〉一段記載的解讀》，《晉陽學刊》2012年第6期。
孫聞博：《〈里耶秦簡〉"守""守丞"新考——兼談秦漢的守官制度》，卜憲群、楊振紅主編《簡帛研究（二〇一〇）》，廣西師範大學出版社2012年版。
沈剛：《里耶秦簡（壹）中的"課"與"計"——兼談戰國秦漢時期考績制度的流變》，《魯東大學學報》2013年第1期。
宋傑：《"伏劍"與"歐刀"：東周秦漢"隱戮"行刑方式的演變》，《中國史研究》2013年第2期。
朱聖鍾：《〈後漢書·郡國志〉劉昭注魚復扞關考》，《三門峽職業技術學院學報》2013年第2期。
楊巨平：《兩漢中印關係考——兼論絲路南道的開通》，《西域研究》2013年第4期。
許繼起：《樂府總章考論》，《文學評論》2013年第4期。
王彦輝：《秦漢時期的鄉、里控制與邑、聚變遷》，《史學月刊》2013年第5期。
楊桂梅：《漢代虎符考略》，《中國國家博物館館刊》2013年第5期。
宋國華：《秦漢律"購賞"考》，《法律科學（西北政法大學學報）》2013年第5期。
馬天祥：《"計日受奉"與漢末士風異動》，《學術交流》2013年第5期。
黄樸華、何佳、雷永利：《湖南長沙五一廣場東漢簡牘發掘簡報》，《文物》2013年第6期。
林梅村：《考古學視野下的西域都護府今址研究》，《歷史研究》2013年第6期。

申超：《漢代張安世家族興盛考》，《南都學壇》2013 年第 6 期。
烏其拉圖：《匈奴單于姓氏復原考釋》，《内蒙古社會科學（漢文版）》2013 年第 6 期。
黄今言：《漢代聚落形態試説》，《史學月刊》2013 年第 9 期。
龔留柱、張信通：《“漢家堯後”與兩漢之際的天命之争——兼論中國古代的政治合法性問題》，《史學月刊》2013 年第 10 期。
姜廣輝、邱夢艷：《齊詩“四始五際”説的政治哲學揭秘》，《哲學研究》2013 年第 12 期。
張俊民：《有關漢代廣至縣的幾個問題——以懸泉置出土文書爲中心的考察》，梁安和、徐衛民主編《秦漢研究》第 7 輯，陝西人民出版社 2013 年版。
黄東洋、鄔文玲：《新莽職方補考》，卜憲群、楊振紅主編《簡帛研究（二〇一二）》，廣西師範大學出版社 2013 年版。
薛夢瀟：《東漢郡守“行春”考》，《中國史研究》2014 年第 1 期。
王永莉、何炳武：《漢代史籍之“聚”蠡測》，《歷史地理》2014 年第 2 期。
朱志昊：《“白馬之盟”與漢初政制——以政治正當性爲綫索》，《政治學研究》2014 年第 2 期。
趙海龍：《兩漢“減死刑”問題探析》，《咸陽師範學院學報》2014 年第 3 期。
尤佳：《漢晉紹封制度論考》，《中華文史論叢》2014 年第 3 期。
雷曉鵬：《從清華簡〈繫年〉看周宣王“不籍千畝”的真相》，《農業考古》2014 年第 4 期。
任會斌：《越遷都琅琊時間初考》，《南方文物》2014 年第 4 期。
李正周、殷昭魯：《西漢“中謁者”考》，《唐都學刊》2014 年第4期。
周宏偉：《“五嶺”新解》，《湘南學院學報》2014年第4期。
姜法春：《再述“西海郡虎符石匱”》，《群文天地》2014年第4期。
李建平：《先秦兩漢糧食容量制度單位量詞考》，《農業考古》2014年第4期。
侯旭東：《丞相、皇帝與郡國計吏：兩漢上計制度變遷探微》，《中國史研究》2014年第4期。
張新超：《兩漢騎都尉續考——以東漢騎都尉爲中心》，《史林》2014年第5期。
李一丕：《河南楚長城分布及防禦體系研究》，《中原文物》2014年第5期。
李一丕：《河南楚長城研究》，《文博》2014年第5期。
洛陽市文物考古研究院、新安縣文物管理局：《河南新安縣漢函谷關遺址2012—2013年考古調查與發掘》，《考古》2014年第11期。
陳威廷：《論西漢郡（部）都尉治所設置》，《秦漢研究》第8輯，陝西人民出版社2014年版。
萬義廣：《近八十年以來漢代三老問題研究綜述》，《秦漢研究》第8輯，陝西人民出版社2014年版。
戴衛紅：《湖南里耶秦簡所見“伐閱”文書》，卜憲群、楊振紅主編《簡帛研究（二〇一三）》，廣西師範大學出版社2014年版。
郭洪伯：《稗官與諸曹——秦漢基層機構的部門設置》，卜憲群、楊振紅主編《簡帛研究（二〇一三）》，廣西師範大學出版社2014年版。
駱瑞鶴：《漢代經學章句發展説略》，《人文論叢》2015年第

1期。
王健：《西漢後期的文化危機與“再受命”事件新論》，《中國史研究》2015年第1期。
侯旭東：《西漢御史大夫寺位置的變遷：兼論御史大夫的職掌》，《中華文史論叢》2015年第1期。
張欣：《漢代公府掾史秩級問題考辨》，《中國史研究》2015年第1期。
王洪軍：《“西狩獲麟”的三重叙事及其思想建構》，《社會科學輯刊》2015年第2期。
姜生：《漢代列仙圖考》，《文史哲》2015年第2期。
姜生：《六博圖與漢墓之仙境隱喻》，《史學集刊》2015第2期。
代國璽：《漢代公文形態新探》，《中國史研究》2015年第2期。
謝辰：《汝陽故城考》，《中原文物》2015年第3期。
馬楠、王天然：《西周三事大夫考》，《中國史研究》2015年第3期。
宋傑：《漢代“棄市”與“殊死”辨析》，《中國史研究》2015年第3期。
徐暢：《〈續漢書·百官志〉所記“制度掾”小考》，《史學史研究》2015年第4期。
趙静、馬川：《散關地理位置變遷探究》，《文博》2015年第4期。
高天霞、何茂活：《漢代“守令”“令史”“守令史”考辨——兼論〈肩水金關漢簡〉中的相關官稱》，《西華師範大學學報》2015年第5期。
秦進才：《漢光武帝即位處：千秋亭與千秋臺異同考》，《咸陽師範學院學報》2015年第5期。
王啓敏：《東漢洛陽南宫史事考》，《洛陽師範學院學報》2015

年第 6 期。

魏昕：《漢代策書體式考述》，《黄河科技大學學報》2015 年第 6 期。

郭鳳武：《蘆山出土〈趙儀碑〉考釋》，《中華文化論壇》2015 年第 8 期。

田立坤：《〈後漢書·郡國志〉中“别領”之我見》，《社會科學戰綫》2015 年第 11 期。

王啓敏：《東漢洛陽北宫考》，《哈爾濱學院學報》2015 年第 12 期。

丁義娟、于淑紅：《從出土簡看漢初律中贖刑種類及其發展》，《蘭臺世界》2015 年第 12 期。

高震寰：《試論秦漢簡牘中“守”“假”“行”》，王沛主編《出土文獻與法律史研究》第 4 輯，上海人民出版社 2015 年版。

涼山彝族自治州博物館、涼山彝族自治州文物管理所編著：《一個考古學文化交彙區的發現——涼山考古四十年》，科學出版社 2015 年版。

單印飛：《略論秦代遷陵縣吏員設置》，《簡帛》第 11 輯，上海古籍出版社 2015 年版。

寧鎮疆：《周代“籍禮”補議——兼説商代無“籍田”及“籍禮”》，《中國史研究》2016 年第 1 期。

吴從祥：《〈赤伏符〉考辨》，《中華文化論壇》2016 年第 1 期。

王興鋒：《漢代美稷故城新考》，《中國邊疆史地研究》2016 年第 1 期。

趙海龍：《〈東漢政區地理〉縣級政區補考》，《南都學壇》2016 年第 2 期。

李樹輝：《烏拉泊古城新考》，《敦煌研究》2016 年第 3 期。

陳曉露:《扜彌國都考》,《考古與文物》2016 年第 3 期。
徐歆毅:《漢代公田的經營與使用》,《史學月刊》2016 年第 3 期。
孟洋洋:《西漢朔方郡屬縣治城考》,《西夏研究》2016 年第 3 期。
王瑰:《〈續漢書・郡國志〉永昌郡人口辨》,《曲靖師範學院學報》2016 年第 4 期。
陳蘇鎮:《未央宫四殿考》,《歷史研究》2016 年第 5 期。
潘務正:《"疽發背而死"與中國史學傳統》,《文史哲》2016 年第 6 期。
譚慧存:《從張湯—張安世家族看漢代官僚政治》,《史學月刊》2016 年第 6 期。
孫少華:《"春王正月"與"貴微重始"——兼論後儒對〈春秋〉文本的哲學闡釋》,《哲學研究》2016 年第 7 期。
田勇、王明欽:《湖北荆州劉家臺與夏家臺墓地發現大批戰國墓葬》,《中國文物報》2016 年 4 月 8 日。
王偉:《秦守官、假官制度綜考——以秦漢簡牘資料爲中心》,楊振紅、鄔文玲主編《簡帛研究(二〇一六秋冬卷)》,廣西師範大學出版社 2017 年版。
王彦輝:《聚落與交通視閾下的秦漢亭制變遷》,《歷史研究》2017 年第 1 期。
劉力耘:《漢〈赤伏符〉釋義》,《中華文史論叢》2017 年第 1 期。
孟祥才:《伊尹形象的歷史呈現》,《海岱學刊》2017 年第 1 期。
劉振東:《漢長安城綜論——紀念漢長安城遺址考古六十年》,《考古》2017 年第 1 期。
胡興軍、何麗萍:《新疆尉犁縣鹹水泉古城的發現與初步認識》,《西域研究》2017 年第 2 期。

趙曉磊、侯欣一：《漢代司法程序中的先請與上請辨析》，《江蘇社會科學》2017 年第 3 期。
鄒水傑：《秦簡“有秩”新證》，《中國史研究》2017 年第 3 期。
田煒：《説“同生”“同産”》，《中國語文》2017 年第 4 期。
孫志敏：《秦漢刑徒兵制與謫戍制考辨》，《古代文明》2017 年第 4 期。
李均明：《東漢時期的候審擔保——五一廣場東漢簡牘“保任”解》，《湖南大學學報》2017 年第 5 期。
代國璽：《從懸泉置壁書看新莽羲和、納言的職掌及相關問題》，《敦煌研究》2017 年第 6 期。
李超然、孫忠人、劉德柱：《中風病古代文獻探析》，《江蘇中醫藥》2017 年第 7 期。
周倩倩：《兩漢大將軍幕府部分文職類屬官考察》，《通化師範學院學報》2017 年第 7 期。
劉洪强：《〈漢書·藝文志〉“可觀者九家”包括“小説家”考證》，《内江師範學院學報》2017 年第 7 期。
黄德寬：《安徽大學藏戰國竹簡概述》，《文物》2017 年第 9 期。
徐在國：《安徽大學藏戰國竹簡〈詩經〉詩序與異文》，《文物》2017 年第 9 期。
光明日報記者高平、見習記者安勝藍：《歷經近 2000 年，班固所撰〈燕然山銘〉摩崖石刻找到了》，《光明日報》2017 年 8 月 16 日。
劉未：《絲綢之路東亞段古代城市之考察》，《北方民族考古》第 4 輯，科學出版社 2017 年版。
于振波：《秦漢校長考辨》，《中國史研究》2018 年第 1 期。
陳蘇鎮：《東漢的南宮和北宮》，《文史》2018 年第 1 輯。
陳蘇鎮：《東漢的“殿中”和“禁中”》，《中華文史論叢》

2018 年第 1 期。
王子今：《武關・武候・武關候：論戰國秦漢武關位置與武關道走向》，《中國歷史地理論叢》2018 年第 1 輯。
趙炳林：《秦代“五嶺之戍”述考——兼與林崗等先生商榷》，《中國邊疆史地研究》2018 年第 2 期。
寧鎮疆：《也論“余一人”問題》，《歷史研究》2018 年第 2 期。
陳曉東：《西漢常平倉設立原因初探》，《江南大學學報》2018 年第 2 期。
劉光勝、王德成：《從“殷質”到“周文”：商周籍田禮再考察》，《江西社會科學》2018 年第 2 期。
黎明釗、唐俊峰：《秦至西漢屬國的職官制度與安置模式》，《中國史研究》2018 年第 3 期。
李炳泉：《兩漢度遼將軍新考》，《中國邊疆史地研究》2018 年第 4 期。
張欣：《論漢代辟除制與察舉制之關係》，《河南師範大學學報》2018 年第 4 期。
馬彪、林力娜：《秦、西漢容量“石”諸問題研究》，《中國史研究》2018 年第 4 期。
徐沖：《西漢後期至新莽時代“三公制”的演生》，《文史》2018 年第 4 輯。
王彦輝：《論秦及漢初身份秩序中的“庶人”》，《歷史研究》2018 年第 4 期。
温樂平：《漢代邸的建制、管理與特性》，《深圳大學學報》2018 年第 5 期。
劉夫德：《伊尹新論》，《南都學壇》2018 年第 6 期。
莊亦男：《論古代公文中的“便宜”》，《秘書之友》2018 年第 9 期。

江西省文物考古研究院、北京大學出土文獻研究所荆州文物保護中心：《江西南昌西漢海昏侯劉賀墓出土簡牘》，《文物》2018年第11期。

唐宇：《新莽時期六博圖像探微》，《中國國家博物館館刊》2018年第11期。

何有祖：《再論秦漢“棄市”的行刑方式》，《社會科學》2018年第11期。

袁廣闊：《菏澤成陽與堯帝的關係非同尋常》，《光明日報》2018年2月10日。

符奎、卜憲群：《關於劉賀立廢問題的几點看法》，《光明日報》2018年5月14日。

黄浩波：《〈里耶秦簡（貳）〉讀札》，簡帛網，2018年5月15日。

于洪濤：《秦漢法律簡牘中的“鞫”研究——兼論秦漢刑事訴訟中的相關問題》，鄔文玲、戴衛紅主編《簡帛研究（二〇一八春夏卷）》，廣西師範大學出版社2018年版。

徐世虹：《秦漢“鞫”文書譾識——以湖南益陽兔子山、長沙五一廣場出土木牘爲中心》，《簡帛》第17輯，上海古籍出版社2018年版。

楊振紅：《從嶽麓秦簡看秦漢時期有關“奔命警備”的法律》，姚遠主編《出土文獻與法律史研究》第7輯，法律出版社2018年版。

陳蘇鎮：《東漢的“東宮”與“西宮”》，《“中研院”史語所集刊》第89本第3分，2018年。

［日］鷹取祐司著，魏永康譯：《漢代的“守”和“行某事”》，周東平、朱騰主編《法律史譯評（第六卷）》，中西書局2018年版。

楊振紅：《“縣官”之由來與戰國秦漢時期的“天下”觀》，《中國史研究》2019 年第 1 期。
齊木德道爾吉、高建國：《有關〈封燕然山銘〉摩崖的三個問題》，《西北民族研究》2019 年第 1 期。
楊振紅：《秦漢時期“符”的尺寸及其演變——兼論嶽麓秦簡肆〈奔警律〉的年代》，鄔文玲、戴衛紅主編《簡帛研究（二〇一八秋冬卷）》，廣西師範大學出版社 2019 年版。
杜曉：《“壽良郡”新證——兼正〈漢書〉標點一則》，《江海學刊》2019 年第 2 期。
曾磊：《劉賀“乘七乘傳詣長安邸”考議》，《石家莊學院學報》2019 年第 2 期。
姚大力：《大月氏與吐火羅的關係：一個新假設》，《復旦學報》2019 年第 2 期。
袁延勝、時軍軍：《再論里耶秦簡中的“守”和守官》，《古代文明》2019 年第 2 期。
楊巨平：《傳聞還是史實——漢史記載中有關西域希臘化國家與城市的信息》，《西域研究》2019 年第 3 期。
王爾：《“長安系士人”的聚散與東漢建武政治的變遷——從“二〈賦〉”説起》，《中國史研究》2019 年第 4 期。
陝西省考古研究院、咸陽市文物考古研究所：《西漢成帝延陵考古勘探調查簡報》，《考古與文物》2019 年第 4 期。
張學謙：《東漢圖讖的成立及其觀念史變遷》，《文史》2019 年第 4 輯。
樊榮：《試析殷商武乙“射天”的涵義》，《安陽師範學院學報》2019 年第 4 期。
李彦楠：《兩漢行政故事的變遷》，《史林》2019 年第 4 期。
嚴輝：《洛陽東漢帝陵地望問題研究綜述》，《中原文物》2019

年第 5 期。
韓國河、張鴻亮：《東漢陵園建築布局的相關研究》，《考古與文物》2019 年第 6 期。
辛德勇：《燕然山上的新發現》，《中國文物報》2019 年 12 月 20 日。
王博凱：《秦漢“禁錮”問題補論》，《出土文獻》第 14 輯，中西書局 2019 年版。
郭永秉：《秦“俉乏不鬬律”與漢代的兩種軍法——附談“僯”字的理解》，趙晶主編《中國古代法律文獻研究》第 13 輯，社會科學文獻出版社 2019 年版。
王爾：《“祀堯”或“祀高帝”？——東漢建武七年郊祀禮議的政治意涵和思想淵源》，《中華文史論叢》2020 年第 1 期。
宋傑：《東漢皇帝宮室徙居述論》，《南都學壇》2020 年第 1 期。
蔣波、楊爽爽：《漢代的宮官太僕》，《南都學壇》2020 年第 1 期。
李志芳、蔣魯敬：《湖北荆州市胡家草場西漢墓 M12 出土簡牘概述》，《考古》2020 年第 2 期。
尹鵬、王文英：《“白馬之盟”真僞探》，《新鄉學院學報》2020 年第 2 期。
張新超：《論漢代縣屬游徼的設立與演變——以考古資料爲中心》，《古代文明》2020 年第 2 期。
陳立柱、刁華夏：《“敬天”與“射天”：上古夏、夷族群融合之殤》，《史學月刊》2020 年第 4 期。
宋傑：《黄門與禁省——漢代皇帝宮内居住區域考辨》，《南都學壇》2020 年第 5 期。
許超：《兩漢孫吴會稽郡諸部都尉考》，《寧波大學學報》2020 年第 5 期。

宋志民：《論七體的形成和演進》，《湖南大學學報》2020 年第 5 期。
孫聞博：《兵符與帝璽：秦漢政治信物的制度史考察》，《史學月刊》2020 年第 9 期。
高海雲：《漢代章句之學研究述評》，《社會科學動態》2020 年第 11 期。
新疆文物考古研究所：《新疆奇臺縣石城子遺址 2018 年發掘簡報》，《考古》2020 年第 12 期。
李昊林：《王景治河“十里立一水門”新解》，《中國歷史地理論叢》2020 年第 4 輯。
李偉麗：《玉門關址今何在》，《中國社會科學報》2020 年 12 月 9 日。
曾磊：《懸泉漢簡“傳信”簡釋文校補》，中國文化遺產研究院編《出土文獻研究》第 18 輯，中西書局 2020 年版。
張俊民：《玉門關早年移徙新證——從小方盤漢簡 T14N3 的釋讀説起》，《石河子大學學報》2021 年第 1 期。

後漢書　卷一上

帝紀第一上

光武皇帝

世祖光武皇帝諱秀，字文叔，[1]南陽蔡陽人，[2]高祖九世之孫也，[3]出自景帝生長沙定王發。[4]發生舂陵節侯買，[5]買生鬱林太守外，[6]外生鉅鹿都尉回，[7]回生南頓令欽，[8]欽生光武。光武年九歲而孤，養於叔父良。[9]身長七尺三寸，美須眉，大口，隆準，日角。[10]性勤於稼穡，[11]而兄伯升好俠養士，[12]常非笑光武事田業，[13]比之高祖兄仲。[14]王莽天鳳中，[15]乃之長安，[16]受《尚書》，[17]略通大義。

[1]【李賢注】《禮》"祖有功而宗有德"，光武中興（大德本、殿本"中"後有"葉"字），故廟稱世祖。《謚法》："能紹前業曰光，克定禍亂曰武。"伏侯《古今注》曰："秀之字曰茂。伯、仲、叔、季，兄弟之次。長兄伯升，次仲，故字文叔焉。"【今注】世祖：劉秀廟號。　光武：劉秀謚號。　字：古人在成年（行冠

禮）後所取的便於交際的别名。《禮記·曲禮上》："男子二十冠而字……女子許嫁笄而字。"《禮記·檀弓上》："幼名，冠字。"

［2］【李賢注】南陽，郡，今鄧州縣也。蔡陽，縣，故城在今隨州棗陽縣西南。【今注】南陽：郡名。治宛縣（今河南南陽市卧龍區）。　蔡陽：縣名。治所在今湖北棗陽市西南。

［3］【今注】高祖：漢高祖劉邦，西漢開國皇帝。紀見《史記》卷八、《漢書》卷一。

［4］【李賢注】長沙，郡，今潭州縣也。【今注】景帝：西漢景帝劉啓，公元前157年至前141年在位。紀見《史記》卷一一、《漢書》卷五。　案，生，中華本校勘記云："劉攽《東漢書刊誤》謂'生'當作'子'。按：《集解》引惠棟説，謂《東觀記·世祖紀》云'世祖光武皇帝，高祖九世孫，承文、景之統，出自長沙定王發，定王生舂陵節侯'，本書自明，范氏易其文而義反晦耳。"　長沙定王發：劉發，字文信，西漢景帝劉啓第六子。長沙，國名。治臨湘縣（今湖南長沙市嶽麓區）。

［5］【李賢注】舂陵，鄉名，本屬零陵泠道縣（泠，紹興本、殿本作"冷"），在今永州唐興縣北，元帝時徙南陽，仍號舂陵，故城今在隨州棗陽縣東。事具《宗室四王傳》。【今注】舂陵：鄉名。在今湖南寧遠縣柏家坪鎮。　買：劉買。西漢景帝劉啓之孫，長沙定王劉發之子。武帝元朔五年（前124），以零陵郡泠道縣的舂陵鄉封長沙王子劉買爲舂陵侯，長沙王的爵位由其兄劉庸繼承。他死後，謚號節。

［6］【李賢注】鬱林，郡，今郴州縣（中華本據王先謙説改"郴州"爲"貴州"）。《前書》曰："郡守，秦官。秩二千石。景帝更名太守。"【今注】鬱林：郡名。治布山縣（今廣西桂平市西）。　太守：官名。秦漢郡級行政長官，職掌一郡之政事。《漢書·百官公卿表上》："郡守，秦官，掌治其郡，秩二千石。有丞，邊郡又有長史，掌兵馬，秩皆六百石。景帝中二年更名太守。"從

秦簡材料可知，秦代郡守即稱太守。　外：劉外。長沙定王劉發之孫，舂陵節侯劉買之子。舂陵侯爵位由其兄劉熊渠繼承，他擔任鬱林太守。

［7］【李賢注】鉅鹿，郡，今邢州縣也。《前書》曰："都尉，本郡尉，秦官也。掌佐守，典武職，秩比二千石。景帝更名都尉。"【今注】鉅鹿：郡名。又作"巨鹿"。治鉅鹿縣（今河北平鄉縣西南）。　都尉：官名。即郡尉。秦漢郡級軍事長官，佐助郡守職掌武事。《漢書·百官公卿表上》："郡尉，秦官，掌佐守典武職甲卒，秩比二千石。有丞，秩皆六百石。景帝中二年更名都尉。"都尉雖言佐助郡守，但實際地位和郡守接近，有單獨的治所和屬官。（參見安作璋、熊鐵基《秦漢官制史稿》，齊魯書社 2007 年版，第 574—584 頁）　回：劉回。劉外之子，劉秀祖父，生子劉欽、劉良、劉歙。

［8］【李賢注】南頓，縣，屬汝南郡，故城在今陳州項城縣西。《前書》曰："令、長，皆秦官也。萬户以上爲令，秩千石至六百石；不滿萬户爲長，秩五百石至三百石。"【今注】南頓：縣名。治所在今河南項城市南頓鎮。　令：縣令。官名。秦漢縣級行政長官，職掌一縣之政事。《漢書·百官公卿表上》："縣令、長，皆秦官，掌治其縣。萬户以上爲令，秩千石至六百石。減萬户爲長，秩五百石至三百石。"　欽：劉欽。劉回之子，劉秀之父。西漢末歷任陳留郡濟陽（今河南蘭考縣）縣令、南頓（今河南項城市）縣令。娶樊重之女樊嫺都，生劉縯、劉仲、劉秀。

［9］【今注】良：劉良，字次伯。劉回之子，劉欽之弟，劉秀叔父。傳見本書卷一四。

［10］【李賢注】隆，高也。許負云："鼻頭爲準。"鄭玄《尚書中候》注云："日角謂庭中骨起（庭中，殿本作'中庭'），狀如日。"【今注】隆準日角：準指鼻子，隆準即高鼻梁。日角是指額骨中央部分隆起，形狀如日。"隆準日角"屬於"龍顔""帝王

相”。《史記》卷八《高祖本紀》：“高祖爲人，隆準而龍顔，美須髯，左股有七十二黑子。”

［11］【李賢注】種曰稼，斂曰穡。【今注】稼穡：種植和收穫，泛指農業勞動。

［12］【今注】伯升：劉縯，一作劉演，字伯升，劉秀同母兄。傳見本書卷一四。　俠：亦稱任俠、游俠、輕俠，戰國秦漢時期以武力結合而成的一種社會勢力。狹義的“俠”一般指武士的領袖，或贍養武士的人，他們多對武士予以財力支持或政治庇護，以利用武士謀取政治、經濟利益。秦漢的“俠”是國家防範和打擊的對象。　士：戰國秦漢時期的一種社會身份，一般指利用知識和技能服務於國家或個人的群體，即知識階層。“士”在周代本指貴族階層，或貴族階層最低的一個等級，他們是知識、技能和政事的壟斷者。戰國時代，隨着貴族衰落，庶民上升，“士”開始指代那些具有知識和才藝的人。秦漢時期，部分“士”經“官僚化”而成爲中央集權制國家之下的行政官僚“士大夫”，部分“士”則脱離户籍，以“賓客”“舍人”的形態託庇於諸侯王、貴族、官僚、豪强、地主等私門之下，爲私人提供政治、經濟、生活方面的服務，借以謀求仕宦與衣食。此處的“士”即指後一種。這類“士”不受國家控制，且影響國家正常行政秩序，構成了對專制中央集權的潛在危害。（參見卜憲群《秦漢社會勢力及其官僚化問題研究之三——以游士賓客爲中心的探討》，載《秦漢研究》第2輯，三秦出版社2008年版，第104—130頁）

［13］【今注】非笑：譏笑。

［14］【李賢注】仲，郃陽侯喜也，能爲產業。見《前書》。【今注】仲：劉喜，字仲，西漢高祖劉邦兄。劉邦年輕時，劉太公常常認爲劉邦不事產業，不如劉喜勤勞。

［15］【李賢注】王莽建國六年改爲天鳳（王先謙《後漢書集解》引劉攽曰：“注按，莽號‘始建國’年，凡三字，此少一

‘始’字。”中華本據此在“建國”前加“始”字)。【今注】王莽:字巨君,魏郡元城(今河北大名縣)人。西漢權臣,新顯王王曼長子、孝元皇后王政君侄,篡奪皇位,建立新朝。傳見《漢書》卷九九。　天鳳:新莽年號(14—19)。

[16]【今注】長安:縣名。治所在今陝西西安市西北。

[17]【李賢注】《東觀記》曰:“受《尚書》於中大夫廬江許子威。資用乏,與同舍生韓子合錢買驢,令從者就(就,紹興本、大德本、殿本作‘僦’),以給諸公費。”【今注】尚書:儒家經典之一,分爲典、謨、誥、命、誓等體裁。有今古文之分,西漢伏生口述的二十八篇《尚書》爲今文《尚書》。出現於漢代,用先秦文字寫就的《尚書》爲古文《尚書》。今天見到的古文《尚書》並非漢代古文《尚書》,而是由東晉梅賾僞造。清華大學藏戰國竹簡中出現多篇“書”,其中數篇見於今文《尚書》,另有數篇與今天見到的僞古文《尚書》内容不同。

莽末,天下連歲災蝗,寇盜鋒起。[1]地皇三年,[2]南陽荒饑,[3]諸家賓客多爲小盜。[4]光武避吏新野,[5]因賣穀於宛。[6]宛人李通等以圖讖説光武云:“劉氏復起,李氏爲輔。”[7]光武初不敢當,然獨念兄伯升素結輕客,[8]必舉大事,且王莽敗亡已兆,天下方亂,遂與定謀,於是乃市兵弩。[9]十月,與李通從弟軼等起於宛,[10]時年二十八。

[1]【李賢注】言賊鋒鋭宛起(宛,紹興本、大德本、殿本作“競”)。字或作“鋒”(鋒,紹興本、大德本、殿本作“蜂”),諭多也(諭,大德本、殿本作“喻”)。【今注】鋒起:紛紛發生。鋒,通“蜂”。

［2］【李賢注】天鳳六年改爲地皇（中華本校勘記謂，張熷據《前書》“六”當作“七”）。【今注】地皇：也作“始建國地皇上戊”“始建國地皇”，新莽年號（20—23）。

［3］【李賢注】《韓詩外傳》曰：“一穀不升曰歉，二穀不升曰饑，三穀不升曰饉，四穀不升曰荒，五穀不升曰大侵。”

［4］【今注】賓客：又稱“客”，戰國秦漢時期一種帶有人身依附色彩的群體。一般指投靠皇族、高官顯宦及地方豪强等，充當謀士、心腹、爪牙的人。賓客與主人之間並無牢固的隸屬關係，其充當主人賓客出於自願，亦可隨時離開主人。（參見高敏《兩漢時期“客”與“賓客”的階級屬性》，《秦漢史論集》，中州書畫出版社1982年版，第293—329頁）

［5］【李賢注】新野屬南陽郡，今鄧州縣。《續漢書》曰：“伯升賓客劫人，上避吏於新野鄧晨家。”【今注】避吏：逃避官吏追捕。　新野：縣名。治所在今河南新野縣城。

［6］【李賢注】《東觀記》曰：“時南陽旱饑，而上田獨收。”宛，縣，屬南陽郡，故城今鄧州南陽縣也。【今注】宛：縣名。爲南陽郡治，治所在今河南南陽市卧龍區。

［7］【李賢注】圖，《河圖》也。讖，符命之書。讖，驗也。言爲王者受命之徵驗也。《易坤靈圖》曰：“漢之臣李陽也。”【今注】李通：字次元，南陽宛（今河南南陽市卧龍區）人。雲臺二十八將之一。傳見本書卷一五。　圖讖：亦稱河洛讖，是指依託《河圖》《洛書》而提出的一種政治預言。《河圖》《洛書》在先秦時代是指一種聖王的瑞應，史籍記載河出圖、洛出書，則聖王出現、政治太平。至秦漢時期，方士將《河圖》《洛書》文本化，使之成爲帶有圖和文字的預言，以與現實政治結合，爲現實政治服務。（參見張學謙《東漢圖讖的成立及其觀念史變遷》，《文史》2019年第4輯）

［8］【今注】素：向來。　輕客：猶“輕俠”，指輕生重義而

急人之難的人。

[9]【今注】市：買。

[10]【今注】從弟：堂弟，指叔伯之子而年紀小於自己的人。軼：李軼，字季文，南陽宛人。出身宛城豪族，隨從劉縯、劉秀兄弟起兵於舂陵。舂陵兵和緑林軍結盟之後，投靠緑林軍所立的更始帝劉玄，協助殺害大司徒劉縯。更始政權面臨崩潰時，暗中投降光武帝劉秀。劉玄更始三年（25），事情敗露，爲大司馬朱鮪刺殺於洛陽。

十一月，有星孛于張。[1]光武遂將賓客還舂陵。[2]時伯升已會衆起兵。初，諸家子弟恐懼，皆亡逃自匿，[3]曰“伯升殺我”。及見光武絳衣大冠，[4]皆驚曰“謹厚者亦復爲之”，[5]乃稍自安。伯升於是招新市、平林兵，[6]與其帥王鳳、陳收西擊長聚。[7]光武初騎牛，殺新野尉乃得馬。[8]進屠唐子鄉，[9]又殺湖陽尉。[10]軍中分財物不均，衆恚恨，[11]欲反攻諸劉。光武斂宗人所得物，悉以與之，衆乃悦。進拔棘陽，[12]與王莽前隊大夫甄阜、[13]屬正梁丘賜[14]戰於小長安，[15]漢軍大敗，還保棘陽。

[1]【李賢注】《前書音義》曰：“孛星光芒短，蓬然。張，南方宿也。”《續漢志》曰：“張爲周地。星孛于張，東南行即翼、軫之分。翼、軫，楚地，是楚地將有兵亂。後一年正月，光武起兵舂陵，攻南陽，斬阜、賜等，殺其士衆數萬人。光武都雒陽，居周地，除穢布新之象。”【今注】星孛：光芒四射的彗星。孛，彗星之別稱。古以彗星爲不祥，預兵戎之災。　張：二十八宿之一，南方朱雀七宿的第五宿，有星六顆。其狀如展翅飛翔，故古有

“開張大吉”之説。本書《天文志上》：“王莽地皇三年十一月，有星孛于張，東南行五日不見……星孛于張，東南行即翼、軫之分。翼、軫爲楚，是周、楚地將有兵亂。”相關徵驗參見本書《天文志上》。

［2］【今注】將：率領。

［3］【今注】亡：逃亡。　匿：藏匿。

［4］【李賢注】董巴《輿服志》曰：“大冠者，謂武官冠之（王先謙《後漢書集解》引劉攽曰：‘注案，當云“大冠者，謂武冠，武官冠之”，少“武冠”二字。’中華本據此補）。”《東觀記》曰：“上時絳衣大冠，將軍服也。”【今注】絳衣大冠：深紅色衣服、大帽子，古武官之服。

［5］【今注】謹厚：謹慎篤厚。

［6］【李賢注】新市，縣，屬江夏郡，故城在今郢州富水縣東北。平林，地名，在今隨州隨縣東北。【今注】新市：地名。在今湖北京山市東北。　平林：地名。在今湖北隨州市東北。

［7］【李賢注】《廣雅》曰：“聚，居也，音慈諭反。”《前書音義》曰：“小於鄉曰聚。”【今注】王鳳：新莽末緑林起義首領，新市人。新朝天鳳四年（17），王鳳與王匡等在緑林山領導飢民起義。其後王鳳率領起義軍北入南陽，號“新市兵”。　陳收：新莽末平林人。新朝地皇三年（22），與廖湛等在平林起兵，號“平林兵”。收，紹興本作“牧”。　聚：秦漢時期的居民點。《説文》：“聚，會也……一曰邑落曰聚。”段玉裁注：“邑落，謂邑中村落。”“聚”與“邑”“落”等接近，是自然形成的聚落。“聚”與“里”是相對的概念。里是按地區劃分的基層行政組織，而聚一般不具備行政組織的意義。（參見王彦輝《秦漢時期的鄉、里控制與邑、聚變遷》，《史學月刊》2013年第5期；黄今言《漢代聚落形態試説》，《史學月刊》2013年第9期）

［8］【李賢注】《前書》曰，尉，秦官，秩四百石至二百石

也。【今注】尉：縣尉。官名。秦漢縣級軍事長官。《漢書·百官公卿表上》："（縣令、長）皆有丞、尉，秩四百石至二百石，是爲長吏。"縣尉的秩級略低於縣令，輔佐縣令執掌緝捕盜賊、役使卒徒等。大縣或設置左、右兩尉。縣尉執掌較專，對於令長有一定獨立性，往往分部而治，與縣令長别治，有單獨的治所和官廨，亦有自己獨立的屬吏。（參見安作璋、熊鐵基《秦漢官制史稿》，第654—662頁）

［9］【李賢注】《例》曰："多所誅殺曰屠。"唐子鄉有唐子山，在今唐州湖陽縣西南。【今注】唐子鄉：鄉名。在今河南唐河縣湖陽鎮一帶。"鄉"爲縣下一級行政單位，主管者稱鄉嗇夫，執掌一鄉户口、徭役等事宜，下轄若干"里"。

［10］【李賢注】湖陽屬南陽郡，今唐州縣也。《東觀記》曰："劉終詐稱江夏吏，誘殺之。"【今注】湖陽：一作"胡陽"。縣名。治所在今河南唐河縣南。

［11］【今注】恚：怨恨。

［12］【李賢注】縣名，屬南陽郡，在棘水之陽，古謝國也，故城在今唐州湖陽縣西北。棘音己力反。【今注】拔：攻陷城市。王先謙《後漢書集解》引惠棟曰："范氏《例》曰，得城爲拔（其《例》别爲一卷，今亡）。" 棘陽：縣名。因棘水（今溧河）之陽而得名，治所在今河南新野縣東北。

［13］【李賢注】王莽置六隊，郡置大夫一人，職如太守。南陽爲前隊，河内爲後隊，潁川爲左隊，弘農爲右隊，河東爲兆隊，滎陽爲祈隊。隊音遂。

［14］【李賢注】王莽每隊置屬正一人，職如都尉。【今注】前隊大夫甄阜屬正梁丘賜：前隊大夫、屬正均爲新莽職官名，《漢書》卷九九中《王莽傳中》："莽以《周官》《王制》之文……分三輔爲六尉郡，河東、河内、弘農、河南、潁川、南陽爲六隊郡，置大夫，職如太守；屬正，職如都尉。"南陽稱"前隊"，前隊大夫、

屬正相當於南陽太守、都尉。

［15］【李賢注】《續漢書》曰淯陽縣有小長安聚，故城在今鄧州南陽縣南。【今注】小長安：聚落名。在今河南南陽市南六十里。

更始元年正月甲子朔，[1]漢軍復與甄阜、梁丘賜戰於沘水西，大破之，斬阜、賜。[2]伯升又破王莽納言將軍嚴尤、秩宗將軍陳茂於淯陽，[3]進圍宛城。

［1］【今注】更始：更始帝劉玄年號（23—25）。更始政權是指公元23年，緑林軍首領王匡、王鳳等人擁立劉玄爲帝，恢復漢朝國號而建立的政權。　案，正月甲子朔，中華本校勘記："張熷《讀史舉正》及黄山《後漢書校補》並謂據下文'二月辛巳'，則正月甲子非朔。今按：是年正月壬子朔，此或衍'朔'字，或'甲子'爲'壬子'之譌。"朔，指每月初一日。

［2］【李賢注】沘水在今唐州沘陽縣南。廬江灊縣亦有沘水，與此别也。沘音比（紹興本"比"後有"上"字）。【今注】沘水：河流名。亦名泌水。源出今河南泌陽縣東白雲山，西南流經縣南，又西南流經唐河縣北，會北來之趙河，名曰唐河，又西南流經新野縣，至湖北襄陽市襄州區入於白河。

［3］【李賢注】《前書》曰（中華本校勘記謂，張熷認爲引《前書》非本文，"書"下當有"音義"二字），納言，虞官也，掌出納王命，所謂喉舌之官也，歷秦、漢不置，王莽改大司農爲之。桓譚《新論》云莊尤字伯石，此言"嚴"，避明帝諱也。秩宗，虞官也，掌郊廟之事，周謂之宗伯，秦、漢不置，王莽改太常爲秩宗，後又典兵，故納言、秩宗皆有將軍號也。淯陽，縣，屬南郡（中華本校勘記謂，張熷認爲"南"下當有"陽"字，並據補），故城在今鄧州南陽縣南在淯水之陽（殿本無後一"在"

字)。淯音育。【今注】納言將軍嚴尤秩宗將軍陳茂：納言、秩宗皆新莽職官名。傳聞舜時設置此二官，秦漢不置。《漢書》卷九九中《王莽傳中》："（王莽）更名大司農曰羲和，後更爲納言……太常曰秩宗。"據此，王莽將西漢大司農改名納言，太常改名秩宗。亦有學者認爲，西漢平帝時已設置"羲和"，新莽"羲和"是由西漢大司農和漢末所置羲和合併而來，它既掌錢穀，也負責頒下詔令，納言承之。秩宗亦並非由太常更名，而是由西漢的太常和宗正合併而來。(參見代國璽《從懸泉置壁書看新莽羲和、納言的職掌及相關問題》,《敦煌研究》2017 年第 6 期)　淯陽：一作"育陽"。縣名。治所在今河南南陽市宛城區。

二月辛巳，立劉聖公爲天子，[1]以伯升爲大司徒，[2]光武爲太常偏將軍。[3]

[1]【今注】案，王先謙《後漢書集解》引錢大昕曰："范史於淮陽王、聖公、齊武王縯皆字而不名，蓋殊於諸王也。《漢書·王莽傳》聖公、伯升皆不名。"引惠棟曰："《前書》三月辛巳朔。案《劉玄傳》亦作二月，《前書》誤。"劉聖公，即劉玄，字聖公，劉秀族兄。新莽末參加緑林軍，不久稱帝，建元更始，推翻新莽政權。傳見本書卷一一。

[2]【今注】大司徒：官名。三公之一。秦及漢初爲丞相，掌人民事，助天子掌管行政，總理萬機。西漢哀帝時改稱大司徒。《漢書·百官公卿表上》："相國、丞相，皆秦官，金印紫綬，掌丞天子助理萬機……哀帝元壽二年更名大司徒。"東漢建武二十七年(51）去"大"字，改名司徒。

[3]【李賢注】《前書》曰："奉常，秦官。景帝更名太常。"應劭《漢官儀》曰（儀，大德本作"議"）："欲令國家盛大，社稷常存，故稱太常。"《老子》曰："偏將軍處左，上將軍處右。"

《東觀記》曰:“時無印,得定武侯家丞印,佩之入朝。”【今注】太常:官名。列卿之一。秦及漢初名奉常,西漢景帝中元六年(前144)改名太常。主要職掌宗廟祭祀禮儀,兼管選試博士等文化教育活動。秩中二千石。《漢書·百官公卿表上》:“奉常,秦官,掌宗廟禮儀,有丞。景帝中六年更名太常。”漢景帝陽陵出土封泥有“太常之印”,學者考證爲景帝中元六年奉常更名後之物。(參見楊武站《漢陽陵出土封泥考》,《考古與文物》2011年第4期)　偏將軍:將軍名。西漢置,爲主將之下的副將、小將。

三月,光武別與諸將徇昆陽、定陵、郾,皆下之。[1]多得牛馬財物,穀數十萬斛,[2]轉以饋宛下。[3]莽聞阜、賜死,漢帝立,大懼,遣大司徒王尋、大司空王邑[4]將兵百萬,其甲士四十二萬人,五月,到潁川,復與嚴尤、陳茂合。[5]初,光武爲舂陵侯家訟,逋租於尤,尤見而奇之。[6]及是時,城中出降尤者言光武不取財物,但會兵計策。尤笑曰:“是美須眉者邪?[7]何爲乃如是!”

[1]【李賢注】徇,略也。昆陽、定陵、郾,皆縣名,並屬潁州郡(州,紹興本、大德本、殿本作“川”)。昆陽故城在今許州葉縣北。郾,今豫州郾城縣也。定陵故城在今郾城西北。音於建反(大德本、殿本“音”前有“郾”字)。【今注】徇:攻擊。《漢書》卷三三《魏豹傳》“勝使魏人周市徇魏地”,師古曰:“徇,略也。”　昆陽:縣名。因昆水之陽而得名,治所在今河南葉縣。　定陵:縣名。治所在今河南舞陽縣東北。　郾:縣名。治所在今河南漯河市郾城區南。

[2]【今注】斛:容量單位。《説文》:“斛,十斗也。”

[3]【今注】饋:《説文》:“餉也。”即進食於人。

[4]【李賢注】王莽時哀章所獻《金匱圖》有王尋姓名。王邑，王商子，於莽爲從父兄弟也。【今注】大司空：官名。三公之一。西漢成帝改御史大夫置。《漢書・百官公卿表上》:“御史大夫，秦官，位上卿，銀印青綬，掌副丞相……成帝綏和元年更名大司空，金印紫綬，禄比丞相，置長史如中丞，官職如故。哀帝建平二年復爲御史大夫，元壽二年復爲大司空。”西漢武帝後，由於中朝尚書的權力逐漸發展，御史大夫的職權和丞相一樣，也轉移於尚書。御史大夫改爲大司空之後，雖號稱三公，但已成虚位。(參見安作璋、熊鐵基《秦漢官制史稿》，第52—53頁)　王邑：王莽堂弟，成都侯王商之子。以輔佐王莽代漢自立有功，拜大司空。公元23年，緑林軍立劉玄爲帝，邑與王尋徵集精兵四十二萬，號稱百萬，進攻緑林軍，在昆陽（今河南葉縣）大敗逃歸。緑林軍攻長安，王莽被殺，邑父子亦戰死。

[5]【李賢注】潁川，郡，今洛州陽翟縣也。【今注】潁川：郡名。治陽翟縣（今河南禹州市）。

[6]【李賢注】逋，違也（違，紹興本作“建”，當誤)。春陵侯敞即光武季父也。《東觀記》曰:“爲季父故舂陵侯詣大司馬府，訟地皇元年十二月壬寅前租二萬六千斛（王先謙《後漢書集解》引陸宗楷曰:‘壬寅，《前書》作“乙未”’)，芻稾錢若干萬。辟宛人朱福亦爲舅訟租於尤（辟，紹興本、大德本、殿本作‘時’。王先謙《後漢書集解》引齊召南曰:‘朱福即朱祜。《朱祜傳》注引《東觀記》云，祜作福，避安帝諱也’)，尤止車獨與上語，不視福。上歸，戲視曰（視，紹興本、大德本、殿本作‘福’):‘嚴公寧視卿邪（邪，大德本、殿本作“耶”)?’”【今注】訟:《説文》:“争也。”即申訴。　逋租：逃租。逋，《説文》:“逃也。”

[7]【今注】案，邪，大德本、殿本作“耶”。

初，王莽徵天下能爲兵法者六十三家，數百人，[1]並以爲軍吏。選練武衞，招募猛士，[2]旌旗輜重，千里不絶。[3]時有長人巨無霸，[4]長一丈，大十圍，以爲壘尉；[5]又驅諸猛獸[6]虎豹犀象之屬，以助威武。自秦、漢出師之盛，未嘗有也。光武將數千兵，徼之於陽關。[7]諸將見尋、邑兵盛，反走，馳入昆陽，皆惶怖，[8]憂念妻孥，[9]欲散歸諸城。光武議曰："今兵穀既少，而外寇彊大，并力禦之，功庶可立；如欲分散，埶無俱全。[10]且宛城未拔，[11]不能相救，昆陽即破，一日之間，諸部亦滅矣。今不同心膽共舉功名，反欲守妻子財物邪？"諸將怒曰："劉將軍何敢如是！"[12]光武笑而起。會候騎還，[13]言大兵且至城北，軍陳數百里，不見其後。諸將遽相謂曰：[14]"更請劉將軍計之。"光武復爲圖畫成敗。[15]諸將憂迫，皆曰"諾"。[16]時城中唯有八九千人，光武乃使成國上公王鳳、廷尉大將軍王常留守，[17]夜自與驃騎大將軍宗佻、[18]五威將軍李軼等十三騎，[19]出城南門，於外收兵。時莽軍到城下者且十萬，光武幾不得出。[20]既至郾、定陵，悉發諸營兵，而諸將貪惜財貨，欲分留守之。光武曰："今若破敵，珍珤萬倍，[21]大功可成；如爲所敗，首領無餘，[22]何財物之有！"衆乃從。

[1]【今注】徵：召。

[2]【李賢注】《説文》曰："募，廣求之也。"【今注】募：廣求。募兵即官府發布公告，廣求士兵，募求對象爲作戰勇敢或具有特殊技能者，募兵出於自願，且提供報酬。此外，秦漢還招募人

員從事其他事項。（參見楊鴻年《漢魏制度叢考》，武漢大學出版社 2005 年版，第 266—276 頁）

［3］【李賢注】《周禮》曰：“析羽爲旌，熊虎爲旗。”輜，車名。《釋名》曰：“輜，廁也。謂軍糧什物雜廁載之。以其累重，故稱輜重。”重音直用反。【今注】輜重：隨軍運載的軍用器械、糧秣等。

［4］【李賢注】王莽連率韓博上言：“有奇士，長一丈，大十圍，自謂巨無霸，出於蓬萊東南，五城西北，詔如海濱（詔，大德本、殿本作‘昭’），軺車不能載，三馬不能勝，卧則枕鼓，以鐵箸食。”見《前書》。【今注】長人：身材高的人。

［5］【李賢注】鄭玄往《周禮》云（往，紹興本、大德本、殿本作“注”，底本誤）：“軍壁曰壘。”崔瑗《中壘校尉箴》曰：“堂堂皇帝（皇，紹興本作‘黃’），設爲壘壁。”尉者主壘壁之事。【今注】壘尉：負責軍營圍墻或工事的武官。

［6］【李賢注】“猛”或作“獷”。獷，猛皃也（皃，大德本、殿本作“貌”），音古猛反。

［7］【李賢注】聚名也。酈元《水經注》曰：“潁水東南經陽關聚（潁，紹興本、大德本、殿本作‘頴’，本注下同），聚夾潁水相對。”在今洛州陽翟縣西北。【今注】徼：巡邏。《説文》：“循也。”　陽關：聚落名。在今河南禹州市西北。

［8］【今注】惶：恐懼。《説文》：“恐也。”

［9］【李賢注】孥，子也。

［10］【今注】埶：通“勢”。大德本、殿本作“勢”。

［11］【李賢注】謂曰升圍之米校也（曰，紹興本、大德本、殿本作“伯”；米校，紹興本、大德本、殿本作“未拔”，底本誤）。

［12］【今注】案，劉，大德本作“諸”。

［13］【今注】候騎：擔任偵察任務的騎兵。候，即候望。

［14］【今注】遽：匆忙，急速。

［15］【今注】圖畫：謀劃。

［16］【今注】諾：《説文》："應也。"即表示答應的應對之辭。

［17］【今注】廷尉大將軍：雜號將軍名。漢置，凡將軍皆掌征伐。　王常：字顔卿，潁川舞陽（今河南葉縣東南）人。傳見本書卷一五。

［18］【李賢注】驃騎大將軍，武帝置，自霍去病始（中華本校勘記引錢大昕《廿二史考異》謂去病爲驃騎將軍，無"大"字）。佻音太堯反。【今注】驃騎大將軍：將軍名。西漢武帝元狩二年（前121）始用霍去病爲驃騎將軍，與大將軍衛青秩級相同，皆可加大司馬稱號。東漢爲重號將軍，地位僅次於大將軍，秩萬石，位比三公，地位尊崇。本書《百官志一》："將軍，不常置。本注曰：掌征伐背叛。比公者四：第一大將軍，次驃騎將軍，次車騎將軍，次衛將軍。又有前、後、左、右將軍。"　宗佻：或作"宋佻"。劉玄更始初爲驃騎大將軍，封潁陰王。

［19］【李賢注】王莽置五威將軍，其衣服依五方之色，以威天下。李軼初起，猶假以爲號。【今注】五威將軍：雜號將軍名。《漢書》卷九九中《王莽傳中》："遣五威將軍苗訢、虎賁將軍王況出五原。"另有五威中城將軍、五威前關將軍、五威後關將軍、五威左關將軍、五威右關將軍等名號。

［20］【李賢注】幾音祈（祈，大德本作"祁"）。

［21］【李賢注】珤，古"寶"字。

［22］【今注】首領：頭頸。案，曹金華《後漢書稽疑》謂，"首領"，《後漢紀》卷一作"身首"，疑作"身首"爲是（中華書局2014年版，第5頁）。然《説文》釋領曰："領，項也。"《左傳》隱公三年載："若以大夫之靈，得保首領以没。"此處亦作頭頸。

嚴尤説王邑曰："昆陽城小而堅，今假號者在宛，[1]亟進大兵，[2]彼必奔走；宛敗，昆陽自服。"邑曰："吾昔以虎牙將軍圍翟義，坐不生得，以見責讓。[3]今將百萬之衆，遇城而不能下，何謂邪？"[4]遂圍之數十重，列營百數，雲車十餘丈，[5]瞰臨城中，[6]旗幟蔽野，[7]埃塵連天，鉦鼓之聲聞數百里。[8]或爲地道，衝輣橦城。[9]積弩亂發，[10]矢下如雨，城中負户而汲。[11]王鳳等乞降，不許。尋、邑自以爲功在漏刻，[12]意氣甚逸。[13]夜有流星墜營中，晝有雲如壞山，[14]當營而隕，不及地尺而散，使士皆厭伏。[15]

[1]【今注】案，王先謙《後漢書集解》："惠棟曰，《前書》今稱尊號者在宛下。案時宛城尚未拔，不得云在宛，《前書》是也。胡三省云，假號者，謂更始也。"

[2]【李賢注】亟，急也，音紀力反。

[3]【李賢注】翟義字文仲，方進少千（千，紹興本、大德本、殿本作"子"，底本誤），爲東郡太守。王莽居攝，義心惡之，乃立東平王雲子信爲天子，義自號柱天大將軍，以誅莽。莽乃使孫建、王邑等將兵擊義，破之。義三（三，紹興本、大德本、殿本作"亡"，底本誤），自殺，故坐不生得。坐音才卧反。見《前書》。【今注】虎牙將軍：雜號將軍名。漢置，掌征伐。　翟義：汝南上蔡（今河南上蔡縣西南）人。西漢丞相翟方進之子。傳見《漢書》卷八四。　讓：責備。

[4]【李賢注】"遇"或爲"過"。

[5]【李賢注】雲車即樓車，稱雲，言其高也，升之以望敵，猶《墨子》云"公輸般爲雲梯之械"。【今注】雲車：作戰時用以窺察敵情的樓車。王先謙《後漢書集解》引惠棟曰："服虔《左

傳》注：樓車所以窺望敵軍，兵法所謂雲梯也。”

［6］【李賢注】俯視曰瞰，音苦暫反。

［7］【李賢注】《廣雅》曰：“幟，幡也，音熾。”

［8］【李賢注】《説文》曰：“鉦，鐃也，似鈴。”【今注】案，中華本校勘記云：“袁宏《後漢紀》‘數百里’作‘數十里’。《御覽》二八三引同。”

［9］【李賢注】衝，檀車也。《詩》曰：“臨衝閑閑。”許慎曰：“輣，樓車也。”輣音步耕反。【今注】衝輣：戰車，即衝車與樓車。　橦：橦車，古之衝鋒車。此引申爲撞擊。

［10］【今注】積弩：連射之弩。

［11］【今注】負户：背着門板以擋弓箭。户，指單扇的門。案，王先謙《後漢書集解》引惠棟曰：“言户内穿井，故云負户。《通典》一百五十八卷作‘負楯’。”　汲：打水，取水。

［12］【今注】漏刻：頃刻。

［13］【今注】意氣：精神、神色。

［14］【今注】壞山：倒塌之山。

［15］【李賢注】《續漢志》曰：“雲如壞山，謂營頭之星也（中華本校勘記謂《太平御覽》卷三二八引‘謂’上有‘所’字）。《占》曰：‘營頭之所墜，其下覆軍殺將，血流千里。’”厭音一葉反。【今注】案，使，紹興本、大德本、殿本作“吏”。厭伏：傾倒伏地。

六月己卯，光武遂與營部俱進，自將步騎千餘，前去大軍四五里而陳。尋、邑亦遣兵數千合戰。光武奔之，斬首數十級。[1]諸部喜曰：“劉將軍平生見小敵怯，今見大敵勇，甚可怪也，且復居前。請助將軍！”光武復進，尋、邑兵却，[2]諸部共乘之，斬首數百千級。連勝，遂前。時伯升拔宛已三日，而光武尚未知，乃僞使持書報城中，云“宛下兵到”，而陽墮其書。[3]尋、邑得之，不憙。[4]諸將既經累捷，膽氣益壯，無不一當百。光武乃與敢死者三千人，從城西水上衝其中堅，[5]尋、邑陳亂，乘鋭崩之，遂殺王尋。城中亦鼓譟而出，[6]中外合埶，[7]震呼動天地，莽兵大潰，走者相騰踐，[8]奔殪百餘里間。[9]會大雷風，屋瓦皆飛，雨下如注，滍川盛溢，[10]虎豹皆股戰，[11]士卒争赴，溺死者以萬數，水爲不流。[12]王邑、嚴尤、陳茂輕騎乘死人度水逃去。[13]盡獲其軍實輜重，[14]車甲珍寶，不可勝筭，[15]舉之連月不盡，[16]或燔燒其餘。[17]

[1]【李賢注】秦法，斬首一，賜爵一級，故因謂斬首爲級。

[2]【今注】却：退却。

[3]【今注】陽：通“佯”。詐僞，假裝。

[4]【李賢注】憙音許記反。【今注】憙：通“喜”，即喜悦。王先謙《後漢書集解》引惠棟説，謂“憙”與“喜”古字通。

[5]【李賢注】敢死謂果敢而死者。凡軍事，中軍將最尊，居中以堅鋭自輔，故曰中堅也。

[6]【今注】譟：群呼。

[7]【今注】埶：通“勢”。

[8]【今注】騰：奔跑、跳躍。《説文》：“騰，傳也。”段玉裁注：“引申爲馳也，爲躍也。”

[9]【李賢注】殪，仆也，音於計反。或作“噎”（噎，大德本作“殪”）。【今注】殪：跌倒。

[10]【李賢注】《水經》曰，滍水出南陽魯陽縣西堯山，東南經昆陽城北，東入汝。滍音直理反。【今注】滍川：河流名。今稱沙河，發源於今河南魯山縣伏牛山脈主峰堯山，是淮河流域沙潁

河水系的一級支流。

［11］【今注】股戰：因恐懼而抖腿。《漢書》卷三八《高五王傳》："因退立，股戰而栗。"顔師古注："股，脚也。戰者，懼之甚也。"

［12］【李賢注】數過於萬，故以萬爲數。

［13］【今注】輕騎：輕裝便捷的騎兵。

［14］【今注】軍實：軍隊中的器械和糧食。

［15］【今注】筭：同"算"，數。

［16］【今注】舉：拾取。《吕氏春秋·樂成》："財物之遺者，民莫之舉。"

［17］【今注】燔：焚燒。

光武因復徇下潁陽。[1]會伯升爲更始所害，光武自父城馳詣宛謝。[2]司徒官屬迎弔光武，[3]光武難交私語，[4]深引過而已。未嘗自伐昆陽之功，[5]又不敢爲伯升服喪，飲食言笑如平常。更始以是慙，拜光武爲破虜大將軍，[6]封武信侯。

［1］【李賢注】縣名，屬潁川郡，故城在今許州。【今注】潁陽：縣名。治所在今河南許昌縣西南。

［2］【李賢注】父城，縣，古應國也，屬潁川郡，故城在今許州葉縣東北。以伯升見害，心不自安，故謝。【今注】父城：縣名。治所在今河南寶豐縣東。　詣：至。

［3］【今注】司徒：官名。東漢三公之一。秦及漢初爲丞相，掌人民事，助天子掌管行政，總理萬機。西漢哀帝元壽二年（前1）將丞相改稱大司徒。東漢建武二十七年（51）去"大"字，改名司徒，司徒遂與司空、司馬並稱三公。東漢光武帝時，尚書臺正式成爲中央的最高權力機關，這時的司徒有名無實，有職無權，所

謂論道之官，備員而已。（參見安作璋、熊鐵基《秦漢官制史稿》，第46—47頁） 官屬：機構的屬吏。案，王先謙《後漢書集解》引《通鑑》胡注："伯升官屬也。" 弔：同"吊"。

［4］【今注】私語：私下的談話。

［5］【今注】自伐：自我誇耀。

［6］【今注】破虜大將軍：雜號將軍名。漢置，掌征伐。

九月庚戌，三輔豪桀共誅王莽，傳首詣宛。[1]

［1］【李賢注】三輔謂京兆、左馮翊、右扶風，共在長安中，分領諸縣。《淮南子》曰："智過百人謂之豪。"《白虎通》云："賢萬人曰傑（殿本'賢'後有'過'字）。"時城中少年子弟張魚等攻莽於漸臺（子，大德本、殿本作"朱"），商人杜吴殺莽，校尉公賓就斬莽首，將軍申屠建等傳莽首詣宛。【今注】三輔：西漢武帝至東漢末年治理長安京畿地區的三位官員，即京兆尹、左馮翊、右扶風，亦指三位官員管轄的三個地區。秦設"内史"，掌管京畿地區。西漢景帝二年（前155）分内史爲左、右内史，與主爵中尉（不久改爲主爵都尉）同治長安城中，所轄皆京畿之地，故合稱"三輔"。西漢武帝太初元年（前104）改左、右内史、主爵都尉爲左馮翊、京兆尹、右扶風。東漢沿置。 豪桀：指才能、才智出衆之人，亦指官貴、游俠、豪民等社會勢力。桀，大德本、殿本作"傑"。 傳：傳送。 詣：至。

更始將北都洛陽，以光武行司隸校尉，使前整修宮府。[1]於是致僚屬，[2]作文移，[3]從事司察，一如舊章。[4]時三輔吏士東迎更始，見諸將過，皆冠幘，[5]而服婦人衣，諸于繡擁，[6]莫不笑之，或有畏而走者。[7]

及見司隸僚屬，皆歡喜不自勝。老吏或垂涕曰：“不圖今日復見漢官威儀！”由是識者皆屬心焉。

［1］【李賢注】《前書》曰，司隸校尉本周官，武帝初置，持節，從中都官徒千二百人，督大姦猾。後罷其兵，察三輔、三河、弘農。秩比二千石（中華本據《前書·百官公卿表》删“比”字。校勘記謂《前書》云“自司隸至虎賁、校尉秩皆二千石”，此“比”字疑即“皆”字之脱其下半）。《音義》云：“以掌徒隸而巡察，故曰司隸。”【今注】行：又稱“兼行”，漢代官吏兼任術語，常在兼官名下加“事”。“行某官事”指某官臨時代行某官的事務。所代行之官，多爲雖有本官，但本官多因休假、出差等，不在署辦公，故由他官臨時代爲處理其事務。〔參見［日］大庭脩著，徐世虹等譯《漢代官吏的兼任》，載《秦漢法制史研究》，中西書局2017年版，第382—385頁〕　司隸校尉：官名。西漢武帝置，執掌京師及其周邊地區的監察，秩二千石。《漢書·百官公卿表上》：“司隸校尉，周官，武帝征和四年初置。持節，從中都官徒千二百人，捕巫蠱，督大姦猾。後罷其兵。察三輔、三河、弘農。元帝初元四年去節。成帝元延四年省。綏和二年，哀帝復置，但爲司隸，冠進賢冠，屬大司空，比司直。”

［2］【今注】案，致，紹興本作“置”，二字古通用。僚：官。

［3］【李賢注】《東觀記》曰“文書移與屬縣”也。

［4］【李賢注】《續漢書》曰：“司隸置從事史十二人，秩皆百石，主督促文書，察舉非法（舉，大德本作‘夆’）。”【今注】舊章：舊的章程，老規矩。

［5］【李賢注】《漢官儀》曰：“幘者，古之卑賤不冠者之所服也。”《方言》曰：“覆髻謂之幘，或謂之承露。”【今注】幘：頭巾，《説文》：“髮有巾曰幘。”古代地位低下者不能戴冠，故佩戴

頭巾以覆蓋髮髻，稱爲“幘”。詳見本書《輿服志》。

［6］【李賢注】《前書音義》曰：“諸于，大掖衣也，如婦人之袿衣。”字書無“䘸”字，《續漢書》作“𧝏”，並音其物反（中華本據《刊誤》刪“並”字）。楊雄《方言》曰：“襜褕，其短者，自關之西謂之裗𧝏。”郭璞注云：“俗名𧝏掖。”據此，即是諸于上加繡𧝏，如今之半臂也。或“繡”下有“擁”字。【今注】諸于：亦作“諸衧”，古時婦女穿的寬大上衣，相當於後世的“披風敞袖”。　繡：有彩色花紋的絲織品。　䘸：古時婦女所穿的無袖短衣，或肩有袖至臂臑而止。

［7］【李賢注】《續漢志》曰：“時知者見之，以爲服之不中，身之災也（災，大德本作‘灾’），乃奔入邊郡避之。是服妖也。其後更始遂爲赤眉所殺。”

及更始至洛陽，乃遣光武以破虜將軍行大司馬事。十月，持節北度河，[1]鎮慰州郡。[2]所到部縣，[3]輒見二千石、長吏、三老、官屬，下至佐史，[4]考察黜陟，[5]如州牧行部事。[6]輒平遣囚徒，[7]除王莽苛政，[8]復漢官名。吏人喜悅，爭持牛酒迎勞。

［1］【李賢注】《漢官儀》曰：“太尉，秦官也，武帝更名大司馬。”節，所以爲信也，以竹爲之，柄長八尺，以旄牛尾爲其眊三重。馮衍與田邑書曰：“今以一節之任，建三軍之威，豈特寵其八尺之竹，犛牛之尾哉！”《續漢志》曰：“更始時，南方有童謠曰（曰，紹興本、大德本、殿本作‘云’）：‘諧不諧，在赤眉；得不得，在河北。’後更始爲赤眉所殺，是不諧也；光武由河北而興，是得之也。”【今注】大司馬：官名。西漢武帝改太尉置，性質是加官，不同時期或加將軍，或不加。《漢書·百官公卿表上》：

“太尉，秦官，金印紫綬，掌武事。武帝建元二年省。元狩四年初置大司馬，以冠將軍之號。宣帝地節三年置大司馬，不冠將軍，亦無印綬官屬。成帝綏和元年初賜大司馬金印紫綬，置官屬，禄比丞相，去將軍。哀帝建平二年復去大司馬印綬、官屬，冠將軍如故。元壽二年復賜大司馬印綬，置官屬，去將軍，位在司徒上。有長史，秩千石。”東漢光武帝復改大司馬爲太尉。　節：皇帝的使者執行皇帝命令時所持的信物。竹製，長七八尺，上裝飾旄牛尾，旄尾共有三重。節代表皇帝意志，持節者帶有較大的權限，甚至可以對人進行斬殺。西漢時期，郎中令領導下的皇帝近側侍官，包括中郎將、大夫、謁者等，多充當皇帝使者，故此類職官持節較多，司隸校尉亦可以持節，九卿亦偶爾充當使者持節。東漢的三公和將軍亦可以持節。〔參見［日］大庭脩著，徐世虹等譯《東漢的將軍與將軍假節》，載《秦漢法制史研究》，第290—326頁；楊鴻年《漢魏制度叢考》，第277—283頁〕　河：黄河。

［2］【今注】州：西漢武帝設置的監察區域，將全國除司隸校尉之外劃分爲十三州，設置刺史以監察各州所轄之郡，後逐漸演變爲郡之上的一級行政機構。

［3］【今注】部縣：所轄之縣，屬縣。

［4］【李賢注】二千石謂郡守也。長吏謂縣令長及丞尉也。三老者，鄉官也。高祖置。《前書》曰：“舉人年五十已上，有修行能帥衆者（帥，大德本、殿本作‘率’），置以爲三老，每鄉一人；擇鄉三老爲縣三老，與令長丞尉以事相教，復其傜戍。”《續漢志》曰“每刺史皆有從事史、假佐，每縣各置諸事曹史”也（中華本校勘記曰：‘《刊誤》謂案文多一“事”字。按：《百官志》作“諸曹掾史”，今據改’）。【今注】二千石：漢代官吏秩級之一，低於中二千石，高於比二千石。月俸爲一百二十斛。由於漢代郡守、諸侯國相一般爲二千石，故史籍中的“二千石”一般指郡守和諸侯國相。　長吏：與“少吏”相對，秦漢時期對一類職

官的通稱。《漢書·百官公卿表上》:“縣令、長,皆秦官,掌治其縣。萬户以上爲令,秩千石至六百石。減萬户爲長,秩五百石至三百石。皆有丞、尉,秩四百石至二百石,是爲長吏。百石以下有斗食、佐史之秩,是爲少吏。”有學者認爲,長吏主要用作從中央到地方機構主要負責人的一種代稱(參見張欣《秦漢長吏再考——與鄒水傑先生商榷》,《中國史研究》2010 年第 3 期)。　三老:官名。職掌教化。西漢初年,鄉、縣均置。漢二年(前 205)詔舉民年五十以上,有修行,能帥衆爲善,置以爲三老,鄉一人,擇鄉三老一人爲縣三老。後郡國亦置。三老可免除徭役,就地方政事向縣令丞尉提出各種建議。(參見林甘泉主編《中國歷史大辭典·秦漢史》,上海辭書出版社 1990 年版,第 13 頁)　佐史:秦漢低級小吏,相當於各機構的辦事人員。

[5]【今注】黜陟:官職的升降。

[6]【李賢注】漢初遣丞相史分刺州,武帝改置刺史,察州,秩六百石。成帝更名牧,秩二千石。《漢官典儀》曰“刺史行郡國,省察政教,黜陟能不,斷理冤獄”也。【今注】州牧:官名。西漢武帝時分全國爲十三州部,各置刺史監察諸郡,秩六百石。成帝綏和元年(前 8)更名州牧,秩二千石,位次九卿。哀帝建平二年(前 5)復舊稱,元壽二年(前 1)又改州牧。東漢復置刺史,逐漸演變爲州一級行政長官。　行部:巡行所屬州部。

[7]【今注】平遣:平反遣歸。

[8]【李賢注】《説文》曰:“苛,小草也。”言政令繁細。《禮記》曰:“苛政猛於虎。”

進至邯鄲,[1]故趙繆王子林[2]説光武曰:“赤眉今在河東,但決水灌之,百萬之衆可使爲魚。”[3]光武不答,去之真定。[4]林於是乃詐以卜者王郎爲成帝子子輿,[5]十二月,立郎爲天子,都邯鄲,遂遣使者降下郡國。

［1］【李賢注】縣名，屬趙國，今洺州縣也（洺，大德本作“洛”）。《前書音義》：“邯，山名；鄲，盡也。邯山至此而盡。城郭字皆從邑，因以名焉。”【今注】邯鄲：縣名。爲趙國治，治所在今河北邯鄲市。

［2］【李賢注】繆王，景帝七代孫，名元。《前書》曰，元坐殺人，爲大鴻臚所奏。謚曰繆，音謬。《東觀記》曰“林”作“臨”字（中華本删除“曰”字；臨，曹金華《後漢書稽疑》謂，作“臨”恐誤，《光武帝紀》及注引《續漢書》、《王昌傳》、《後漢紀》卷一俱作“林”）。

［3］【李賢注】赤眉賊帥樊崇等恐其衆與王莽兵亂，皆朱其眉以相别，故曰赤眉。《續漢書》曰：“是時上平河北，過邯鄲，林進見，言赤眉可破。上問其故，對曰：‘河水從列人北流；如決河水灌之，皆可令爲魚。’上不然之。”列人，縣，故城在今洺州肥鄉縣東北（洺，大德本作“洛”）。【今注】赤眉：新莽末年的農民起義軍。新莽天鳳五年（18），青徐一帶發生災荒，琅玡人樊崇在莒縣聚衆起義，逄安、謝禄等起兵響應，迅速發展到數萬人。起義軍活動於青徐二州，其首領稱“三老”，次爲“從事”“卒史”，彼此互稱“巨人”，約定“殺人者死，傷人者償創”。因用赤色塗眉爲標識，故稱“赤眉軍”。

［4］【李賢注】縣名，屬真定國，今恒州縣也。【今注】真定：縣名。治所在今河北正定縣南，爲真定國治。

［5］【李賢注】《前書》曰，立國將軍孫建奏云“不知何一男子遮臣車前，自稱漢氏劉子輿，成帝下妻子也，劉氏當復”。故郎因而稱之。【今注】王郎：新莽末趙國邯鄲（今河北邯鄲市）人，一名昌。本爲卜相工，王莽末，詐稱爲成帝之子子輿，西漢宗室劉林乃與趙國大豪李育等擁立爲天子，都邯鄲。傳見本書卷一二。

成帝：西漢成帝劉驁，公元前33年至前7年在位。紀見《漢書》卷一〇。

二年正月，光武以王郎新盛，乃北徇薊。[1]王郎移檄購光武十萬户，[2]而故廣陽王子劉接[3]起兵薊中以應郎，城内擾亂，轉相驚恐，言邯鄲使者方到，二千石以下皆出迎。於是光武趣駕南轅，[4]晨夜不敢入城邑，舍食道傍。[5]至饒陽，[6]官屬皆乏食。[7]光武乃自稱邯鄲使者，入傳舍。[8]傳吏方進食，從者飢，争奪之。傳吏疑其僞，乃椎鼓數十通，[9]紿言邯鄲將軍至，[10]官屬皆失色。光武升車欲馳；既而懼不免，徐還坐，[11]曰："請邯鄲將軍入。"久乃駕去。傳中人遥語門者閉之。門長曰："天下詎可知，[12]而閉長者乎?"遂得南出。晨夜兼行，蒙犯霜雪，[13]天時寒，面皆破裂。至呼沱河，[14]無船，適遇冰合，得過，[15]未畢數車而陷。進至下博城西，[16]遑惑不知所之。[17]有白衣老父在道旁，[18]指曰："努力![19]信都郡爲長安守，去此八十里。"[20]光武即馳赴之，信都太守任光開門出迎。[21]世祖因發旁縣，得四千人，先擊堂陽、貰縣，皆降之。[22]王莽和戎卒正邳彤亦舉郡降。[23]又昌城人劉植，宋子人耿純，[24]各率宗親子弟，據其縣邑，以奉光武。於是北降下曲陽，[25]衆稍合，[26]樂附者至有數萬人。

[1]【李賢注】縣名，屬涿郡（中華本校勘記："張熷謂案《前志》，薊屬廣陽國，《續志》屬廣陽郡，皆無'屬涿郡'之文"），今幽州縣也。本字從"契"從"邑"，見《説文》。【今

注】薊：縣名。治所在今北京市西城區南。

［2］【李賢注】《説文》曰："檄，以木簡爲書，長尺二寸。謂之檄，以徵召也。"又曰："以財有所求曰購。"魏武奏事曰："若有急，即插以雞羽，謂之羽檄。"【今注】檄：一種用於徵召的文書。西北漢簡中多見"府檄""警檄""行罰檄"等，用於官府徵召士兵、罪犯等。檄又分爲"板檄"與"合檄"，板檄書寫於板，不加封蓋，是公開的文書，合檄是把文件寫在大小相等的兩片板之上，把有字的一面重合密封，是密封的文書。（參見于豪亮《于豪亮學術文存》，中華書局1985年版，第180—181頁）文獻中又見"羽檄"，即在檄書上插羽毛以示緊急，可用於徵發士兵。購：又稱"購賞"，秦漢法律術語，《説文》："購，以財有所求也。""購"表示"懸賞徵求"。

［3］【李賢注】廣陽王名嘉，武帝五代孫。【今注】廣陽：國名。治薊縣（今北京市西城區南）。西漢宣帝本始元年（前73），封燕剌王劉旦子劉建爲廣陽王，改廣陽郡爲廣陽國。廣陽王共歷四代，分别爲廣陽頃王劉建、廣陽穆王劉舜、廣陽思王劉璜、廣陽王劉嘉。此處的廣陽王即廣陽王劉嘉，在位時間爲公元前3年至9年，計12年。

［4］【李賢注】趣，急也，讀曰促。【今注】南轅：車轅向南，即車向南行。

［5］【今注】舍食：休息吃飯。

［6］【李賢注】縣名，屬安平國，在饒河之陽，故城在今瀛州饒陽縣東北。【今注】饒陽：縣名。屬廣陽國，以縣南有饒河，故名饒陽，治所在今河北饒陽縣東北。

［7］【今注】乏：缺乏、匱乏。

［8］【李賢注】客館也。傳音知戀反，下同。【今注】傳舍：官方設立的，爲官吏外出公務、過往官吏等提供免費食宿與車馬的"招待所"。傳舍爲官吏及其隨從、馬匹提供食物，稱爲"傳食"，

故傳舍設有“厨”來供應食物。傳舍亦備有車馬，稱爲“傳車”“傳馬”，故傳舍常附有“厩”飼養馬匹。傳舍吏稱爲傳舍嗇夫，另有傳舍佐。使用傳舍需要持有官府開具的介紹信，稱爲“傳”或“傳信”。（參見侯旭東《傳舍使用與漢帝國的日常統治》，《中國史研究》2008 年第 1 期）

［9］【李賢注】椎音直追反。【今注】椎：敲打。

［10］【李賢注】紿，言欺誑也，音殆。　【今注】紿：通“詒”，欺騙。

［11］【今注】徐：慢慢地。

［12］【今注】詎：未。詎知即未知。

［13］【李賢注】蒙，冒也。

［14］【李賢注】《山海經》云：“太戲之山，滹沱之水出焉。”在今代州繁畤縣東，流經定州深澤縣東南，即光武所度處，今俗猶謂之危度口。臣賢案：呼沱河舊在饒陽南，至魏太祖曹操因饒河故瀆決，令北注新溝水，所以今在饒陽縣北。【今注】呼沱河：河流名。即滹沱河，古又作“虖池”或“滹池”，當地人俗稱糊塗河，是海河水系子牙河的上游支流之一。發源於山西繁峙縣泰戲山橋兒溝村一帶，向西南流經恒山與五臺山之間，至界河折向東流，切穿系舟山和太行山，東流至河北獻縣臧橋與滏陽河相匯成子牙河後入海。

［15］【李賢注】《續漢書》曰：“時冰滑馬僵，乃各以囊盛沙，布冰上度焉。”

［16］【李賢注】下博，縣，屬信都國。在博水之下，故曰下博。故城在今冀州下博縣南。【今注】下博：縣名。因地處博水之下而得名，屬信都國，治所在今河北深州市東南。

［17］【今注】遑：急。《説文新附》：“遑，急也。”　之：往。

［18］【李賢注】老父蓋神人也，今下博縣西猶有祠堂。

［19］【今注】案，努，大德本作“弩”。

［20］【李賢注】信都郡，今冀州也。【今注】信都郡：治信都縣（今河北衡水市冀州區）。　案，王先謙《後漢書集解》引惠棟曰："時更始都長安，故云爲長安守。"

［21］【今注】任光：字伯卿，南陽宛人。雲臺二十八將之一。傳見本書卷二一。

［22］【李賢注】堂陽及貰並屬鉅鹿郡。堂陽在堂水之陽，今冀州縣，故城在今冀州鹿城縣西南。貰音時夜反。【今注】堂陽：縣名。治所在今河北新河縣北。　貰縣：縣名。治所在今河北辛集市西南。

［23］【李賢注】《東觀記》曰："王莽分鉅鹿爲和戎郡。"卒正，職如太守。【今注】案，戎，中華本改爲"成"。其校勘記謂"《邳肜傳》'和戎'作'和成'，張熷謂當從《肜傳》。又沈家本謂按《邳肜傳》'戎'作'成'，注引《東觀記》亦作'成'，祇此傳誤。《水經·濁漳水注》引作'和城'，城成書多通用也。今據改"。　卒正：新莽職官名。郡一級地方行政機構長官。《漢書》卷九九中《王莽傳中》："（天鳳元年）莽以《周官》《王制》之文，置卒正、連率、大尹，職如太守。"　邳彤：當作"邳肜"，字偉君，信都（今河北衡水市冀州區）人。雲臺二十八將之一。傳見本書卷二一。紹興本、大德本、殿本作"邳肜"。

［24］【李賢注】昌城，縣，屬信都國，故城在今冀州西北。宋子，縣，屬鉅鹿郡，故城在今趙州平棘縣北。【今注】昌城：又作"昌成"，侯國名。治所在今河北衡水市冀州區西北。　劉植：字伯先，鉅鹿昌城（今河北衡水市冀州區西北）人。雲臺二十八將之一。傳見本書卷二一。　宋子：縣名。治所在今河北趙縣東北宋城村。　耿純：字伯山，鉅鹿宋子（今河北趙縣東北）人。雲臺二十八將之一。傳見本書卷二一。

［25］【李賢注】縣名，屬鉅鹿郡。常山郡有上曲陽，故此言下。【今注】下曲陽：縣名。治所在今河北晉州市西。

[26]【今注】稍：漸漸地。

復北擊中山，[1]拔盧奴。[2]所過發奔命兵，[3]移檄邊部，共擊邯鄲，郡縣還復響應。南擊新市、真定、元氏、防子，皆下之，[4]因入趙界。[5]

[1]【李賢注】中山，國，一名中人亭，故城在今定州唐縣東北。張曜《中山記》曰："城中有山，故曰中山。"【今注】中山：國名。治盧奴縣（今河北定州市）。

[2]【李賢注】縣名，屬中山國，故城在今定州安喜縣。《水經注》曰："縣有黑水故池，水黑曰盧，不流曰奴，因以爲名。"【今注】盧奴：縣名。爲中山國治，治所在今河北定州市。

[3]【李賢注】《前書音義》曰："舊時郡國皆有材官、騎士，若有急難，權取驍勇者聞命奔赴，故謂之'奔命'。"【今注】奔命：秦漢時期當戰爭前綫出現緊急軍情時，官府臨時徵發士卒前往警備、應援的制度。奔命是一種特殊的兵役，一般從傅籍的正卒中抽調丁壯前往。嶽麓書院藏秦簡有關於徵發奔命的"奔警律"，睡虎地秦簡有"魏奔命律"，睡虎地漢簡有"奔命律"。（參見楊振紅《從嶽麓秦簡看秦漢時期有關"奔命警備"的法律》，載姚遠主編《出土文獻與法律史研究》第7輯，法律出版社2018年版，第24—27頁）

[4]【李賢注】新市，縣，屬鉅鹿郡，故城在今恒州東北。元氏、房子，屬常山郡，並今趙州縣也。防與房古字通用（大德本"房"後有"同"字）。【今注】新市：縣名。治所在今河北新樂市南。　元氏：縣名。爲常山郡治，治所在今河北元氏縣西北。　防子：房子。縣名。治所在今河北高邑縣西南。

[5]【今注】因：就，於是。

時王郎大將李育屯柏人，[1]漢兵不知而進，前部偏將朱浮、鄧禹爲育所破，[2]亡失輜重。光武在後聞之，收浮、禹散卒，與育戰於郭門，大破之，盡得其所獲。育還保城，攻之不下，於是引兵拔廣阿。[3]會上谷太守耿況、漁陽太守彭寵[4]各遣其將吴漢、寇恂等將突騎來助擊王郎，[5]更始亦遣尚書僕射謝躬討郎，[6]光武因大饗士卒，遂東圍鉅鹿。王郎守將王饒堅守，月餘不下。郎遣將倪宏、劉奉[7]率數萬人救鉅鹿，光武逆戰於南䜌，[8]斬首數千級。四月，進圍邯鄲，連戰破之。五月甲辰，拔其城，誅王郎。收文書，得吏人與郎交關謗毀者數千章。[9]光武不省，[10]會諸將軍燒之，曰："令反側子自安。"[11]

[1]【李賢注】縣名，屬趙國，今邢州縣，故城在縣之西北。【今注】柏人：縣名。治所在今河北隆堯縣西。

[2]【今注】朱浮：字叔元，沛國蕭（今安徽蕭縣西北）人。傳見本書卷三三。　鄧禹：字仲華，南陽新野（今河南新野縣）人。雲臺二十八將之一。傳見本書卷一六。

[3]【李賢注】縣名，屬鉅鹿郡，故城在今趙州象城縣西北。【今注】廣阿：縣名。治所在今河北隆堯縣東。

[4]【李賢注】上谷，郡，故城在今嬀州懷戎縣。漁陽，郡，在漁水之陽，今幽州縣。【今注】上谷：郡名。治沮陽縣（今河北懷來縣大古城村）。　耿況：字俠遊，扶風茂陵（今陝西興平市東北）人，以明經爲郎。王莽時任朔調連率，後歸劉秀。約漁陽太守彭寵，各發突騎、步兵，助劉秀平河北。拜大將軍。事見本書卷一九《耿弇傳》。　漁陽：郡名。治漁陽縣（今北京市懷柔區北房鎮梨園莊東）。　彭寵：字伯通，南陽宛（今河南南陽市卧龍區）

人。傳見本書卷一二。

[5]【李賢注】突騎，言能衝突軍陣。【今注】吴漢：字子顔，南陽宛（今河南南陽市卧龍區）人。雲臺二十八將之一。傳見本書卷一八。　寇恂：字子翼，上谷昌平（今北京市昌平區南）人。雲臺二十八將之一。傳見本書卷一六。　突騎：衝鋒陷陣的精鋭騎兵。

[6]【李賢注】《漢官儀》曰："尚書四員，武帝置，成帝加一爲五。有侍曹尚書（中華本'侍曹尚書'爲'常侍曹尚書'），主丞相御史事；二千石尚書，主刺史、二千石事；户曹尚書，主人庶上書事；主客尚書，主外國四夷事；成帝加三公尚書，主斷獄事。僕射，秦官也。僕，主也。古者重武事，每官必有主射以督課之。"謝躬爲尚書僕射。【今注】尚書僕射：官名。秦、西漢爲尚書令副貳，秩六百石。東漢爲尚書臺次官，職權益重，若公爲之，增秩至二千石。本書《百官志三》："尚書僕射一人，六百石。本注曰：署尚書事，令不在則奏下衆事。"尚書僕射之職不限於啓封文書，也不僅是尚書令不在時"奏下衆事"，平時還有言、議、平事之責，能够論列尚書劾奏之是非，甚至可以反駁尚書令的奏議。有監察和諫諍之責，類似於後來唐代的諫官。　謝躬：字子張，南陽人。劉玄時爲尚書令，率軍攻王郎，與劉秀共定邯鄲。爲秀深忌，後躬屯鄴，秀誘之擊尤來，而遣將襲鄴。躬還，爲伏兵所殺。

[7]【李賢注】倪音五兮反（殿本無"音"字）。

[8]【李賢注】縣名，屬鉅鹿郡，故城在今邢州栢人縣東北。《左傳》齊國夏伐晉取欒，即其地也。其後南徙，故加"南"。今俗謂之倫城，聲之轉也（殿本無"也"字）。繺音力全反。【今注】南繺：亦作"南欒"，縣名。治所在今河北鉅鹿縣北。

[9]【今注】交關：串通，勾結。王先謙《後漢書集解》："惠棟曰，《東觀記》：得吏民謗毁公言可擊者數千章。漢律曰：與罪人

交關三日以上皆應知情。胡三省云，闗通也。王幼學云，交結闗通也。”

［10］【今注】省：察看。

［11］【李賢注】反側，不安也。《詩·國風》曰：“展轉反側。”

更始遣侍御史持節立光武爲蕭王，[1]悉令罷兵詣行在所。[2]光武辭以河北未平，[3]不就徵。[4]自是始貳於更始。[5]

［1］【李賢注】蕭，縣，屬沛郡，今徐州縣也。《續漢書》曰（書，殿本作“志”）：“更始使侍御史黄黨封上爲蕭王。”【今注】侍御史：官名。簡稱“御史”。西漢爲御史大夫屬官，由御史中丞統領，入侍禁中蘭臺，給事殿中，故名。員十五人，秩六百石。掌受公卿奏事，舉劾按章，監察文武官員。分令、印、供、尉馬、乘五曹。或供臨時差遣，出監郡國，持節典護大臣喪事，收捕、審訊有罪官吏等。東漢爲御史臺屬官，於糾彈本職之外，常奉命出使州郡，巡行風俗，督察軍旅，職權頗重。〔參見吕宗力主編《中國歷代官制大辭典》（修訂版），商務印書館2015年版，第564頁〕　蕭：縣名。治所在今安徽蕭縣西北。

［2］【李賢注】蔡邕《獨斷》曰：“天子以四海爲家，故謂所居爲行在所。”【今注】行在所：又稱“行在”，指皇帝巡行時所在之處。蔡邕《獨斷》卷上：“（天子）所在曰行在所……天子自謂曰行在所，猶言今雖在京師行所至耳，巡狩天下，所奏事處皆爲宫。”《漢書》卷六《武帝紀》：“諭三老孝弟以爲民師，舉獨行之君子，徵詣行在所。”顔師古注：“天子或在京師，或出巡狩，不可豫定，故言行在所耳。”

［3］【今注】辭：推託。　河北：地域名。泛指今黄河下游以

北，陰山、燕山山脈以南，太行山以東地區。漢屬幽、冀等州。

[4]【今注】徵：召。

[5]【李賢注】貳，離異也。

是時長安政亂，四方背叛。梁王劉永擅命睢陽，[1]公孫述稱王巴蜀，[2]李憲自立爲淮南王，[3]秦豐自號楚黎王，[4]張步起琅邪，[5]董憲起東海，[6]延岑起漢中，[7]田戎起夷陵，[8]並置將帥，侵略郡縣。又别號諸賊銅馬、大肜、高湖、重連、鐵脛、大搶、尤來、上江、青犢、五校、檀鄉、五幡、五樓、富平、獲索等，[9]各領部曲，[10]衆合數百萬人，所在寇掠。

[1]【李賢注】縣名，屬梁郡，今宋州也。擅，專也。【今注】劉永：梁郡睢陽（今河南商丘市）人。傳見本書卷一二。　擅命：擅自發號施令，不受節制。　睢陽：縣名。治所在今河南商丘市南，爲梁國治。

[2]【李賢注】蜀有巴郡，故總言之。【今注】公孫述：字子陽，扶風茂陵（今陝西興平市東北）人。傳見本書卷一三。

[3]【李賢注】淮南，郡，今壽州也。【今注】李憲：潁川許昌（今河南許昌市）人。傳見本書卷一二。　淮南：國名。西漢高祖五年（前202）置，治六縣（今安徽六安市北），旋徙壽春縣（今安徽壽縣）。文帝後轄境縮小。武帝元狩元年（前122）國除爲九江郡。

[4]【李賢注】習鑿齒《襄陽記》曰："秦豐，黎丘鄉人。黎丘楚地，故稱楚黎王。"黎丘故城在今襄州率道縣北。【今注】秦豐：南郡邔縣（今湖北宜城市北）人。王莽末年，聚衆起兵，割據黎丘一帶，自立爲楚黎王。曾經先後聯合鄧奉、延岑、田戎等人共

同抗拒劉秀，東漢光武帝建武六年（30），兵敗投降，被漢軍押回洛陽之後斬首。

［5］【李賢注】郡。有琅邪山，故城今海州朐山縣東北（中華本據《刊誤》在“郡”後加“名”字，“故城”後加“在”字）。【今注】張步：字文公，琅邪不其（今山東青島市即墨區）人。傳見本書卷一二。 琅邪：亦作瑯邪，郡名。治東武縣（今山東諸城市）。

［6］【李賢注】郡名，今海州縣（今，紹興本作“勾”）。【今注】董憲：徐州東海郡（今江蘇連雲港市）人。新朝末組建農民軍反抗王莽，活動在梁郡一帶，斬殺新朝大將廉丹。後接受赤眉領導。王莽滅亡後，董憲占領東海郡，割據自立，依附於梁王劉永，對抗光武帝劉秀。東漢光武帝建武六年，兵敗昌慮，爲部將韓湛所害。 東海：郡名。治郯縣（今山東郯城縣西）。

［7］【李賢注】郡名，故城在今梁州東鄭縣東北（前一“東”字，紹興本、大德本、殿本作“南”）。【今注】延岑：字叔牙，南陽人。東漢光武帝建武初年據漢中，自稱武安王。 漢中：郡名。治西城縣（今陝西安康市西）。

［8］【李賢注】縣名，屬南郡。有夷山，故曰夷陵，今硤州縣也，故城在今縣西北。【今注】田戎：汝南西平（今河南西平縣）人。王莽末起事於夷陵，自稱掃地大將軍。 夷陵：縣名。治所在今湖北宜昌市東南。

［9］【李賢注】諸賊或以山川土地爲名，或以軍容彊盛爲號。銅馬賊帥東山荒秃、上淮況等（況，紹興本、殿本作“況”），大肜渠帥樊重（中華本校勘記曰：“《耿弇傳》‘故大肜渠帥重異’，李注‘重姓，異名’，此作‘樊重’，似譌”），尤來渠帥樊崇，五校賊帥高扈，檀鄉賊帥董次仲，五樓賊帥張文，富平賊帥徐少，獲索賊帥古師郎等，並見《東觀記》（紹興本無“記”字）。【今注】案，重連，王先謙《後漢書集解》引惠棟曰：“《袁

紀》作董連。”

［10］【李賢注】《續漢志》曰：“大將軍營有五部，部三校尉。部下有曲，曲有軍候一人。”【今注】部曲：軍隊編制單位，本書《百官志一》：“（大將軍）其領軍皆有部曲。大將軍營五部，部校尉一人，比二千石；軍司馬一人，比千石。部下有曲，曲有軍候一人，比六百石。曲下有屯，屯長一人，比二百石。”魏晉之後，“部曲”指地方豪强和將領的私人武裝，帶有人身依附性質。

光武將擊之，先遣吴漢北發十郡兵。幽州牧苗曾不從，[1]漢遂斬曾而發其衆。秋，光武擊銅馬於鄡，[2]吴漢將突騎來會清陽。[3]賊數挑戰，[4]光武堅營自守；有出鹵掠者，輒擊取之，[5]絶其糧道。積月餘日，賊食盡，夜遁去，[6]追至館陶，大破之。[7]受降未盡，而高湖、重連從東南來，與銅馬餘衆合，光武復與大戰於蒲陽，悉破降之，封其渠帥爲列侯。[8]降者猶不自安，光武知其意，勑令各歸營勒兵，[9]乃自乘輕騎按行部陳。降者更相語曰：“蕭王推赤心置人腹中，安得不投死乎！”[10]由是皆服。悉將降人分配諸將，衆遂數十萬，故關西號光武爲“銅馬帝”。[11]赤眉别帥與大彤、青犢十餘萬衆在射犬，[12]光武進擊，大破之，衆皆散走。使吴漢、岑彭襲殺謝躬於鄴。[13]

［1］【今注】幽州：西漢武帝時所置十三刺史部之一。東漢治薊縣（今北京市西南）。

［2］【李賢注】縣名，屬鉅鹿郡，故城在今冀州鹿城縣東。鄡音苦堯反。《竹書紀年》曰（竹，大德本、殿本誤作“前”）：“衛鞅封于鄡。”臣賢案：下文云“吴漢將突騎來會清陽”，又

“追至館陶”，並與鄡相近。俗本多誤作“鄔”，而蕭該音一古反，云屬太原郡，臧矜音作鄗（中華本改“矜”作“兢”，校勘記謂，“《集解》引惠棟説，謂‘矜’當作‘兢’，《隋書·經籍志·范漢音訓》三卷，陳宗道先生臧兢撰。今據改”），一建反，云屬襄陽郡，並誤也（殿本無“也”字）。【今注】鄡：縣名。《漢書·地理志》作“鄡”，《漢書·外戚恩澤侯表》作“鄡”。《説文》作“鄡”。治所在今河北辛集市東南。

[3]【李賢注】縣名，屬清河郡，今貝州縣（貝，大德本誤作“伊”），故城在州西北。【今注】清陽：縣名。爲清河郡治，治所在今河北清河縣東南。

[4]【李賢注】挺身獨戰也，古謂之致師，見《左傳》。挑音徒了反。

[5]【李賢注】鹵與虜同。郭璞注《爾雅》曰：“掠，奪取也。”

[6]【今注】遁：逃走。

[7]【李賢注】館陶，縣，屬魏郡，今魏州縣。【今注】館陶：縣名。治所在今河北館陶縣。

[8]【李賢注】《前書音義》曰“蒲陽山，蒲水所出”，在今定州北平縣西北。本或作“滿陽”。渠，大也。《尚書》：“殲厥渠魁（渠，紹興本誤作‘欒’）。”列侯即徹侯也。稱列者，言見序列也。【今注】蒲陽：山名。在今河北順平縣西北。峰巒秀拔，四周多白石，故又名白崖山。蒲水所出。　渠帥：渠，大。渠帥即首領。　列侯：爵位名。是二十等爵中的最高爵，又稱徹侯、通侯。《漢書·百官公卿表上》：“徹侯，金印紫綬，避武帝諱，曰通侯，或曰列侯，改所食國令長名相，又有家丞、門大夫、庶子。”從秦琅邪刻石和文獻記載看，秦代即存在“列侯”“通侯”。里耶秦簡更名方有“徹侯爲列侯”，可見秦代即將徹侯更名爲列侯，並非漢武帝所改。“列侯”具有封國和食邑權，其所食之邑的數量從幾百

到數千不等，東漢列侯按照食邑數量又分爲縣侯、鄉侯、亭侯等。列侯有封國，侯國自有紀年，列侯之子也稱太子。侯國有置吏權，除侯國令長由中央任命外，其餘諸官吏均由侯國自置。根據尹灣漢簡，侯國職官有侯國相、丞、尉等行政官吏，大致與縣級行政系統平行，又有家丞、庶子、僕、行人、門大夫、洗馬等家吏。（參見柳春藩《秦漢封國食邑賜爵制》，遼寧人民出版社 1984 年版，第 77—79 頁；秦鐵柱《兩漢列侯問題研究》，博士學位論文，南開大學，2014 年）

［9］【今注】勑令：命令。　勒兵：約束、統帥軍隊。

［10］【李賢注】投死猶言致死。【今注】推赤心置人腹中：成語“推心置腹”的來源，含義是推己之心，置於他人之腹。比喻真心待人。　投死：效死，以死爲報。王先謙《後漢書集解》引《通鑑》胡注：“投，託也。託以死也。”惠棟曰：“《東觀記》作效死。”

［11］【今注】關西：地區名。泛指函谷關以西地區。

［12］【李賢注】《續漢志》曰野王縣有射犬聚，故城在今懷州武德縣北也。【今注】射犬：聚落名。在今河南博愛縣東東金城村。

［13］【今注】鄴：縣名。爲魏郡治。治所在今河北臨漳縣西南。

青犢、赤眉賊入函谷關，攻更始。[1]光武乃遣鄧禹率六裨將引兵而西，[2]以乘更始、赤眉之亂。時更始使大司馬朱鮪、舞陰王李軼等屯洛陽，[3]光武亦令馮異守孟津以拒之。[4]

［1］【李賢注】函谷，谷名，因谷以名關。舊在弘農湖城縣西，《前書》楊僕爲樓船將軍，有功，恥居關外，武帝乃爲徙於新

安。故關在今洛州新安縣之東。【今注】函谷關：關名。戰國秦置，在今河南靈寶市東北三十里。西漢武帝元鼎三年（前114）徙函谷關於新安（今河南澠池縣東），以故關爲弘農縣。現僅存關門。

[2]【今注】裨將：副將。《漢書》卷三一《項籍傳》："梁爲會稽將，籍爲裨將。"顔師古注："裨，助也，相副助也。"

[3]【李賢注】舞陰，縣，屬南陽郡，故城在今唐州沘陽縣西北。【今注】朱鮪：新莽末淮陽人。初隨王匡等起事，屬新市兵。後擁立劉玄，擬封膠東王，鮪以高祖有約，非劉氏不王，讓不受，徙任左大司馬。　舞陰：縣名。治所在今河南泌陽縣北。　屯：駐扎。

[4]【李賢注】孔安國住《尚書》云（住，紹興本、大德本、殿本作"注"，底本誤）："盂，地名，在洛北，都道所陵（陵，紹興本、大德本、殿本作'湊'，底本或誤），古今以爲津。"《論衡》曰："武王伐紂，八百諸侯同於此盟，故曰盟津。"俗荅治戍津（荅，紹興本、大德本、殿本作"名"，底本誤），今河陽縣津也。【今注】馮異：字公孫，潁川父城（今河南寶豐縣）人。雲臺二十八將之一。傳見本書卷一七。　孟津：又名盟津、富平津、武濟、陶河。古黄河津渡名。在今河南孟州市南、孟津縣東北。

建武元年春正月，[1]平陵人方望[2]立前孺子劉嬰爲天子，[3]更始遣丞相李松擊斬之。[4]

[1]【今注】建武：東漢光武帝劉秀年號（25—56）。

[2]【李賢注】平陵，昭帝陵也，因以爲縣，故城在今咸陽縣西也（也，紹興本、大德本、殿本作"北"）。【今注】平陵：縣名。西漢五陵縣之一，西漢昭帝築陵置縣，治所在今陝西咸陽市西北。　方望：扶風平陵（今陝西咸陽市西北）人。初爲隗囂軍師，囂欲歸劉玄，望以書辭謝而去。與弓林等立劉嬰爲天子，自爲

丞相。旋爲劉玄將李松所擊殺。

[3]【李賢注】平帝崩，王莽立楚孝王孫廣戚侯顯子嬰爲孺子。恭簒位（恭，大德本、殿本作“莽”，底本誤），廢爲定安公。【今注】孺子劉嬰：又稱孺子嬰。廣戚侯劉顯子，西漢宣帝玄孫。平帝即位，王莽專政。平帝死，無子，莽立嬰爲太子，史稱孺子嬰。莽稱帝，貶爲定安公。緑林軍起義，平陵人方望起兵擁他至臨涇，立爲漢帝，被劉玄派李松率兵擊殺。

[4]【今注】李松：南陽宛縣豪强，李通從弟。更始政權官員、將領，初任丞相司直。後爲丞相，與右大司馬趙萌共秉内任。東漢光武帝建武元年（25），李松被赤眉軍擒獲。

光武北擊尤來、大搶、五幡於元氏，追至右北平，連破之。[1]又戰於順水北，[2]乘勝輕進，反爲所敗。賊追急，短兵接，[3]光武自投高岸，遇突騎王豐，下馬授光武，光武撫其肩而上，顧笑謂耿弇西：[4]“幾爲虜嗤。”[5]弇頻射却賊，[6]得免。士卒死者數千人，散兵歸保范陽。[7]軍中不見光武，或云已殁，[8]諸將不知所爲。吴漢曰：“卿曹努力！[9]王兄子在南陽，何憂無主？”[10]衆恐懼，數日乃定。賊雖戰勝，而素懾大威，[11]客主不相知，夜遂引去。大軍復進至安次，[12]與戰，破之，斬首三千餘級。賊入漁陽，乃遣吴漢率耿弇、陳俊、馬武等十二將軍追戰于潞東，[13]及平谷，大破滅之。[14]

[1]【李賢注】北平，縣，屬中山國，今易州永樂縣也。臣賢案：《東觀記》《續漢書》並無“右”字，比如“右”（比如，紹興本、大德本、殿本作“此加”，底本誤），誤也。營州西南别

有右北平郡故城，非此地（地，大德本、殿本作“也”）。【今注】北平：縣名。治所在今河北保定市滿城區北。

[2]【李賢注】酈元《水經注》云：“徐水經北平縣故城北，光武追銅馬、五幡，破之於順水，即徐水之别名也。”在今易州。本或作“慎”者，誤也。【今注】順水：河流名。漢魏時期徐水的俗稱，即今河北保定市滿城區北漕河。

[3]【李賢注】短兵謂刀劍也。《楚辭》曰：“車錯轂兮短兵接。”【今注】短兵：指刀劍等短兵器。

[4]【今注】顧：回頭。　耿弇：字伯昭，扶風茂陵（今陝西興平市東北）人。雲臺二十八將之一。傳見本書卷一九。　案，西，紹興本、大德本、殿本作“曰”。

[5]【今注】嗤：譏笑，嗤笑。

[6]【今注】頻射：頻，屢次，頻射即屢射。　却：退。

[7]【李賢注】縣名，在治水之陽（治，紹興本、大德本、殿本作“范”，底本或誤），屬涿郡，故城在今易州易縣東南。【今注】范陽：縣名。因在范水之北得名。治所在今河北定興縣西南。

[8]【李賢注】《東觀記》且（且，紹興本、大德本、殿本作“曰”，底本誤）：“上已乘王豐小馬先到矣，營門不覺。”【今注】殁：死。大德本、殿本作“没”。

[9]【李賢注】曹，輩也。

[10]【李賢注】兄子謂伯升子章及興也。

[11]【李賢注】慴，懼也，音之涉反。【今注】素：一向，向來。　慴：恐懼，害怕。

[12]【李賢注】縣名，屬勃海郡（勃，大德本、殿本作“渤”），今幽州縣也，故城在縣東。【今注】安次：縣名。治所在今河北廊坊市西北。

[13]【李賢注】潞，縣名，屬漁陽郡，今幽州縣也。有潞

水，因以爲名。蕭該《音義》云："潞屬上黨。"曰賢案（曰，紹興本、大德本、殿本作"臣"，底本誤）：潞與漁陽相接，言上黨潞者非也。【今注】陳俊：字子昭，南陽西鄂（今河南南陽市東北）人。雲臺二十八將之一。傳見本書卷一八。　馬武：字子張，南陽湖陽（今河南唐河縣）人。雲臺二十八將之一。傳見本書卷二二。　案，十二，中華本校勘記曰："'十二'當作'十四'。《集解》引惠棟説，謂《耿弇傳》光武遣弇與吴漢、景丹、蓋延、朱祐、邳彤、耿純、劉植、岑彭、祭遵、堅鐔、王霸、陳俊、馬武十三將軍，并弇爲十四也。"曹金華《後漢書稽疑》謂，《耿弇傳》載不誤，然吴漢當率十三將軍，十二當作十三，不當作十四也（第14頁）。　潞：亦作"路"。縣名。治所在今河北三河市西。

［14］【李賢注】平谷，縣，屬漁陽郡，故城在今潞縣北。【今注】平谷：縣名。治所在今北京市平谷區東北。

朱鮪遣討難將軍蘇茂攻温，[1]馮異、寇恂與戰，大破之，斬其將賈彊。[2]

［1］【李賢注】今洛州縣。【今注】討難將軍：雜號將軍名。更始置，凡將軍皆掌征伐。　蘇茂：陳留人。初爲劉玄討難將軍，與朱鮪共降光武。東漢光武帝建武二年（26）奉命與蓋延攻劉永。與延不相能，反漢而依劉永。後爲吴漢、蓋延所敗，與劉永出奔。永死，又立其子紆爲梁王，與張步共據齊地。建武五年，光武帝親將攻張步，步斬茂以降。　温：縣名。治所在今河南温縣東。

［2］【今注】案，彊，殿本作"疆"。王先謙《後漢書集解》引惠棟曰："《水經注》持節使者賈疆。"

於是諸將議上尊號。馬武先進曰："天下無主。如有聖人承敝而起，雖仲尼爲相，孫子爲將，猶恐無能有益。反水不收，後悔無及。[1]大王雖執謙退，[2]奈宗廟社稷何！宜且還薊即尊位，[3]乃議征伐。今此誰賊而馳鶩擊之乎？”[4]光武驚曰：“何將軍出是言？可斬也！”武曰：“諸將盡然。”光武使出曉之，[5]乃引軍還至薊。

[1]【李賢注】言早當即尊位以定衆心，今執謙退，失於事機也。孫子名武，吴王闔閭將，善用兵，有《兵法》十三篇。反音翻。【今注】孫子：孫武。春秋時期軍事家，著有《孫子兵法》。反水不收：成語。意爲水已潑出，不能再收回，比喻不可挽回。與“覆水難收”含義接近，本書卷六九《何進傳》：“國家之事亦何容易！覆水不可收，宜深思之。”

[2]【今注】執謙退：堅持謙遜退讓。《漢書》卷九九上《王莽傳上》：“深執謙退，推誠讓位。”

[3]【今注】且：暫且。

[4]【李賢注】誰謂未有主也。《前書音義》曰：“直騁曰馳，亂馳曰鶩。”【今注】馳鶩：奔走，奔競。

[5]【李賢注】使曉諭諸將。【今注】曉：告知，使明白。

夏四月，公孫述自稱天子。

光武從薊還，過范陽，命收葬吏士。至中山，諸將復上奏曰：“漢遭王莽，宗廟廢絶，豪傑憤怒，兆人塗炭。[1]王與伯升首舉義兵，更始因其資以據帝位，[2]而不能奉承大統，[3]敗亂綱紀，[4]盜賊日多，群生危蹙。[5]大王初征昆陽，王莽自潰；後拔邯鄲，北州弭定；[6]三分天下而有其二，[7]跨州據土，帶甲百萬。言武力則莫之敢抗，[8]論文德則無所與辭。臣聞帝王不可以久曠，[9]天命不可以謙拒，惟大王以社稷爲計，萬姓爲心。”光武又不聽。

［1］【李賢注】《尚書》曰：“人墜塗炭。”孔安國注云：“若陷泥墜火，無救之者。”【今注】兆人：兆民，“兆”形容數量多。蔡邕《獨斷》卷上：“天子曰兆民，諸侯曰萬民，百乘之家曰百姓。” 塗炭：指陷入災難的人民。

［2］【今注】資：幫助。

［3］【今注】大統：帝業、帝位。

［4］【今注】案，網，紹興本、大德本、殿本作“綱”，底本或誤。

［5］【李賢注】蹴，迫也，音子六反。【今注】蹙：緊迫、困窘。

［6］【今注】弭：止。

［7］【今注】案，三，大德本、殿本作“參”。

［8］【今注】案，大德本無“則”字。

［9］【今注】案，中華本校勘記引李慈銘《後漢書札記》認爲“王”當作“位”。 曠：空缺。

行到南平棘，[1]諸將復固請之。[2]光武曰：“寇賊未平，四面受敵，何遽欲正號位乎？[3]諸將且出。”耿純進曰：“天下士大夫捐親戚，[4]弃土壤，從大王於矢石之間者，其計固望其攀龍鱗，附鳳翼，以成其所志耳。[5]今功業即定，天人亦應，而大王留時逆衆，不正號位，純恐士大夫望絶計窮，則有去歸之思，無爲久自苦也。大衆一散，難可復合。時不可留，衆不可逆。”純言甚誠切，[6]光武深感，曰：“吾將思之。”

[1]【李賢注】縣名，屬常山郡，今趙州縣，故城在縣南。【今注】南平棘：縣名。治所在今河北趙縣東南，以平棘山爲名。

[2]【今注】固：堅決、堅定。

[3]【今注】遽：急。

[4]【今注】捐：抛棄。《説文》："捐，棄也。"

[5]【李賢注】楊雄《法言》曰："攀龍鱗，附鳳翼，巽以揚之。"【今注】攀龍鱗附鳳翼：成語"攀鱗附翼"的來源，意爲投靠有權勢的人以獲取富貴。

[6]【今注】誠切：真誠懇切。

行至鄗，[1]光武先在長安時同舍生彊華，[2]自關中奉赤伏符，曰"劉秀發兵捕不道，四夷雲集龍鬬野，四七之際火爲主"。[3]群臣因復奏曰："受命之符，人應爲大，[4]萬里合信，不議同情，[5]周之白魚，曷足比焉？[6]今上無天子，海内淆亂，[7]符瑞之應，[8]昭然著聞，宜答天神，以塞群望。"光武於是命有司設壇場於鄗南千秋亭五成陌。[9]

[1]【李賢注】縣名，今趙州高邑縣也。鄗音火各反。【今注】鄗：縣名。治所在今河北柏鄉縣北。

[2]【李賢注】《續漢書》曰："彊華，潁川人也。"彊音其兩反。【今注】彊華：東漢儒生，光武帝劉秀在長安太學時的同學，與劉秀、鄧禹、嚴光三人結成好友，專攻讖緯，後不遠千里獻上《赤伏符》，爲劉秀稱帝提供輿論支撑。

[3]【李賢注】四七，二十八也。自高祖至光武初起，合二百二十八年，即四七之際也。漢火德，故火爲主也。

[4]【李賢注】謂彊華奉《赤伏符》也。

[5]【今注】同情：同心，一心。

[6]【李賢注】《尚書中候》曰“武王伐紂，度孟津，中流白魚躍入王舟，長三尺，赤文有字，告以伐紂之意”也。【今注】曷：怎麽。《説文》：“曷，何也。”

[7]【今注】海内：國境之内，全國。古謂中國疆土四面臨海，故稱。 淆：通“殽”，混亂。《廣雅·釋詁三》：“殽，亂也。”

[8]【今注】符瑞：一種吉祥的徵兆。多指帝王受命之徵兆。

[9]【李賢注】壇謂築土，場謂除地。秦法，十里一亭。南北爲阡，東西爲陌。其地在今趙州栢鄉縣（栢，殿本作“陌”）。《水經注》曰，亭有石壇，壇有圭頭碑，其陰云常山相隴西狄道馮龍所造。壇廟之東（中華本删“廟”字），枕道有兩石翁仲，南北相對焉。【今注】有司：主管某一事務的官吏。 壇場：場是舉行祭祀前所開闢的平坦空地，壇是在場上所築的用以祭祀的高臺。《漢書》卷四《文帝紀》：“其廣增諸祀壇場珪幣。”顔師古注：“築土爲壇，除地爲場。” 千秋亭：亭名。在今河北邢臺市柏鄉縣固城店鎮十五鋪村北。

六月己未，即皇帝位。燔燎告天，[1]禋于六宗，[2]望於群神。[3]其祝文曰：“皇天上帝，后土神祇，[4]眷顧降命，屬秀黎元，爲人父母，[5]秀不敢當。群下百辟，不謀同辭，[6]咸曰：[7]‘王莽篡位，秀發憤興兵，破王尋、王邑於昆陽，誅王郎、銅馬於河北，平定天下，海内蒙恩。上當天地之心，下爲元元所歸。’[8]讖記曰：[9]‘劉秀發兵捕不道，卯金修德爲天子。’[10]秀猶固辭，至于再，至于三。群下僉曰：[11]‘皇天大命，不可稽留。’[12]敢不敬承。”於是建元爲建武，大赦天下，改鄗爲高邑。

［1］【李賢注】天高不可達，故燔柴以祭之，庶高煙上通也。《爾雅》云："祭天曰燔柴。"燔音煩。燎音力弔反。【今注】燔燎：一種祭祀，即燒柴祭天。

［2］【李賢注】精意以享謂之禋。《續漢志》："平帝元始中，謂六宗爲易卦六子之氣，水、火、雷、風、山、澤也。光武中興，遵而不改。至安帝即位。初改六宗爲天地四方之宗，祠於洛陽之北，戌亥之地。"【今注】禋：一種祭祀，即生煙以祭。《周禮·春官·大宗伯》："以禋祀祀昊天上帝。"鄭玄注："禋之言煙，周人尚臭，煙氣之臭聞者。"　六宗：古所尊祀的六神，即水、火、雷、風、山、澤。

［3］【李賢注】山林川谷能興致雲雨者皆曰神。不可徧至，故望而祭之。《尚書》曰："望于山川，徧于群神。"【今注】望：一種祭祀，即遥望而祭，主要用以祭祀山川。

［4］【今注】后土：掌管土地之神。

［5］【李賢注】屬音燭。【今注】黎元：黎民百姓。

［6］【李賢注】《詩·大雅》曰："百辟卿士。"鄭玄注云："百辟，畿內諸侯也。"【今注】百辟：諸侯。

［7］【今注】咸：皆。《説文》："咸，皆也，悉也。"

［8］【李賢注】元元謂黎庶也。元元猶言喁喁（猶，紹興本、大德本、殿本作"由"），可矜憐之辭也。【今注】元元：百姓，庶民。《漢書》卷四《文帝紀》："結兄弟之義，以全天下元元之民。"顏師古注："元元，善意也。"洪邁《容齋五筆·兩漢用人人元元字》："元元二字，考之六經無所見，而《兩漢書》多用之……予謂元元者，民也。而上文又言元元之民、元元黎民、元元萬民，近於複重矣。故顏注：'或云，元元，善意也。'"

［9］【今注】讖：方士編造的一種政治預言。漢代盛行讖緯之

術，讖指讖言、圖讖等，主要是附會河圖、洛書等編造的政治預言，緯相對於“經”，多指附會於六經而産生的政治預言，後讖和緯逐漸合流。讖緯對漢代政治有較大影響。

[10]【李賢注】卯金，劉字也。《春秋演孔圖》曰：“卯金刀，名爲赤帝後（中華本據《刊誤》在‘名爲’後補‘劉’字），次代周。”

[11]【今注】僉：皆。《説文》：“僉，皆也。”

[12]【今注】稽留：停留，遷延。

是月，赤眉立劉盆子爲天子。[1]

[1]【今注】劉盆子：太山式（今山東寧陽縣東北）人。傳見本書卷一一。

甲子，前將軍鄧禹擊更始定國公王匡於安邑，大破之，[1]斬其將劉均。

[1]【李賢注】安邑，縣，屬河東郡，今蒲州縣也。【今注】前將軍：將軍名。漢代重號將軍之一，與後、左、右將軍並位上卿，位次大將軍及驃騎、車騎、衛將軍。有兵事則典掌禁兵，戍衛京師，或任征伐。平時無具體職務，一般兼任他官，常加諸吏、散騎、給事中等號，成爲中朝官，宿衛皇帝左右，參與朝議。如加領尚書事銜則負責實際政務。《漢書·百官公卿表上》：“前後左右將軍，皆周末官，秦因之，位上卿，金印紫綬。漢不常置，或有前後，或有左右，皆掌兵及四夷。”　安邑：縣名。爲河東郡治。治所在今山西夏縣西北。

秋七月辛未，拜前將軍鄧禹爲大司徒。丁丑，以野王令王梁爲大司空。[1]壬午，以大將軍吴漢爲大司馬，[2]偏將軍景丹爲驃騎大將軍，[3]大將軍耿弇爲建威大將軍，[4]偏將軍蓋延爲虎牙大將軍，[5]偏將軍朱祐爲建義大將軍，[6]中堅將軍杜茂爲大將軍。[7]

[1]【李賢注】野王，縣，屬河内郡，故城在今懷州。時據《赤伏符》文，故從縣宰而超拜之，事具《梁傳》。【今注】野王：縣名。治所在今河南沁陽市。　王梁：字君嚴，漁陽要陽（今河北豐寧滿族自治縣東南）人。雲臺二十八將之一。傳見本書卷二二。

[2]【今注】大將軍：將軍名。在諸將軍中地位最高。秦及漢初即有此職，其地位甚高，與丞相相當，實際的優寵和權力都在丞相之上。西漢武帝以後，大將軍常冠大司馬之號，秩萬石，領尚書事，執掌朝政，成爲中朝官最高領袖。東漢復置一員，秩萬石，不冠大司馬，成爲獨立官職，多授予貴戚，常兼録尚書事，與太傅、太尉等共同主持政務。本書《百官志一》："將軍，不常置。本注曰：掌征伐背叛。比公者四：第一大將軍，次驃騎將軍，次車騎將軍，次衛將軍。又有前、後、左、右將軍。"（參見安作璋、熊鐵基《秦漢官制史稿》，第235—240頁）

[3]【今注】景丹：字孫卿，馮翊櫟陽（今陝西西安市閻良區）人。雲臺二十八將之一。傳見本書卷二二。

[4]【今注】建威大將軍：雜號將軍名。東漢置，凡將軍皆掌征伐。

[5]【今注】蓋延：字巨卿，漁陽要陽（今河北豐寧滿族自治縣東南）人。雲臺二十八將之一。傳見本書卷一八。　虎牙大將軍：雜號將軍名。東漢置，凡將軍皆掌征伐。

[6]【今注】朱祐：字仲先，南陽宛（今河南南陽市卧龍區）人，雲臺二十八將之一。傳見本書卷二二。中華本校勘記云："王

先謙謂‘祐’當作‘祜’，詳下《朱祐傳》校勘記。” 建義大將軍：雜號將軍名。東漢置，凡將軍皆掌征伐。

[7]【今注】中堅將軍：雜號將軍名。東漢置，凡將軍皆掌征伐。 杜茂：字諸公，南陽冠軍（今河南鄧州市西北）人。雲臺二十八將之一。傳見本書卷二二。

時宗室劉茂自號“厭新將軍”，[1]率衆降，封爲中山王。

[1]【李賢注】王莽號新室，言欲厭勝之。【今注】劉茂：南陽蔡陽（今湖北棗陽市西南）人。漢宗室，泗水王劉歙堂弟。劉秀起兵時，劉茂號爲劉失職，也在京縣、密縣起兵，稱厭新將軍。隨後攻下汝南、潁川等地，麾下人數多達十萬。劉秀到達河内時，劉茂聚衆投降，劉秀封他爲中山王。東漢光武帝建武十三年（37），改封劉茂爲穰侯。事迹見本書卷一四《宗室四王三侯傳》。

己亥，幸懷。[1]遣耿弇率彊弩將軍陳俊軍五社津，[2]備滎陽以東。[3]使吴漢率朱祐及廷尉岑彭、[4]執金吾賈復、[5]揚化將軍堅鐔等十一將軍[6]圍朱鮪於洛陽。

[1]【李賢注】縣名，屬河内郡，故城在今懷州武陟縣西。天子所行必有恩幸，故稱幸。【今注】案，己亥，曹金華《後漢書稽疑》謂，據《二十史朔閏表》，建武元年（25）七月丁卯朔，七月無“己亥”。下云“八月壬子”，八月丁酉朔，“己亥”乃初三，如此“八月”當在“己亥”之前。又按前文七月“壬午”，“己亥”或爲“丁亥”“己丑”之訛。（第16—17頁） 幸：古稱帝王到達

某地爲“幸”。蔡邕《獨斷》卷上：“（天子）所至曰‘幸’……幸者，宜幸也，世俗謂幸爲僥倖。車駕所至，臣民被其德澤以僥倖，故曰幸也。先帝故事，所至見長吏三老官屬，親臨軒，作樂。賜食皂帛越巾加佩帶，民爵有級數，或賜田租之半，是故謂之幸，皆非其所當得而得之。”　懷：縣名。爲河内郡治，治所在今河南武陟縣西南。

［2］【李賢注】《水經注》曰：“鞏縣北有五社津，一名土社津。有山臨河，其下有穴，潛通淮浦。有渚，謂之鮪渚。”《吕覽》云“武王伐紂至鮪水”，即此地。【今注】彊弩將軍：將軍名。西漢武帝以路博德爲强弩校尉，李沮爲强弩將軍。宣帝以許延壽爲强弩將軍。强弩將軍至東漢爲雜號將軍。　五社津：津渡名。在今河南鞏義市北。爲古黄河津渡。

［3］【今注】滎陽：縣名。治所在今河南滎陽市東北。

［4］【李賢注】《前書》“廷尉，秦官”也。聽獄必質於朝廷，與衆共之。尉，平也，故稱廷尉。【今注】廷尉：官名。秦漢中央最高司法審判機構長官。列位九卿。主要審理皇帝交辦的詔獄案件和地方上讞或上請的案件，亦負責修訂、編纂律令等。秩中二千石。《漢書·百官公卿表上》：“廷尉，秦官，掌刑辟，有正、左右監，秩皆千石。景帝中六年更名大理，武帝建元四年復爲廷尉。宣帝地節三年初置左右平，秩皆六百石。哀帝元壽二年復爲大理。王莽改曰作士。”

［5］【李賢注】《前書》曰：“中尉，秦官，武帝改爲執金吾。”吾，禦也，掌執兵革以禦非常。【今注】執金吾：官名。西漢武帝太初元年（前104）由中尉改名。職掌京師治安，督捕盜賊，負責宫廷之外、京城之内的警衛，戒備非常水火之事，管理中央武庫，皇帝出行則掌護衛及儀仗隊。秩中二千石。〔參見吕宗力主編《中國歷代官制大辭典》（修訂版），第379頁〕《漢書·百官公卿表上》：“中尉，秦官，掌徼循京師，有兩丞、候、司馬、千

人。武帝太初元年更名執金吾。”　賈復：字君文，南陽冠軍（今河南鄧州市西北）人。雲臺二十八將之一。傳見本書卷一七。

[6]【李賢注】鐔音徒南反。【今注】揚化將軍：雜號將軍名。東漢置，凡將軍皆掌征伐。　堅鐔：字子伋，潁川襄城（今河南襄城縣）人。雲臺二十八將之一。傳見本書卷二二。

八月壬子，祭社稷。[1]癸丑，祠高祖、太宗、世宗於懷宫。[2]進幸河陽。[3]更始廪丘王田立降。[4]

[1]【今注】社稷：帝王、諸侯所祭的土神和穀神。

[2]【今注】太宗：西漢文帝劉恒廟號。　世宗：西漢武帝劉徹廟號。　懷宫：宫殿名。在今河南泌陽縣城。

[3]【今注】河陽：縣名。治所在今河南孟州市西。

[4]【李賢注】廪丘，縣，屬東郡，城在今濮州雷澤縣北也。【今注】廪丘：縣名。治所在今山東鄆城縣西北。

九月，赤眉入長安，更始奔高陵。[1]辛未，詔曰：[2]“更始破敗，弃城逃走，妻子裸袒，[3]流冗道路。[4]朕甚愍之。[5]今封更始爲淮陽王。[6]吏人敢有賊害者，罪同大逆。”[7]

[1]【今注】高陵：縣名。治所在今陝西西安市高陵區。

[2]【李賢注】《漢制度》曰：“帝之下書有四：一曰策書，二曰制書，三曰詔書，四曰誡敕。策書者，編簡也，其制長二尺，短者半之，篆書，起年月日，稱皇帝，以命諸侯王。三公以罪免亦賜策，而以隸書，用尺一木（木，殿本作‘寸’），兩行，唯此爲異也。制書者，帝者制度之命，其文曰制詔三公，皆璽封，

尚書令印重封，露布州郡也。詔書者，詔，告也，其文曰告某官云（中華本據《刊誤》在句末補‘云’字），如故事。誡敕者，謂敕刺史、太守，其文曰有詔敕某官。它皆倣此。”【今注】詔：詔書，皇帝所下文書之一種。蔡邕《獨斷》卷上：“（天子）命令一曰‘策書’，二曰‘制書’，三曰‘詔書’，四曰‘戒書’……策書，策者簡也。禮曰：不滿百文，不書於策。其制長二尺，短者半之，其次一長一短。兩編，下附篆書，起年、月、日，稱皇帝曰，以命諸侯王、三公。其諸侯王、三公之薨於位者，亦以策書誄謚其行而賜之，如諸侯之策。三公以罪免，亦賜策，文體如上策而隸書，以一尺木兩行，唯此爲異者也。制書，帝者制度之命也。其文曰‘制詔三公’，赦令、贖令之屬是也。刺史、太守、相劾奏申下土遷書，文亦如之。其徵爲九卿，若遷京師近官，則言官，具言姓名；其免若得罪，無姓。凡制書，有印、使符，下遠近皆璽封，尚書令印重封。唯赦令、贖令，召三公詣朝堂受制書，司徒印封，露布下州郡。詔書者，詔誥也。有三品：其文曰‘告某官官’，如故事，是爲詔書；群臣有所奏請，‘尚書令奏’之下有‘制曰’，天子答之曰‘可’，若‘下某官’云云，亦曰詔書；群臣有所奏請，無‘尚書令奏’‘制’之字，則答曰‘已奏，如書’，本官下所當至，亦曰詔。戒書，戒勅。刺史、太守及三邊營官被勅，文曰‘有詔勅某官’，是爲戒勅也。世皆名此爲策書，失之遠矣。”

[3]【今注】裸袒：赤身露體。

[4]【李賢注】冗音人勇反。冗，散也。【今注】流冗：流散，流離失所。

[5]【今注】愍：同“憫”。憐憫，哀憐。

[6]【李賢注】淮陽，郡，故城在今陳州宛丘縣西南。【今注】淮陽：郡名。治陳縣（今河南淮陽縣）。

[7]【今注】大逆：亦稱“大逆無道”，罪名。秦漢重罪之一。指以下犯上，違背君臣倫理之犯罪，具體指顛覆、危害、反對君主

統治的行爲，文獻中常以“背叛宗廟”“危宗廟”“危社稷”等描述之。“大逆”爲秦漢“不道”罪之一，後世歸入“十惡”。〔參見［日］大庭脩著，徐世虹等譯《秦漢法制史研究》，第87—95頁〕《漢書》卷五《景帝紀》如淳注：“律，大逆不道，父母、妻子、同産皆棄市。”根據律條規定，犯此罪者多本人腰斬，父母妻子同産連坐棄市。

甲申，以前高密令卓茂爲大傅。[1]

[1]【李賢注】高密，縣，屬高密國，今密州縣，故城在今縣之西南。卓以平帝時爲密令（中華本校勘記謂，“《集解》引何焯説，謂‘卓’應改‘茂’），故曰“前”。【今注】高密：縣名。治所在今山東高密市西南，爲高密國治。案，高，中華本校勘記曰：“據殿本《考證》引何焯説及《集解》引錢大昕説删。按：錢氏謂茂作令在河南之密，非高密，紀衍‘高’字。”密縣，治所在今河南新密市東南。　卓茂：字子康，南陽宛（今河南南陽市卧龍區）人。傳見本書卷二五。　大傅：官名。即太傅。西周始置，爲輔弼君王的大臣，《漢書·百官公卿表》載太傅與太師、太保並號三公，但實際上西周並無此三公之制。西漢太傅位在三公之上，號稱上公，不常置，地位尊崇，但實際上並没有什麽作用。東漢不置太師、太保，唯太傅一人，號稱“上公”，位在三公之上。掌善導天子，以授元老重臣，位尊而無常職。常加録尚書事，主持朝政。〔參見吕宗力主編《中國歷代官制大辭典》（修訂版），第139頁〕本書《百官志一》：“太傅，上公一人。本注曰：掌以善導，無常職。世祖以卓茂爲太傅，薨，因省。其後每帝初即位，輒置太傅録尚書事，薨，輒省。”大，大德本、殿本作“太”。

辛卯，朱鮪舉城降。

冬十月癸丑，車駕入洛陽，[1]幸南宫却非殿，遂定都焉。[2]

[1]【今注】車駕：皇帝所乘之車，亦用爲皇帝的代稱。蔡邕《獨斷》卷上："乘輿出於《律》。《律》曰：'敢盜乘輿服御物。'謂天子所服食者也。天子至尊，不敢渫瀆言之，故託之於乘輿。乘猶載也，輿猶車也。天子以天下爲家，不以京師宫室爲常處，則當乘車輿以行天下，故群臣託乘輿以言之。或謂之車駕。"

[2]【李賢注】蔡質《漢典職儀》曰："南宫至北宫，中央作大屋，複道，三道行，天子從中道，從官夾左右（夾，紹興本誤作'來'），十步一衞。兩宫相去七里。"又洛陽宫閣名有却非殿（閣，殿本作"閤"）。臣賢案：俗本或作"御北殿"者，誤。【今注】南宫：洛陽城宫殿名。西漢時洛陽已存在南宫，東漢光武帝對南宫進行了擴建，在宫中修建了前殿等建築，又在洛陽南郊興建了郊兆、太學、明堂等設施，還在洛陽城南墻上開闢了平城門，爲從南宫前往南郊提供了通道（參見陳蘇鎮《東漢的南宫和北宫》，《文史》2018年第1輯）。　却非殿：南宫内殿名。

遣岑彭擊荆州群賊。[1]

[1]【今注】荆州：西漢武帝時所置十三刺史部之一。轄境約當今湖北、湖南二省及河南、貴州、廣西、廣東等省區部分地。東漢治漢壽縣（今湖南常德市東北）。

十一月甲午，幸懷。

劉永自稱天子。

十二月丙戌，[1]至自懷。

[1]【今注】案，曹金華《後漢書稽疑》指出建武元年（25）十二月乙未朔，是月無“丙戌”。“丙戌”或是“丙午”之訛（第17頁）。

赤眉殺更始，而隗囂據隴右，[1]盧芳起安定。[2]破虜大將軍叔壽擊五校賊於曲梁，戰歿。[3]

[1]【今注】隗囂：字季孟，天水成紀（今甘肅静寧縣西南）人。傳見本書卷一三。　隴右：地區名。泛指隴山以西地區。古代以西爲右，故名。相當今甘肅隴山、六盤山以西，黄河以東一帶。

[2]【李賢注】郡名，今涇州縣。【今注】盧芳：字君期，安定三水（今寧夏同心縣東）人。傳見本書卷一二。　安定：郡名。治高平縣（今寧夏固原市）。

[3]【李賢注】曲梁屬廣平國，今洺州縣也（洺，大德本作“洛”）。【今注】曲梁：侯國名。治所在今河北邯鄲市永年區東南。　歿：死。

二年春正月甲子朔，日有食之。[1]大司馬吴漢率九將軍擊檀鄉賊於鄴東，大破降之。庚辰，封功臣皆爲列侯，大國四縣，餘各有差。[2]下詔曰：“人情得足，苦於放縱，快須臾之欲，忘慎罰之義。[3]惟諸將業遠功大，誠欲傳於無窮，宜如臨深淵，如履薄冰，戰戰慄慄，日慎一日。[4]其顯效未詶，[5]名籍未立者，[6]大鴻臚趣上，[7]朕將差而録之。”[8]博士丁恭議曰：[9]“古帝三封諸侯不過百里，[10]故利以建侯，取法於雷，[11]强榦弱枝，所以爲治也。今封諸侯四縣，不合法制。”帝曰：“古之亡國，皆以無道，未嘗聞功臣地多而滅亡者。”乃遣謁者即授印綬，[12]策曰：[13]“在上不驕，高而不危；制節謹度，滿而不溢。敬之戒之。傳爾子孫，長爲漢藩。”[14]

[1]【李賢注】《續漢志》曰：“在危八度。虚、危，齊地。賊張步擁兵據齊，至五年乃破。”

[2]【今注】差：等差、等次。

[3]【李賢注】《尚書》曰：“罔不明德慎罰，亦克用勸。”孔安國注云“慎刑罰，亦能用勸善”也。

[4]【李賢注】《太公曰匱》曰（前一個“曰”字，紹興本、大德本、殿本作“金”，底本當誤）：“黄帝居人上，惴惴若臨深淵；舜居人上，矜矜如履薄冰；禹居人上，慄慄如不滿日。敬勝怠則吉（敬，紹興本作‘被’），義勝欲則昌，日慎一日，壽終無殃。”【今注】如臨深淵如履薄冰戰戰慄慄：比喻行事極爲謹慎，存有戒心。《詩・小雅・小旻》：“戰戰兢兢，如臨深淵，如履薄冰。”

[5]【今注】詶：通“醻”。報也。案，詶，大德本、殿本作“酬”。

[6]【今注】名籍：寫有姓名的簿籍，若今“花名册”。

[7]【李賢注】《續漢志》曰：“大鴻臚，卿一人，中二千石，掌諸王入朝及拜諸侯封者。”趣音促。【今注】大鴻臚：官名。列卿之一。秦稱典客，西漢景帝改名大行令，武帝太初元年（前104）改爲大鴻臚。掌賓客之事。凡諸侯王、列侯和各屬國的君長，以及外國君主或使臣，都被視爲皇帝的賓客，所以與此有關的事務多由大鴻臚掌管。秩中二千石。本書《百官志二》：“大鴻臚，卿一人，中二千石。本注曰：掌諸侯及四方歸義蠻夷。”

[8]【今注】差：選擇，挑選。《爾雅・釋詁》：“差，擇也。”

[9]【今注】博士：官名。爲太常屬官。秩比六百石。《漢

書·百官公卿表上》:“博士,秦官,掌通古今,秩比六百石,員多至數十人。”在秦和漢初,博士帶有學術顧問的性質,既掌管其專門之學,又參與政治討論,還外出巡行視察。西漢武帝建元五年(前136)又置五經博士,專掌儒家經學傳授。東漢光武帝置五經十四博士。有博士祭酒一人,秩六百石。本書《百官志二》:“博士十四人,比六百石……本四百石,宣帝增秩。”

[10]【李賢注】《史記》太史公曰:“武王、成、康所封數百,而同姓五十,地不過百異(異,紹興本、大德本、殿本作‘里’,底本誤)。” 【今注】案,三,紹興本、大德本、殿本作“王”,底本誤。

[11]【李賢注】《易·屯》卦《震》下《坎》上,《震》爲雷,初九曰“利建侯”,又曰“震驚百里”,故封諸侯地方百里,以法雷也。

[12]【李賢注】《前書》曰:“謁者,秦官,掌賓讚受事,員七十人,秩比六百石。”中興但三十人。蔡質《典職儀》曰:“皆選儀容端正,任奉使者。”《前書》曰:“諸侯王,金璽盭綬。列侯,金印紫綬。”盭音戾,草名也(草,紹興本作“華”)。似艾,可染緑,因以名綬也。【今注】謁者:官名。春秋戰國即有此官。秦漢爲郎中令(光禄勳)屬官,設謁者僕射統領。西漢員七十人,秩比六百石。選孝廉、郎官年不滿五十儀容威嚴能大聲贊導者充任。本職爲侍從皇帝,擔任賓禮司儀,亦常充任皇帝使者,出使諸侯王國、少數民族,巡視地方,派往災區宣慰存問、發放賑貸,或收捕、考案貴戚、大臣,主持水利工程等。擔任謁者一定期限後,可以拜任其他官職,如縣令、長史等。據文獻記載,西漢還有中謁者、大謁者等名稱,西安漢城出土有“河堤謁者”印。東漢又有常侍謁者、給事謁者、灌謁者等類别。東漢謁者爲外臺,與尚書中臺、御史憲臺並稱三臺,三臺到東漢末年掌握着實際朝政。　印綬:印即璽印,綬即繫印章的絲帶。秦漢官吏將印綬佩戴身上,繫

於腰間。印的材質、印紐和印文按照等級存在區别，綬的長度、形制、顔色亦存在區别。印和綬有固定的搭配關係，有金印紫綬、銀印青綬、銅印黑綬、銅印黄綬等，不同等級的官吏佩戴不同的印綬。今天可以見到長沙馬王堆出土辛追印及印綬、江蘇連雲港海州雙龍村西漢墓出土淩惠平印及皮綬等印綬實物。

［13］【今注】策：策書，漢代皇帝所下文書之一種，主要用來策命或免除高官、高爵。中國古代命高官、封貴爵，需要舉行授職或授封儀式，有兩個環節，一是策命，二是授予印綬。皇帝策書即用於策命的文書，其主要内容是告誡王公，向王公提出期許和要求，進而授之於王公。策書帶有契約的性質，是一種禮儀性文書，賜予個人。（參見代國璽《漢代公文形態新探》，《中國史研究》2015 年第 2 期）西周册命類金文中多見“命書”，爲册命文書，在王廷舉行册命、册封儀式時宣讀，並將副本賜予被册命的貴族。“册”通“策”，漢代的“策書”當來源於先秦的“命書”。

［14］【李賢注】藩，屏也。言建諸侯所以爲國之藩蔽也。《詩·大雅》曰：“四國千藩（千，紹興本、大德本、殿本作‘于’，底本誤）。”

壬午，更始復漢將軍鄧曄、輔漢將軍于匡降，[1]皆復爵位。

［1］【今注】復漢將軍：雜號將軍名。更始置，凡將軍皆掌征伐。　鄧曄：南鄉人。爲人勁悍廉直。劉玄更始初大將軍申屠建等討王莽，攻武關，曄與于匡等起兵應之，共誅莽。拜復漢將軍，執金吾，從破隗囂、延岑。　輔漢將軍：雜號將軍名。凡將軍皆掌征伐。

壬子，起高廟，建社稷於洛陽，立郊兆于城南，始正火德，色尚赤。[1]

［1］【李賢注】《漢禮制度》曰："人君之居，前有朝，後有寢。終則制廟以象朝，後制寢以象寢。光武都洛陽，乃合高祖以下至平帝爲一廟，藏十一帝主於其中。元帝次當第八，光武第九，故立元帝爲祖廟（中華本校勘記謂，‘《刊誤》謂以世數言之，元帝乃是光武考，非祖也，作“祖”字誤’），後遵而不改。"《續漢志》曰："立社稷於洛陽，在宗廟之右，皆方壇，四面及中各依方色，無屋，有牆門而已。"《白虎通》曰："天子之壇方五丈，諸侯之壇半天子之壇。社者，土也（土，紹興本作‘去’），人非土不立，非穀不食，故封土立社，示有土也。稷者，五穀之長，得陰陽中和之氣，故祭之也。"《續漢書》曰："制郊兆於洛陽城南七里，爲壇，八陛，中又爲重壇，天地位皆在壇上。其外壇上爲五帝位，青帝位在甲寅，赤帝位在丙巳，黄帝位在丁未，白帝位在庚申，黑帝位在壬亥。其外爲壝，重營皆紫，以象紫宫。營有通道以爲門，日月在營内南道，日在東，月在西。北斗在北道之西。外營、中營凡千五百一十四神，高皇帝配食焉。北郊在洛陽城北四里，方壇，四陛。地祇位南面，西上；高皇后配，西面，皆在壇上；地理群后從食（理，大德本作‘里’；后，中華本校勘記引《續志》謂當作‘神’），皆在壇下；中岳在未；四岳各依其方，淮、海俱在東，河在西，濟在北，江在南，餘山川各如其方。"漢初土德，色尚黄，至此始明火德，徽幟尚赤，服色於是乃正。【今注】案，壬子，曹金華《後漢書稽疑》謂，當作“壬辰”。前文建武二年（26）春正月甲子朔，正月無“壬子”。引《後漢紀》卷四作“壬辰，立宗廟社稷於洛陽”，“壬辰”正月二十九日。（第 17 頁） 高廟：漢代祭祀漢高祖劉邦的宗廟。 郊兆：郊祀祭壇外的界域，亦泛指祭壇。《周禮·春官·小宗伯》："兆五帝於四郊。"鄭玄注："兆爲壇之營域。" 火德：以五行中的火來

附會王朝歷運稱“火德”。秦漢盛行“五德終始説”，“五德”是指五行木、火、土、金、水所代表的五種德性，“終始”指“五德”周而復始的循環運轉，這種循環決定了歷史變遷、王朝興衰。“五德終始”包含五行相勝（相克）和五行相生。漢初認爲漢爲水德。到西漢武帝時，認爲漢爲土德，西漢晚期又認爲漢爲火德。東漢光武帝根據“赤伏符”中“四七之際火爲主”的讖言，正式確立漢爲火德。故史書稱漢朝爲“炎漢”或“炎劉”。〔參見顧頡剛《秦漢的方士與儒生》，《顧頡剛古史論文集》（卷二），中華書局2011年版〕

是月，赤眉焚西京宮室，[1]發掘園陵，[2]寇掠關中。[3]大司徒鄧禹入長安，遣府掾奉十一帝神主，納於高廟。[4]

[1]【今注】西京：東漢建都洛陽後，稱西漢舊都長安爲西京。

[2]【李賢注】園謂塋域，陵謂山墳。【今注】園陵：帝王的墓地。

[3]【今注】關中：地區名。指故秦函谷關以西即今河南靈寶市以西與陝西關中盆地。

[4]【李賢注】《漢官儀》曰：“司徒府掾屬三十一人，秩千石。”十一帝謂高祖至平帝。神主，以木爲之，方尺二寸，穿中央，達四方。天子主長尺二寸（尺，紹興本作‘足’），諸侯主長一尺。虞主用桑，練主用栗。”衞宏《舊漢儀》曰：“已葬，收王（王，紹興本、大德本、殿本作‘主’），爲木函，藏廟木室中西壁坎中（木，紹興本、大德本、殿本作‘太’；室，大德本作‘空’），去地六尺一寸，祭則立主於坎下。”【今注】府掾：漢代屬吏之一種。漢代三公府及其他重要官府皆置掾史、屬，分曹

治事。掾爲曹長，史、屬爲副貳。故掾史多冠以曹名，如户曹掾、户曹史等。掾史爲有職吏，其下還有從掾位、從史位、待事掾、待事史等散吏。　神主：鬼神的牌位。

真定王楊、臨邑侯讓謀反，[1]遣前將軍耿純誅之。

[1]【李賢注】楊，景帝七代孫。讓即楊弟。【今注】真定王楊：劉楊，漢朝宗室，西漢景帝劉啓七代孫，真定共王劉普之子，光武郭皇后郭聖通舅。西漢成帝綏和二年（前 7），襲封真定王。王莽建立新朝，降爲真定公，始建國二年（10），爵位被廢除。更始元年（23），歸附王郎，擁兵十數萬，將外甥女嫁給更始大司馬劉秀，實現政治聯姻，共同平定河北地區。光武帝稱帝後，仍爲真定王。建武二年（26），密謀造反，爲外甥前將軍耿純所殺，其子劉得嗣位。楊，中華本校勘記引錢大昕説謂《劉植傳》《耿純傳》皆作“揚”。　臨邑：縣名。治所在今山東東阿縣。案，臨，中華本校勘記引錢大昕説謂《耿純傳》作“林”。　謀反：罪名。古代重罪之一，指圖謀推翻皇帝統治的行爲，後世歸入“十惡”。謀反者皆處以腰斬和夷三族之刑。長沙尚德街東漢簡牘第 254 簡正面有“謀反者，要斬”的律文。沈家本認爲，“謀反、大逆本是一事，一則已謀，一則已行耳”（參見沈家本《歷代刑法考》，中華書局 2006 年版，第 1414 頁）。即謀反是謀議行爲，大逆是實行行爲。但兩者在量刑上似乎並無差别。

二月己酉，幸修武。[1]

[1]【李賢注】縣名，屬河内郡，本殷之甯邑。《韓詩外傳》曰：“武王伐紂，勒兵於甯（勒，大德本作‘勤’），改曰修武。”今懷州縣也。【今注】修武：縣名。治所在今河南獲嘉縣。或以爲

在今河南修武縣城東南（參見張新斌《武王伐紂與牧野大戰的歷史地理問題》，《中原文物》2000年第4期）。

大司空王梁免。壬子，以太中大夫宋弘爲大司空。[1]

［1］【今注】太中大夫：官名。“大夫”類職官之一。西漢秩比千石，東漢秩千石，無員額。侍從皇帝左右，掌顧問應對，參謀議政，奉詔出使，多以寵臣貴戚充任。名義上隸屬郎中令（光禄勳）。〔參見吕宗力主編《中國歷代官制大辭典》（修訂版），第124頁〕《漢書·百官公卿表上》：“大夫掌論議，有太中大夫、中大夫、諫大夫，皆無員，多至數十人。武帝元狩五年初置諫大夫，秩比八百石，太初元年更名中大夫爲光禄大夫，秩比二千石，太中大夫秩比千石如故。”　宋弘：字仲子，京兆長安（今陝西西安市）人。傳見本書卷二六。

遣驃騎大將軍景丹率征虜將軍祭遵等二將軍擊弘農賊，[1]破之，因遣祭遵圍蠻中賊張滿。[2]

［1］【今注】征虜將軍：雜號將軍名。凡將軍皆掌征伐。　祭遵：字弟孫，潁川潁陽（今河南許昌市西南）人。雲臺二十八將之一。傳見本書卷二〇。　弘農：郡名。治弘農縣（今河南靈寶市東北）。

［2］【李賢注】蠻中，聚名，故戎蠻子國，在今汝州西南，俗謂之麻城。【今注】蠻中：聚落名。又稱鄤聚、鄤子、鄤氏、蠻子、蠻中等。本爲春秋時戎蠻居地。《漢書·地理志上》：“蠻中，故戎蠻子國。”本書《郡國志一》新城縣：“有鄤聚，古鄤氏，今名

鑾中。”在今河南汝陽縣東南。

漁陽大守彭寵反，[1]攻幽州牧朱浮於薊。

[1]【今注】案，大，紹興本、大德本、殿本作“太”。

延岑自稱武安王於漢中。

辛卯，至自修武。

三月乙未，大赦天下，[1]詔曰：“頃獄多冤人，[2]用刑深刻，[3]朕甚愍之。孔子云：‘刑罰不中，則民無所措手足。’[4]其與中二千石、諸大夫、博士、議郎議省刑法。”[5]

[1]【今注】案，中華本校勘記曰：“《校補》引洪亮吉説，謂己酉、辛卯不同月，下‘三月’二字當在‘辛卯’上，范史誤倒。黄山謂本年正月甲子朔，則二月己酉已屆望後矣，不惟二月無辛卯，即三月亦不當有乙未。《袁紀》書‘三月乙酉，大赦天下’，不作‘乙未’也。《范書》日月踳駁之處不可枚舉，書闕有閒，無從悉正。”

[2]【今注】頃：不久，近來。

[3]【今注】深刻：嚴峻苛刻。

[4]【李賢注】《論語》之文。【今注】案，刑罰不中則民無所措手足，出自《論語·子路》。

[5]【今注】中二千石：漢代官吏秩禄等級之一，其地位在二千石、比二千石之上，月俸一百八十斛。凡太常、光禄勳、衛尉、太僕、廷尉、大鴻臚、宗正、大司農、少府等中央機構的主管長官，皆爲中二千石。在地方官中還有三輔的設置。秦及漢初衹有二

千石，無中二千石和比二千石，中二千石最早指中央二千石，與地方的郡守二千石區别。到西漢景帝中元六年（前 144）或武帝建元初年之後，爲提高中央官員地位，壓制郡國官員，而將中二千石作爲一個秩級確定了下來。（參見周群《西漢二千石秩級的演變》，《史學月刊》2009 年第 10 期）　大夫：職官類名。光禄勳屬官，有光禄大夫、太中大夫、中大夫、諫大夫等，掌顧問應對，參謀議政，秩級有比二千石、比千石不等。《漢書·百官公卿表上》："大夫掌論議，有太中大夫、中大夫、諫大夫，皆無員，多至數十人。武帝元狩五年初置諫大夫，秩比八百石，太初元年更名中大夫爲光禄大夫，秩比二千石，太中大夫秩比千石如故。"　議郎：官名。郎官之一種，光禄勳屬官，爲高級郎官，不入直宿衛，職掌顧問應對，參與議政。秩比六百石。東漢更爲顯要，常選任耆儒名士、高級官吏，除議政外，亦或給事宫中近署。〔參見吕宗力主編《中國歷代官制大辭典》（修訂版），第 305 頁〕《漢書·百官公卿表上》："郎掌守門户，出充車騎，有議郎、中郎、侍郎、郎中，皆無員，多至千人。議郎、中郎秩比六百石，侍郎比四百石，郎中比三百石。"本書《百官志二》："凡郎官皆主更直執戟，宿衛諸殿門，出充車騎。唯議郎不在直中。""凡大夫、議郎皆掌顧問應對，無常事，唯詔令所使。"

遣執金吾賈復率二將軍擊更始郾王尹遵，破降之。[1]

[1]【李賢注】"遵"或作"尊"。

驍騎將軍劉植擊密賊，戰殁。[1]

[1]【李賢注】密，縣，屬河南郡，今洛州縣。【今注】驍騎

將軍：雜號將軍名。主征伐。　密：縣名。治所在今河南新密市東南。

遣虎牙大將軍蓋延率四將軍伐劉永。夏四月，圍永於睢陽。更始將蘇茂殺淮陽太守潘蹇而附劉永。

甲午，封叔父良爲廣陽王，[1]兄子章爲太原王，[2]章弟興爲魯王，[3]舂陵侯嫡子祉爲城陽王。[4]

[1]【今注】廣陽：國名。治薊縣（今北京市西城區南）。

[2]【今注】章：劉章。東漢宗室。劉縯子。東漢光武帝建武二年（26）封太原王，十一年遷齊王。少孤，光武撫愛甚篤，欲令親吏事，使試守平陰令，遷梁郡太守。　太原：郡名。治晉陽縣（今山西太原市區西南汾水東岸）。

[3]【今注】興：劉興。劉縯子。東漢光武帝建武二年封魯王，出繼光武帝兄劉仲，曾爲緱氏令、弘農太守，有政績。後徙北海王。死後謚靖王。

[4]【李賢注】城陽，國，故城在今沂州臨沂縣南。【今注】祉：劉祉，字巨伯，東漢光武帝劉秀族兄劉敞子。從劉秀起兵，更始帝任爲太常將軍。劉秀稱帝，封爲城陽王。死後謚恭王。傳見本書卷一四。　城陽：國名。治莒縣（今山東莒縣）。

五月庚辰，封更始元氏王歙爲泗水王，[1]故真定王楊子德爲真定王，[2]周後姬常爲周承休公。[3]

[1]【李賢注】泗水，國，今兖州縣也。【今注】歙：劉歙。東漢光武帝族父。子劉終，與光武親愛。漢兵興起，劉終誘殺湖陽尉。更始即位，劉歙跟隨入關，被封爲元氏王，劉終爲侍中。更始

失敗，劉歆、劉終東奔洛陽。光武帝建武二年（26），立劉歆爲泗水王，劉終爲淄川王。傳見本書卷一四。　泗水：國名。治淩縣（今江蘇泗陽縣西北）。

［2］【今注】案，德，紹興本作“得”。

［3］【李賢注】武帝封周後姬嘉爲周子南君，成帝封姬延爲周承休公，常即延之後（延，中華本校勘記謂，“沈家本謂按《前書·恩澤侯表》‘延’作‘延年’，疑此注奪‘年’字。常者，延年四世孫也。惟表云更爲周承休侯，與此異”）。承休所封，故城在今汝州東北。【今注】姬常：周子南君姬嘉七代孫，姬黨之子，新朝和東漢的二王三恪。新朝天鳳元年（14），姬常承襲爲章牟公。建武二年，光武帝改封姬常爲周承休公，封地位於潁川郡。　周承休公：封爵名。漢代封周之後裔爲侯、公等，命其奉承周祀，爲“二王三恪”。西漢武帝元鼎四年（前113），封周後姬嘉爲周子南君。宣帝元康元年（前65）封姬當之弟姬延年爲周子南君。元帝初元五年（前44）改周子南君爲周承休侯。成帝綏和元年（前8）改周承休侯爲周承休公。平帝元始四年（4）改周承休公爲鄭公。王莽篡位後，改爲章牟公。東漢光武帝建武二年封周後姬常爲周承休公，十三年改爲衞公，以爲漢賓，位在三公上。

癸未，詔曰：“民有嫁妻賣子欲歸父母者，恣聽之。[1]敢拘執，[2]論如律。”[3]

［1］【今注】恣：《說文》：“縱也。”指聽任，任憑。

［2］【今注】拘執：拘束、拘押。

［3］【今注】論如律：論，秦漢法律術語，指判決。論如律，即按照相關律令論罪。

六月戊戌，立貴人郭氏爲皇后，[1]子彊爲皇太子，[2]大赦天下。增郎、謁者、從官秩各一等。[3]丙午，封宗子劉終爲淄川王。[4]

[1]【今注】貴人：後宫名號。始於東漢，位僅次皇后。本書卷一〇上《皇后紀上》："及光武中興，斵彫爲朴，六宫稱號，唯皇后、貴人。貴人金印紫綬，俸不過粟數十斛。又置美人、宫人、采女三等，並無爵秩，歲時賞賜充給而已。" 郭氏：郭聖通，真定槀城（今河北石家莊市藁城區西南）人，劉秀的第一任皇后，世稱"光武郭皇后"。紀見本書卷一〇上。

[2]【今注】彊：劉彊。東漢光武帝子。傳見本書卷四二。

[3]【李賢注】《前書》曰："郎官掌守門户，出充車騎。有議郎、中郎、侍郎、郎中，秩六百石已下。"【今注】郎：職官類名。西漢有郎中、中郎、外郎、侍郎、議郎等，無定員，多至千餘人。皆隸屬郎中令（光禄勳）。諸侯王國亦置。職掌守衛皇宫殿廊門户，出充車騎扈從，備顧問應對，守衛陵園廟等。因與皇帝關係密切，任職滿一定期限即可遷補内外官職，爲重要選官途徑。《漢書·百官公卿表上》："郎掌守門户，出充車騎，有議郎、中郎、侍郎、郎中，皆無員，多至千人。議郎、中郎秩比六百石，侍郎比四百石，郎中比三百石。中郎有五官、左、右三將，秩皆比二千石。郎中有車、户、騎三將，秩皆比千石。" 東漢於光禄勳下設五官、左、右中郎將，主管中郎、侍郎、郎中，實爲官吏儲備人才的機構，其郎官多達二千餘人。〔參見吕宗力主編《中國歷代官制大辭典》（修訂版），第605頁〕 從官：指君王的隨從、近臣。《漢書》卷九《元帝紀》："令從官給事宫司馬中者，得爲大父母、父母、兄弟通籍。" 顔師古注："從官，親近天子常侍從者皆是也。"

[4]【李賢注】淄川，國，今淄州縣。【今注】劉終：東漢宗室。劉歙子。從劉秀起兵，誘殺湖陽尉。劉玄時爲侍中。劉玄敗，奔洛陽。東漢光武帝建武二年（26）封淄川王。 淄川：亦作"甾

川”。國名。治劇縣（今山東壽光市南）。

秋八月，帝自將征五校。丙辰，幸内黄，[1]大破五校於羛陽，降之。[2]

[1]【李賢注】縣名，屬魏郡，今相州縣。【今注】内黄：縣名。治所在今河南内黄縣西北。

[2]【李賢注】羛陽，聚名，屬魏郡，故城在今相州堯城縣東。諸本有作“茀”者，誤也。《左傳》云：“晉荀盈如齊逆女，還，卒於戲陽。”杜豫注云（豫，紹興本、大德本、殿本作“預”）：“内黄縣北有戲陽城。”戲與羛同，音許宜反。【今注】羛陽：聚落名。在今河南内黄縣西南。

遣游擊將軍鄧隆救朱浮，[1]與彭寵戰於潞，隆軍敗績。

[1]【今注】游擊將軍：雜號將軍名。統兵專征。漢朝始置，西漢武帝時有游擊將軍韓説。

蓋延拔睢陽，劉永奔譙。[1]

[1]【李賢注】今亳州縣。【今注】譙：縣名。治所在今安徽亳州市譙城區。

破虜將軍鄧奉據淯陽反。[1]

[1]【今注】鄧奉：南陽新野（今河南新野縣）人。東漢光武

帝劉秀二姐夫鄧晨之侄。王莽末年起兵於淯陽縣，曾保護劉秀妻子陰麗華之家族。劉秀稱帝後，累封破虜將軍。吴漢縱兵爲患，劫掠南陽百姓。鄧奉不忿其行，起兵將吴漢逐出南陽，成爲漢軍的叛將。劉秀派多名將領鎮壓，不得勝利。光武帝建武三年（27），劉秀御駕親征，鄧奉兵敗出降，按律斬首。

九月壬戌，至自内黄。

驃騎大將軍景丹薨。[1]

[1]【今注】薨：古稱諸侯或有爵的高官死去爲“薨”。《禮記·曲禮下》：“天子死曰崩，諸侯曰薨，大夫曰卒，士曰不禄，庶人曰死。”

延岑大破赤眉於杜陵。[1]

[1]【李賢注】縣名，屬京兆，周之杜伯國，在今万年縣東南（万，紹興本、大德本、殿本作“萬”）。【今注】杜陵：縣名。西漢宣帝元康元年（前65）改杜縣置，屬京兆尹。治所在今陝西西安市東南。因在杜縣之東，並修有宣帝陵，故名。

關中饑，民相食。

冬十一月，以廷尉岑彭爲征南大將軍，率八將軍討鄧奉於堵鄉。[1]

[1]【李賢注】《水經注》曰：“堵水南經小堵鄉。”在今唐州方城縣。堵音者。【今注】堵鄉：鄉名。一名小赭鄉。在今河南方城縣西。

銅馬、青犢、尤來餘賊共立孫登爲天子於上郡。[1]登將樂玄殺登，以其衆五萬餘人降。

[1]【李賢注】《春秋保乾圖》曰："賊臣起，名孫登，巧用法，多技方。"蓋立以應之。上郡故城在今涇州土縣東南（土，紹興本、大德本、殿本作"上"，底本誤）。【今注】上郡：治膚施縣（今陝西榆林市東南）。

遣偏將軍馮異代鄧禹伐赤眉。

使太中大夫伏隆持節安輯青徐二州，招張步降之。[1]

[1]【李賢注】《爾雅》曰："輯，和也。"音集（殿本無此注）。【今注】伏隆：字伯文，琅邪東武（今山東諸城市）人。伏湛子。傳見本書卷二六。　青徐二州：青州和徐州。青州，西漢武帝時所置十三刺史部之一。轄境相當於今山東德州市、齊河縣以東，馬頰河以南，濟南、臨朐、安丘、高密、萊陽、棲霞、乳山等市縣以北、以東和河北吴橋縣地。東漢治臨菑縣（今山東淄博市臨淄區北）。徐州，西漢武帝時所置十三刺史部之一。轄境相當於今山東東南部和江蘇長江以北地區。東漢時治郯縣（今山東郯城縣西）。

十二月戊午，詔曰："惟宗室列侯爲王莽所廢，先靈無所依歸，朕甚愍之。其並復故國。若侯身已殁，屬所上其子孫見名尚書，封拜。"[1]

[1]【李賢注】屬所謂侯子孫所屬之郡縣也。録其見名上於

尚書，封拜之。【今注】屬所：所屬的地區或機構。　見名：現有的人名。　尚書：官名。屬少府，秩六百石，爲低級官員，在殿中主發布文書。秦及漢初與尚冠、尚衣、尚食、尚浴、尚席稱“六尚”。西漢武帝時，選拔尚書、侍中組成“中朝”（或稱内朝），成爲實際上的中央決策機關，因係近臣，地位漸高。成帝時設尚書五人，開始分曹辦事，群臣章奏都經尚書；到東漢，尚書成爲協助皇帝處理政務的官員。本書《百官志三》：“尚書六人，六百石。本注曰：成帝初置尚書四人，分爲四曹：常侍曹尚書主公卿事，二千石曹尚書主郡國二千石事，民曹尚書主凡吏上書事，客曹尚書主外國夷狄事。”

是歲，蓋延等大破劉永於沛西。[1]初，王莽末，天下旱蝗，黄金一斤易粟一斛；至是野穀旅生，[2]麻尗尤盛，[3]野蠶成繭，被於山阜，[4]人收其利焉。

[1]【李賢注】沛，今徐州縣也。【今注】沛：縣名。治所在今江蘇沛縣。

[2]【李賢注】旅，寄也。不因播種而生，故曰旅。今字書作“穭”，音吕，古字通。

[3]【今注】尗：同“菽”，豆類。《説文》：“尗，豆也。”

[4]【今注】阜：土山。《説文》：“阜，大陸也。山無石者。”

三年春正月甲子，以偏將軍馮異爲征西大將軍，杜茂爲驃騎大將軍，大司徒鄧禹及馮異與赤眉戰於回溪，[1]禹、異敗績。

[1]【李賢注】溪名也，俗名回坑，在今洛州永寧縣東。【今

注】回溪：回溪阪。俗名回坑。在今河南陝縣東南雁嶺關東南。

征虜將軍祭遵破蠻中，斬張滿。

辛巳，立皇考南頓君已上四廟。[1]

[1]【今注】皇考：對亡父的尊稱。《禮記·曲禮下》："父曰皇考，母曰皇妣。"

壬午，大赦天下。

閏月乙巳，大司徒鄧禹免。

馮異與赤眉戰於崤底，大破之，[1]餘衆南向宜陽，[2]帝自將征之。己亥，幸宜陽。甲辰，親勒六軍，大陳戎馬，大司馬吴漢精卒當前，中軍次之，驍騎、武衞分陳左右。[3]赤眉望見震怖，遣使乞降。丙午，赤眉君臣面縛，[4]奉高皇帝璽綬，[5]詔以屬城門校尉。[6]戊申，至自宜陽，己酉，詔曰："群盜縱横，賊害元元，盆子竊尊號，亂惑天下。朕奮兵討擊，應時崩解，十餘萬衆束手降服，先帝璽綬歸之王府。斯皆祖宗之靈，士人之力，朕曷足以享斯哉！[7]其擇吉日祠高廟，賜天下長子當爲父後者爵，[8]人一級。"

[1]【李賢注】崤，山名；底，阪也。一名嶔岑山，在今洛州永寧縣西北。【今注】崤底：地名。在崤山山谷之底。古代曾設崤底關。在今河南洛寧縣西北。

[2]【李賢注】縣名，屬弘農郡，韓國都也，故城在今洛州福昌縣東韓城是也。【今注】宜陽：縣名。治所在今河南宜陽

縣西。

［3］【今注】驍騎：勇猛的騎兵。《説文》："驍，良馬也。"段玉裁注："引伸爲勇捷之稱。"

［4］【李賢注】面，偝也。謂反偝而縛之。【今注】面縛：古代的一種投降禮，指雙手反綁於背而面向前。《史記》卷三八《宋微子世家》："周武王伐紂克殷，微子乃持其祭器造於軍門，肉袒面縛，左牽羊，右把茅，膝行而前以告。"司馬貞《索隱》："面縛者，縛手於背而面向前也。"1992 年，香港出現一件青銅跪坐人像，應該是曲沃北趙晉侯墓地出土品，學界稱爲"晉侯銅人"。該銅人頭戴平頂帽，上身赤裸，腰帶下垂條狀蔽膝，雙手反縛於背。根據其銘文，銅人形象當爲晉侯俘獲的淮夷國君。（參見蘇芳淑、李零《介紹一件有銘的"晉侯銅人"》，載《晉侯墓地出土青銅器國際學術研討會論文集》，上海書畫出版社 2002 年版）銅人當爲淮夷國君投降時"肉坦面縛"的形象。據此，古代的"面縛"即縛手於背而面向前，古人理解當不誤。

［5］【李賢注】蔡邕《獨斷》曰："皇帝六璽，皆玉螭虎細（細，殿本作'紐'），文曰'皇帝行璽''皇帝之璽''皇帝信璽''天子行璽''天子之璽''天子信璽'，皆以武都紫泥封之。"《玉璽譜》曰："傳國璽是秦始皇初定天下所刻，其玉出藍田山，丞相李斯所書，其文曰'受命于天，既壽永昌'。高祖至霸上，秦王子嬰獻之。至王莽簒位，就元后求璽，不與，以威逼之，乃出璽投地。璽上螭一角缺。及莽敗，李松持璽詣宛上更始；更始敗，璽入赤眉；劉盆子既敗，以奉光武。"【今注】璽：皇帝的印章。《説文》："璽，皇帝之印也。""璽"原爲印章的通稱，秦代以後成爲皇帝之印的專稱，有時也用指皇后和諸侯王之印。皇帝有"六璽"，各有用途，又有"傳國璽"，合稱"七璽"。《漢舊儀》卷上："皇帝六璽，皆白玉螭虎紐，文曰'皇帝行璽''皇帝之璽''皇帝信璽''天子行璽''天子之璽''天子信璽'，凡六璽。皇帝

行璽，凡封命用之；皇帝之璽賜諸侯王書；皇帝信璽發兵；其徵大臣，以天子行璽；策拜外國事，以天子之璽；事天地鬼神，以天子信璽。”今可見“皇帝信璽”封泥，爲傳世品，學者認爲是秦代之物。又有南越國“文帝行璽”金印，1983年出土於廣州南越王墓。又有“皇后之璽”，1968年在陝西咸陽市韓家灣公社出土。

［6］【李賢注】《前書》曰“城門校尉，掌京師城門屯兵，秩比二千石”也。【今注】城門校尉：官名。西漢武帝征和二年（前91）始置，秩二千石。掌京城長安諸城門警衛，領城門屯兵，屬官有司馬一員及十二城門候。職顯任重，每以重臣監領。《漢書·百官公卿表上》：“城門校尉掌京師城門屯兵，有司馬、十二城門候。”東漢秩比二千石。當時洛陽十二城門，唯北宫門屬衛尉，其餘十一門各設門候，隸城門校尉。多以外戚重臣領之。（參見林甘泉主編《中國歷史大辭典·秦漢史》，第308頁）本書《百官志四》：“城門校尉一人，比二千石。本注曰：掌雒陽城門十二所。司馬一人，千石。本注曰：主兵。城門每門候一人，六百石。本注曰：雒陽城十二門，其正南一門曰平城門，北宫門，屬衛尉。其餘上西門，雍門，廣陽門，津門，小苑門，開陽門，秏門，中東門，上東門，穀門，夏門，凡十二門。”

［7］【李賢注】享，當也。

［8］【今注】父後：後子，指繼承父親户主、爵位、財産的兒子。張家山漢簡《二年律令》有《置後律》，對家庭户主、財産、爵位繼承次序作了詳細規定。從律文看，繼承爵位稱爲“爵後”，繼承户主稱爲“户後”。其中關於後子繼承爵位的律文有：“疾死置後者，徹侯後子爲徹侯，其無嫡子，以孺子子、良人子。關内侯後子爲關内侯，卿後子爲公乘，五大夫後子爲官大夫，公大夫後子爲大夫，官大夫後子爲不更，大夫後子爲簪裹，不更後子爲上造，簪裹後子爲公士，其無嫡子，以下妻子、偏妻子。”〔參見彭浩、陳偉、［日］工藤元男主編《二年律令與奏讞書——張家山二四七號

漢墓出土法律文獻釋讀》，上海古籍出版社 2007 年版，第 235—241 頁〕可見一般的“父後”當指正妻所生的嫡長子。

二月己未，祠高廟，受傳國璽。[1]

［1］【今注】傳國璽：歷史上著名的一件傳國玉璽，爲皇權承襲的標志。秦代丞相李斯奉始皇帝之命，用藍田玉鐫刻而成，其方圓四寸，上紐交五龍，正面刻有李斯所書“受命于天，既壽永昌”八篆字，以作爲“皇權天授、正統合法”之信物。秦子嬰元年（前 207）冬，沛公劉邦軍灞上，子嬰跪捧玉璽獻於咸陽道左，秦亡。及高祖誅項籍，即天子位，因御服其璽，世世傳受，號曰漢傳國璽。西漢末年，外戚王莽篡權，時孺子劉嬰年幼，璽藏於長樂宫太后處。王莽遣其堂弟王舜來索，太后怒而詈之，並擲璽於地，破其一角。王莽令工匠以黄金補之。及莽兵敗被殺，璽歸更始帝劉玄。更始帝劉玄三年（25），赤眉軍殺劉玄，立劉盆子。國璽易主劉盆子。後劉盆子兵敗宜陽，將傳國璽拱手奉於東漢光武帝劉秀。

劉永立董憲爲海西王，[1]張步爲齊王。步殺光禄大夫伏隆而反。[2]

［1］【李賢注】海西，縣，屬琅邪郡。【今注】海西：縣名。治所在今江蘇灌南縣東南。

［2］【今注】光禄大夫：官名。“大夫”類職官之一。西漢武帝太初元年（前 104）改中大夫置，屬光禄勳，秩比二千石。掌論議，在大夫中地位最爲尊顯，武帝時霍光、金日磾皆曾任此職。西漢晚期，多作爲貴戚重臣的加官。無員限。東漢時，因權臣不復冠此號，漸成閑散之職，雖仍掌顧問應對，但多用以拜假賵贈之使，及監護諸國嗣喪事。（參見林甘泉主編《中國歷史大辭典・秦漢

史》，第162頁）

幸懷。遣吴漢率二將軍擊青犢於軹西，大破降之。[1]

[1]【李賢注】軹，縣，屬河内郡，故城在今洛州濟源縣東南。【今注】軹：縣名。治所在今河南濟源市東南。

三月壬寅，以大司徒司直伏湛爲大司徒。[1]

[1]【李賢注】《續漢志》曰（續，大德本作“後”）：“光武即位，依武帝故事置司徒司直，建武十一年省。”【今注】大司徒司直：官名。即丞相司直，丞相屬官，執掌佐助丞相舉不法。秩比二千石。《漢書·百官公卿表上》：“武帝元狩五年初置司直，秩比二千石，掌佐丞相舉不法。”西漢哀帝元壽二年（前1）將丞相更名大司徒，故稱丞相司直爲大司徒司直。東漢光武即位，依武帝故事，置司直居丞相府，助督録諸州事。建武十一年（35）省。 伏湛：字惠公，琅邪東武（今山東諸城市）人。傳見本書卷二六。

彭寵陷薊城，寵自立爲燕王。

帝自將征鄧奉，幸堵陽。[1]夏四月，[2]大破鄧奉於小長安，斬之。

[1]【今注】堵陽：縣名。以在堵水之陽得名。治所在今河南方城縣東。

[2]【今注】案，曹金華《後漢書稽疑》認爲“夏四月”當在“帝自將”前（第22頁）。

馮異與延岑戰於上林，破之。[1]

[1]【李賢注】関中上林苑也。【今注】上林：苑名。秦都咸陽時置，在今陕西西安市西渭水以南、終南山以北。秦惠文王時即開始興建。至秦始皇時，先後在上林苑中修建了朝宫和宏偉壯麗的阿房宫前殿，還修建了大量的離宫别館。西漢初荒廢。武帝時復加拓展，周圍擴至二百餘里。

吴漢率七將軍與劉永將蘇茂戰於廣樂，大破之。[1]虎牙大將軍蓋延圍劉永於睢陽。

[1]【李賢注】廣樂地闕，今宋州虞城縣有長樂故城，蓋避隋煬帝諱。【今注】廣樂：城名。在今河南虞城縣西北。

五月己酉，車駕還宫。

乙卯晦，[1]日有食之。[2]

[1]【今注】晦：每月最後一天。

[2]【李賢注】《續漢志》曰："日在柳十四度。柳，河南也。時樊崇謀作亂，其七月伏誅。"

六月壬戌，大赦天下。

耿弇與延岑戰於穰，大破之。[1]

[1]【李賢注】穰，縣，屬南陽郡，今鄧州縣。【今注】穰：縣名。治所在今河南鄧州市。

秋七月，征南大將軍岑彭率三將軍伐秦豐，戰於黎丘，[1]大破之，獲其將蔡宏。

[1]【今注】黎丘：地名。在今湖北宜城市西北。

庚辰，[1]詔曰："吏不滿六百石，[2]下至墨綬長、相，有罪先請。[3]男子八十以上，十歲以下，及婦人從坐者，自非不道，[4]詔所名捕，皆不得繫。[5]當驗問者即就驗。[6]女徒雇山歸家。"[7]

[1]【今注】案，曹金華《後漢書稽疑》謂，建武三年（27）七月乙酉朔，是月無"庚辰"，此謂"庚辰"誤也（第23頁）。

[2]【今注】六百石：官秩等級。秦漢中央政府所屬機構令、長及郡國長吏如郡丞、縣令、長等多爲六百石。銅印黑綬，月俸七十斛。

[3]【李賢注】《續漢志》曰："縣大者置令一人，千石；其次置長，四百石；小者三百石。侯國之相亦如之。皆掌理人，並秦制。"【今注】墨綬：銅印墨綬，一般爲秩級爲比六百石以上之吏所佩。《漢書·百官公卿表上》："凡吏秩比二千石以上，皆銀印青綬，光禄大夫無。秩比六百石以上，皆銅印黑綬，大夫、博士、御史、謁者、郎無。其僕射、御史治書尚符璽者，有印綬。比二百石以上，皆銅印黄綬。成帝陽朔二年除八百石、五百石秩。綏和元年，長、相皆黑綬。哀帝建平二年，復黄綬。"　長相：縣長與諸侯國相。　先請：秦漢司法制度，指特殊身份者（包含皇親國戚、達到一定秩級的官吏、老弱病殘等）犯罪後，官府將案件上報皇帝請示裁決的程序。有學者認爲，"先請"和"上請"不同，"先請"發生於審判前，是請示皇帝決定是否審判、如何審判，"上請"發

生於審理後、判決前，是請示皇帝如何判決（參見趙曉磊、侯欣一《漢代司法程序中的先請與上請辨析》，《江蘇社會科學》2017 年第 3 期）。以往學界認爲先請和上請是漢代出現的司法制度，今從嶽麓書院藏秦簡看，秦代即出現先請制度。秦簡中出現“請”“請之”，是在審判前請示皇帝，屬於“先請”。

［4］【今注】不道：古代重罪之一，是一個類罪名。《晉書·刑法志》：“逆節絶理，謂之不道。”大庭脩指出，“不道”指違背人倫之道的惡性犯罪，包括背離臣下之道，危害君主和國家，顛覆現行社會體制的行爲，以及殺害不辜一家三人的殘虐行爲等。“不道”是一個廣義的罪名概念，其中包括了以大逆爲首的罔上、狡猾等各種小概念。〔參見［日］大庭脩著，徐世虹等譯《秦漢法制史研究》，第 69—102 頁〕

［5］【李賢注】詔書有名而特捕者。【今注】詔所名捕：秦漢時期特殊的法律程序。指皇帝針對一些特殊的犯罪，發布詔書點名進行逮捕。一般針對性質較爲惡劣的罪犯。西北漢簡可見數份“名捕詔書”，其以“名捕”或“詔所名捕”起首，上書罪犯姓名、年齡、體貌特徵、罪行以及逃亡情況等，名捕詔書下達至罪犯可能藏身地區的官府，官府根據詔書對轄區内進行搜捕，並將搜捕結果上報。（參見高恒《秦漢簡牘中法制文書輯考》，社會科學文獻出版社 2008 年版，第 414—417 頁）　繫：拘押。

［6］【今注】驗問：秦漢司法程序。指通過訊問等調查、核實犯罪事實。　就驗：驗問中的特殊程序。指不將罪人傳喚至官府訊問，而是派出官吏前往罪人家中進行驗問，一般爲針對特殊罪人的優待措施。

［7］【李賢注】《前書音義》曰：“令甲：女子犯徒遣歸家，每月出錢雇人於山伐木，名曰雇山。”【今注】雇山：亦作顧山。刑罰名。漢代針對女子所犯徒刑的一種替代刑。指女子定罪後歸家，每月出錢雇人於山伐木以贖罪。《漢書》卷一二《平帝紀》：

"天下女徒已論，歸家，顧山錢月三百。" 如淳曰："已論者，罪已定也。令甲：女子犯罪，作如徒六月，顧山遣歸。説以爲當於山伐木，聽使入錢顧功直，故謂之顧山。" 應劭曰："舊刑鬼薪，取薪於山以給宗廟，今使女徒出錢顧薪，故曰顧山也。" 顔師古謂："謂女徒論罪已定，並放歸家，不親役之，但令一月出錢三百，以顧人也。"

蓋延拔睢陽，獲劉永，而蘇茂、周建立永子紆爲梁王。[1]

[1]【今注】周建：出身沛國周氏，梁王劉永割據自立，拜周建爲大將軍，對抗東漢光武帝劉秀的征伐。劉永死後，擁立劉永之子劉紆爲梁王，繼續對抗東漢朝廷。光武帝建武四年（28），兵敗逃亡，途中被殺。　紆：劉紆。梁郡睢陽縣（今河南省商丘市）人，梁王劉永子，被劉永屬下蘇茂、周建在垂惠聚（沛郡山桑縣）擁立爲梁王。建武四年光武帝派馬武、王霸包圍垂惠聚。劉紆派蘇茂、周建迎擊，蘇茂、周建大敗。劉紆逃到佼强守衛的西防（山陽郡）。佼强亦被漢軍杜茂打敗，劉紆依靠守衛下邳（臨淮郡）的董憲，逃到蘭陵（東海郡）。董憲乘龐萌反光武帝之際，聯合他攻打桃城（東平郡），大司馬吴漢率漢軍將他們擊敗。之後，劉紆屬下諸將，在吴漢率領的漢軍猛攻下接連敗退。建武五年八月，劉紆的郯城（東海郡）失陷，劉紆在逃跑的路上被部下兵士高扈殺死。光武帝平定梁地。

冬十月壬申，幸舂陵，祠園廟，[1]因置酒舊宅，大會故人父老。[2]十一月乙未，至自舂陵。

[1]【今注】園廟：指陵園及陵園之廟。

[2]【李賢注】光武舊宅在今隨州棗陽縣東南（曹金華《後漢書稽疑》謂“隨州”當作“隋州”）。宅南二里有白水焉，即張衡所謂“龍飛白水”也（即，大德本作“則”）。【今注】故人：舊交、老友。　父老：秦漢社會身份。學者認爲，父老、父兄，是指那些應該父事、兄事的人們。父老並不是根據中央的政治意志而設置的，而應是里中出於共同自營的需要，自行選出的有經驗者。父老負責里中祭祀、求雨、土木營造等事務。〔參見［日］守屋美都雄《父老》，載劉俊文主編《日本學者研究中國史論著選譯》（第三卷），中華書局 1993 年版，第 570 頁〕“父老”在里中發揮重要作用，成爲基層民衆的代表，故劉邦在取得天下過程中，數次與“父老”建立“約”，以利用父老的勢力，獲取民衆的支持。

涿郡太守張豐反。[1]

[1]【李賢注】涿郡故城在今幽州范陽縣。【今注】涿郡：郡名。治涿縣（今河北涿州市）。

是歲，李憲自稱天子。西州大將軍隗囂奉奏。[1]建義大將軍朱祐率祭遵與延岑戰於東陽，斬其將張成。[2]

[1]【李賢注】時鄧禹承制命囂爲西州大將軍，專制涼州、朔方事。

[2]【李賢注】東陽，聚名也，故城在今鄧州南。臨淮郡復有東陽縣，非此地也。

四年春正月甲申，大赦天下。

二月壬子，幸懷。壬申，至自懷。

遣右將軍鄧禹率二將軍與延岑戰於武當，破之。[1]

[1]【李賢注】武當，縣，屬南陽郡，有武當山，今均州縣也。【今注】右將軍：將軍名。漢朝爲重號將軍之一，與前、左、後將軍並爲上卿，位次大將軍及驃騎、車騎、衞將軍，有兵事則典掌禁兵，戍衞京師，或任征伐。平時無具體職務，一般兼任他官，常加諸吏、散騎、給事中等號，成爲中朝官，宿衞皇帝左右，參與朝政。如加領尚書事銜則負責實際政務。不常置。　武當：縣名。取武當山以爲縣名。治所在今湖北丹江口市西北。

夏四月丁巳，幸鄴。己巳，進幸臨平。[1]

[1]【李賢注】縣名，屬鉅鹿郡，故城在今定州鼓城縣東南。【今注】臨平：縣名。治所在今河北晉州市東南。

遣大司馬吴漢擊五校賊於箕山，大破之。[1]

[1]【李賢注】《吴漢傳》曰東郡箕山（箕，紹興本、大德本、殿本作“箕”）。

五月，進幸元氏。辛巳，進幸盧奴。[1]

[1]【今注】案，曹金華《後漢書稽疑》謂，“建武四年五月辛巳朔，既云‘辛巳，進幸盧奴’，不當言‘五月，進幸元氏’。《後漢紀》卷四、《御覽》卷九十引《東觀記》止云‘五月，上幸盧奴’，不及‘進幸元氏’，未詳其故”（第23頁）。

遣征虜將軍祭遵率四將軍討張豐於涿郡，斬豐。

六月辛亥，車駕還宫。

七月丁亥，幸譙。遣捕虜將軍馬武、偏將軍王霸圍劉紆於垂惠。[1]

[1]【李賢注】垂惠，聚名，在今亳州山桑縣西北，一名禮城。【今注】捕虜將軍：雜號將軍名。東漢初置，統兵出征。後省。 王霸：字元伯，潁川潁陽（今河南許昌市）人。雲臺二十八將之一。傳見本書卷二〇。 垂惠：聚落名。在今安徽蒙城縣西北。

董憲將賁休以蘭陵城降，憲圍之。[1]虎牙大將軍蓋延率平狄將軍龐萌救賁休，[2]不克，[3]蘭陵爲憲所陷。

[1]【李賢注】《前書》曰賁赫。賁音肥，今姓作賁，音奔（中華本據《刊誤》改爲“今姓作奔音”）。蘭陵，縣，屬東海郡，故城在今沂州丞縣東。【今注】蘭陵：縣名。治所在今山東蘭陵縣西南。

[2]【今注】案，延，紹興本、大德本作“廷”。 平狄將軍：雜號將軍名。東漢置，掌征伐。後世也有沿置者。 龐萌：山陽（今山東巨野縣）人。傳見本書卷一二。

[3]【今注】克：戰勝。

秋八月戊午，進幸壽春。[1]

[1]【李賢注】今壽州縣。【今注】壽春：縣名。亦名壽春邑。爲九江郡治所。治所在今安徽壽縣。

太中大夫徐惲擅殺臨淮太守劉度，惲坐誅。[1]

[1]【今注】擅殺：未經批準而擅自誅殺。擅，秦漢法律術語，一般指越權行爲。　臨淮：郡名。治徐縣（今江蘇泗洪縣）。

遣揚武將軍馬成率三將軍伐李憲。九月，圍憲於舒。[1]

[1]【李賢注】縣名，故城在今廬州廬江縣西。【今注】舒：縣名。爲廬江郡治。治所在今安徽廬江縣西南。

冬十月甲寅，車駕還宫。

太傅卓茂薨。

十一月丙申，幸宛。遣建義大將軍朱祐率二將軍圍秦豐於黎丘。十二月丙寅，進幸黎丘。

是歲，征西大將軍馮異與公孫述將程焉戰於陳倉，[1]破之。

[1]【今注】陳倉：縣名。治所在今陝西寶雞市東。

五年春正月癸巳，車駕還宫。

二月丙午，大赦天下。

捕虜將軍馬武、偏將軍王霸拔垂惠。

乙丑，幸魏郡。[1]

[1]【李賢注】今相州也。【今注】魏郡：治鄴縣（今河北臨

漳縣西南)。

壬申，封殷後孔安爲殷紹嘉公。[1]

[1]【李賢注】成帝封孔吉爲殷紹嘉公（成，大德本、殿本作“武”），安即吉之裔也。【今注】孔安：孔子十七代孫，孔弘之子。東漢建武五年（29），光武帝封孔安爲殷紹嘉公，建武十三年，改封孔安爲宋公，爲東漢的賓，位在三公之上。 殷紹嘉公：漢代封孔子後代的爵位，用以奉承殷嗣，祭祀商湯，屬於二王三恪。西漢成帝綏和元年（前8）封孔子十四代孫孔吉爲殷紹嘉侯、殷紹嘉公，孔吉子孔何齊繼封爲殷紹嘉侯、殷紹嘉公、宋公，後王莽封孔何齊子孔弘爲宋公、章昭侯，東漢光武帝亦封孔弘子孔安爲殷紹嘉公、宋公。

彭寵爲其蒼頭所殺，漁陽平。[1]

[1]【李賢注】秦呼人爲黔首。謂奴爲蒼頭者，以别於良人也。【今注】蒼頭：秦漢對奴隸、奴僕的一種稱謂。《漢書》卷七二《鮑宣傳》：“使奴從賓客漿酒霍肉，蒼頭廬兒皆用致富。”顔師古注引孟康曰：“黎民、黔首，黎、黔皆黑也。下民陰類，故以黑爲號。漢名奴爲蒼頭，非純黑，以别於良人也。”學者認爲，漢代的“蒼頭”主要指非生産性的男奴。“蒼”的含義是青色，由於古代卑賤者不能戴冠，衹能戴青色的幘巾，故稱其爲“蒼頭”。另“蒼頭”亦指一種軍隊，學者或認爲指奴隸組成的軍隊，或認爲指軍隊士兵頭包青巾作爲標志，與奴隸“蒼頭”無關。（參見李新達《關於秦漢的“蒼頭”問題》，《文史哲》1978年第2期）

大司馬吴漢率建威大將軍耿弇擊富平、獲索賊於平原，大破降之。[1]復遣耿弇率二將軍討張步。

[1]【李賢注】平原，郡，今德州縣也。【今注】平原：郡名。治平原縣（今山東平原縣南）。

三月癸未，徙廣陽王良爲趙王，始就國。

平狄將軍龐萌反，殺楚郡太守孫萌而東附董憲。[1]

[1]【今注】案，曹金華《後漢書稽疑》謂，此載於三月，《後漢紀》卷五作“夏四月”，與此不同（第24頁）。

遣征南大將軍岑彭率二將軍伐田戎於津鄉，大破之。[1]

[1]【李賢注】南郡有津鄉，故城在今荆州江陵縣東。【今注】津鄉：鄉名。在今湖北荆州市西北荆州區故江陵縣城東。

夏四月，旱，蝗。

河西大將軍竇融始遣使貢獻。[1]

[1]【今注】河西大將軍：雜號將軍名。凡將軍皆掌征伐。竇融：字周公，扶風平陵（今陝西咸陽市）人。傳見本書卷二三。貢獻：進貢。

五月丙子，詔曰：“久旱傷麥，秋種未下，朕甚憂之。將殘吏未勝，獄多冤結，[1]元元愁恨，感動天氣乎？其令中都官、三輔、郡、國出繫囚，[2]罪非犯殊死一切勿案，[3]見徒免爲庶人。[4]務進柔良，[5]退貪酷，各正厥事焉。”[6]

［1］【今注】冤結：冤屈。

［2］【李賢注】《前書音義》曰：“中都官謂京師諸官府也。國謂諸侯王國也。”【今注】中都官：官署合稱。《漢書》卷八《宣帝紀》顔師古注：“中都官，謂在京師諸官也。”宋傑認爲，中都官即在京的中央機構，具體指朝廷列卿所屬的諸官署。中都官附設監獄，稱“中都官獄”。西漢國内的行政組織基本上分爲三大系統，即中都官、三輔和郡國，代表中央各官署、首都特别行政區和地方行政部門。它們各有自己的司法機構，分别管轄屬下的監獄和囚犯，而中都官獄“或是泛指中央機構囚禁犯人的各種監獄，或是代表武帝以降設立的二十六所兼有司法審判職能的‘詔獄’”。（參見宋傑《西漢的中都官獄》，載《漢代監獄制度研究》，中華書局2013年版，第60—97頁）

［3］【李賢注】殊死謂斬刑。殊，絶也。《左傳》曰：“斬其木而弗殊。”一切謂權時，非久制也。並見《前書音義》。【今注】殊死：漢代一類嚴重死罪的統稱。以往學者將“殊死”之“殊”理解爲絶、斷，將“殊死”理解爲一種行刑方式，即斬首。今學者指出，“殊死”之“殊”不應訓爲“斷”，而應訓爲“絶”和“異”，具有“區别”和“特殊”的含義。“殊死”常與一般的“死罪”區别，既是刑名也是罪名，指謀反、大逆等特殊、尤重的死罪，其處決方式主要是腰斬、梟首等，平常很少被赦除，並連坐父母妻子。（參見宋傑《漢代“棄市”與“殊死”辨析》，《中國史研究》2015年第3期）

［4］【今注】見徒：見通現，見徒即現有、現存的刑徒。

［5］【今注】柔良：柔順良善。

[6]【李賢注】臣賢案：范曄《序例》云“帝紀略依《春秋》，唯孛彗、日食、地震書，餘悉備於志”。流俗本於此下多有“甲申，白虹見，南北竟天”者，誤。它皆放此（放，殿本作“倣”）。【今注】厥：其。

六月，建義大將軍朱祐拔黎丘，獲秦豐；而龐萌、蘇茂圍桃城。[1]帝時幸蒙，[2]因自將征之。先理兵任城，[3]乃進救桃城，大破萌等。

[1]【李賢注】任城國有桃聚，故城在今兗州任城縣北。

[2]【李賢注】縣名，屬梁國，故城在今宋州北。【今注】蒙：縣名。治所在今河南商丘市北。

[3]【今注】任城：縣名。治所在今山東濟寧市東南。

秋七月丁丑，幸沛，祠高原廟。[1]詔修復西京園陵。進幸湖陵，征董憲。[2]又幸蕃，[3]遂攻董憲於昌慮，大破之。[4]

[1]【李賢注】《前書音義》曰：“原，再也。”謂已立廟，更立者爲原。【今注】高原廟：原廟指在正廟以外另立的宗廟。漢代除於京師立有漢高祖的宗廟外，亦於沛復立一座高祖的宗廟，稱高祖原廟或高原廟。《史記》卷八《高祖本紀》：“及孝惠五年，思高祖之悲樂沛，以沛宫爲高祖原廟。”裴駰《集解》：“謂‘原’者，再也。先既已立廟，今又再立，故謂之原廟。”

[2]【李賢注】湖陵，縣，屬山陽郡，故城在今兗州方與縣東，一名湖陸。【今注】湖陵：縣名。治所在今山東魚臺縣東南。

[3]【李賢注】縣名，屬魯國，故城在今徐州滕縣。蕃音皮。

【今注】蕃：縣名。治所在今山東滕州市。

［4］【李賢注】昌慮，縣，屬東海郡，故城在今徐州滕縣東南。古邾國之濫邑也。《左傳》曰“邾庶其以濫來奔”，即此地（地，大德本、殿本作“也”）。【今注】昌慮：縣名。治所在今山東滕州市東南。

八月己酉，進幸郯，[1]留吴漢攻劉紆、董憲等，車駕轉徇彭城、下邳。[2]吴漢拔郯，獲劉紆，漢進圍董憲、龐萌於朐。[3]

［1］【李賢注】縣名，屬東海郡，故城在今泗州下邳縣東北。郯音談。【今注】郯：縣名。爲東海郡治。治所在今山東郯城縣西。

［2］【今注】彭城：縣名。爲楚國治。治所在今江蘇徐州市。下邳：縣名。治所在今江蘇邳州市南。

［3］【李賢注】縣名，屬東海郡，故城在今海州朐山縣西。音其于反。【今注】朐：縣名。治所在今江蘇連雲港市西南。

冬十月，還，幸魯，使大司空祠孔子。

耿弇等與張步戰於臨淄，大破之。[1]帝幸臨淄，進幸劇。[2]張步斬蘇茂以降，齊地平。

［1］【李賢注】臨淄，今青州縣。【今注】臨淄：縣名。爲齊郡治。治所在今山東淄博市東。

［2］【李賢注】縣名，故城在今青州屬光縣南（屬，紹興本、大德本、殿本作“壽”），故紀國城也。【今注】劇：縣名。爲菑川國治。治所在今山東壽光市南。

初起太學。[1]車駕還宮，幸太學，賜博士弟子各有差。

[1]【李賢注】陸機《洛陽記》曰："太學在洛陽城故開陽門外，去宮八里，講堂長十丈，廣三丈。"【今注】案，起，大德本作"幸"。　太學：中國古代國立最高學府。商代甲骨文即記載"大學"，西周亦有"大學"，是爲後世太學之濫觴。西漢武帝時采納董仲舒建議設立太學。王莽時太學零落。建武五年（29）十月，光武帝起營太學，訪雅儒，采求經典闕文，四方學士雲會京師洛陽，於是立五經博士。太學與郊兆、明堂、辟雍等均位於東漢洛陽城南郊。

十一月壬寅，大司徒伏湛免，尚書令侯霸爲大司徒。[1]

[1]【今注】尚書令：官名。秦、西漢爲尚書署長官，掌收發文書，隸屬少府。初秩六百石，西漢武帝以後，職權稍重，爲宮廷機要官員，掌傳達記録詔命章奏，並有權審閲宣讀裁決章奏，升秩千石。常以中朝官領、平、視尚書事，居其上。東漢爲尚書臺長官，兼具宮官、朝官職能，掌決策出令、綜理政務，秩位雖低，實際上總領朝政，無所不統。名義上仍隸少府。朝會時，與御史中丞、司隸校尉皆專席坐，時號"三獨坐"。其上常置録尚書事，以太傅、太尉、大將軍等重臣兼領。〔參見吕宗力主編《中國歷代官制大辭典》（修訂版），第522頁〕　侯霸：字君房，河南密（今河南新密市東南）人。傳見本書卷二六。

十二月，盧芳自稱天子於九原。[1]

[1]【李賢注】縣名，屬五原郡，故城在今勝州銀城縣（城，紹興本作“成”）。【今注】九原：縣名。爲五原郡治。治所在今内蒙古包頭市西。

西州大將軍隗囂遣子恂入侍。

交阯牧鄧讓率七郡太守遣使奉貢。[1]

[1]【李賢注】交阯，郡，今交州縣也。南濱大海。《輿地志》云：“其夷足大指開析，兩足並立，指則相交。”阯與趾同，古字通。應劭《漢官儀》曰：“始開北方，遂交於南，爲子孫基阯也。”七郡謂南海、蒼梧、鬱林、合浦、交阯、九真、日南，並屬交州，見《續漢書》。【今注】交阯：州名。亦作交趾。西漢武帝所置十三州部之一。治所在蒼梧郡廣信縣（今廣西梧州市）。轄蒼梧、南海、鬱林、合浦、交趾、九真、日南七郡五十六縣，相當今兩廣大部和越南的北部、中部。

詔復濟陽二年傜役。[1]

[1]【李賢注】濟陽，縣，故城在今曹州冤句縣西南。星考南頓君初爲濟陽令（星，紹興本、大德本、殿本作“皇”，底本誤），以哀帝建平元年帝生於濟陽宫，故復之。《前書音義》曰：“復謂除其賦役也。復音福。”【今注】復：免除徭役。　濟陽：縣名。治所在今河南蘭考縣東北。

是歲，野穀漸少，田畝益廣焉。[1]

[1]【今注】益：增加。

後漢書　卷一下

帝紀第一下

光武皇帝

六年春正月丙辰，改春陵鄉爲章陵縣。[1]世世復傜役，比豐、沛，[2]無有所豫。[3]

[1]【今注】章陵：縣名。東漢光武帝建武六年（30）改春陵侯國置。治所在今湖北棗陽市南。

[2]【今注】豐：縣名。治所在今江蘇豐縣。

[3]【李賢注】高祖豐沛邑人（王先謙《後漢書集解》引齊召南曰："按應作'沛豐邑人'，高祖乃沛縣之豐邑人，及即位後始置豐縣，與沛縣並言豐沛也"），故代代復，今比之也。復音福。【今注】豫：通"與"。參與。《漢書》卷一下《高帝紀下》："且朕自沛公以誅暴逆，遂有天下，其以沛爲朕湯沐邑，復其民，世世無有所與。"顏師古注："與讀曰豫。""無有所與"指不參與傜役。

辛酉，詔曰："往歲水旱蝗蟲爲災，穀價騰躍，[1]

人用困乏。[2]朕惟百姓無以自贍，[3]惻然愍之。[4]其命郡國有穀者，給稟[5]高年、鰥、寡、孤、獨及篤癃、無家屬貧不能自存者，如《律》。[6]二千石勉加循撫，無令失職。"[7]

[1]【李賢注】言踴貴也。【今注】騰躍：漲價。

[2]【今注】用：財用、費用。

[3]【今注】贍：供給。《説文》："贍，給也。"

[4]【今注】惻然：悲傷的樣子。

[5]【李賢注】《説文》："稟，賜穀也。"音筆錦反。

[6]【李賢注】《大戴禮》曰："六十無妻曰鰥，五十無夫曰寡。"《禮記》曰："幼而無父曰孤，老而無子曰獨。"《爾雅》曰："篤，困也。"《蒼頡篇》曰："癃（大德本作'瘽'），病也。"《漢律》今亡。【今注】高年：年紀大的人。　案，癃，大德本、殿本作"癃"。　家屬：家中成員。　又案，關於漢代社會救濟研究，可參見林興龍《漢代社會救濟問題研究》，厦門大學出版社2017年版。

[7]【李賢注】職猶常也。【今注】無：通"毋"。

揚武將軍馬成等拔舒，[1]獲李憲。

[1]【今注】馬成：字君遷，南陽棘陽（今河南新野縣東北）人。雲臺二十八將之一。傳見本書卷二二。

二月，大司馬吴漢拔朐，獲董憲、龐萌，山東悉平。諸將還京師，[1]置酒賞賜。

[1]【今注】京師：國都。蔡邕《獨斷》卷上："天子所都曰京師。"

三月，公孫述遣將任滿寇南郡。[1]

[1]【李賢注】今荊州也。【今注】任滿：公孫述部將。東漢光武帝建武九年（33）三月，公孫述遣將田戎和任滿占據荊門。建武十一年岑彭率軍與任滿戰於荊門，大破之。公孫述部將王政斬滿首，降於彭。　南郡：治江陵縣（今湖北荊州市荊州城西北）。

夏四月丙子，幸長安，始謁高廟，遂有事十一陵。[1]

[1]【李賢注】有事謂祭也（祭，紹興本、大德本、殿本作"祭"）。《左傳》曰："有事於太廟。"高祖長陵，惠帝安陵，文帝霸陵，景帝陽陵，武帝茂陵，昭帝平陵，宣帝杜陵，元帝渭陵，成帝延陵，哀帝義陵，平帝康陵。

遣虎牙大將軍蓋延等七將軍從隴道伐公孫述。[1]

[1]【今注】隴道：隴即隴山，位於今陝西、甘肅交界處，隴道當即隴山中的道路。

五月己未，至自長安。

隗囂反，蓋延等因與囂戰於隴阺，[1]諸將敗績。

[1]【今注】隴阺：山名。亦作隴坻，又稱隴阪、隴山、隴

首。即今陝西寶雞、隴縣與甘肅清水、張家川諸縣間的隴山，爲關中西部險要。

辛丑，[1]詔曰："惟天水、隴西、安定、北地[2]吏人爲隗囂所詿誤者，[3]又三輔遭難赤眉，有犯法不道者，[4]自殊死以下，皆赦除之。"

[1]【今注】案，曹金華《後漢書稽疑》謂，"建武六年五月己亥朔，'己未'二十一日，'辛丑'爲初三，'辛丑'不當在'己未'之後。'己未'不誤，'辛丑'當爲'辛酉'或'乙丑'之訛"（中華書局2014年版，第27頁）。

[2]【李賢注】並郡名。天水今秦州，安定今涇州，北地今寧州，隴西今渭州。【今注】天水：郡名。治平襄縣（今甘肅通渭縣西）。　隴西：郡名。治狄道縣（今甘肅臨洮縣）。以在隴山之西而得名。　北地：郡名。治馬領縣（今甘肅慶陽市西北）。

[3]【李賢注】《説文》曰："詿亦誤也。"音古賣反。【今注】詿：欺騙。

[4]【李賢注】《前書音義》曰："律：殺不辜一家三人爲不道。"

六月辛卯，詔曰："夫張官置吏，所以爲人也。[1]今百姓遭難，户口耗少，[2]而縣官吏職所置尚繁，其令司隸、州牧[3]各實所部，[4]省減吏員。縣國不足置長吏可并合者，[5]上大司徒、大司空二府。"於是條奏并省四百餘縣，吏職減損，十置其一。

[1]【李賢注】《管子》曰："張官置吏，所以奉主之法。"

【今注】案，王先謙《後漢書集解》引惠棟曰："《白虎通》：列土爲疆，非爲諸侯，張官設府，非爲卿大夫，皆爲民也。"

［2］【今注】秏：減少。

［3］【李賢注】《漢官儀》曰（官，紹興本作"宫"，誤）："司隸校尉部河南、河内、右扶風、左馮翊、京兆、河東、弘農七司於河南洛陽（司，紹興本、大德本、殿本作'郡'），故謂東京爲'司隸'。"【今注】司隸：司隸校尉的省稱，官名。主管京畿地區的監察，轄河南、河内、右扶風、左馮翊、京兆、河東、弘農七郡，與部刺史（州牧）並列。

［4］【今注】實：核實。王先謙《後漢書集解》引《通鑑》胡注："所部郡縣各考覈其實也。"引惠棟曰："應劭、皇甫謐皆言，王莽篡位，續以更始、赤眉之亂，邊陲蕭條，障塞破壞，光武中興，海内人民十有二存，或空置太守令長。故令司隸、州牧，各實所部，爲裁省郡國張本。"

［5］【李賢注】升音必故反（升，紹興本、大德本、殿本作"并"，底本誤；故，紹興本、大德本、殿本作"政"，底本誤）。

代郡太守劉興擊盧芳將賈覽於高柳，戰歿。[1]

［1］【李賢注】高柳，縣，屬代郡，故城在今雲州定襄縣。【今注】代郡：治高柳縣（今山西陽高縣）。　高柳：縣名。爲代郡治，治所在今山西陽高縣。

初，樂浪人王調據郡不服。[1]秋，遣樂浪太守王遵擊之，[2]郡吏殺調降。

［1］【李賢注】樂浪，郡，故朝鮮國也，在遼東。【今注】樂浪：郡名。治朝鮮縣（今朝鮮平壤市南）。

[2]【今注】王遵：字子春，京兆霸陵（今陝西西安市東北）人。從隗囂起兵，爲大將軍，常有歸漢意。後應來歙招歸光武帝，拜太中大夫，封向義侯。

遣前將軍李通率二將軍，與公孫述將戰於西城，破之。[1]

[1]【李賢注】西城，縣，屬漢二（二，紹興本、大德本、殿本作“中”，底本誤），今金州縣也。【今注】西城：縣名。治所在今陝西安康市西北。

夏，蝗。

秋九月庚子，赦樂浪謀反大逆殊死已下。

丙寅晦，日有食之。

冬十月丁丑，詔曰：“吾德薄不明，寇賊爲害，彊弱相陵，[1]元元失所。《詩》云：‘日月告凶，不用其行。’[2]永念厥各，[3]内疚於心。[4]其敕公卿舉賢良、方正各一人；[5]百僚並上封事，無有隱諱；[6]有司修職，務遵法度。”

[1]【今注】陵：侵犯。

[2]【李賢注】《詩·水雅》鄭玄注云（水，紹興本、大德本、殿本作“小”，是）：“告凶，告天下凶亡之徵也。行，道度也。不用之者，謂相干犯。”【今注】案，“日月告凶，不用其行”，出自《詩·小雅·十月之交》。

[3]【今注】永念厥各：各，紹興本、大德本、殿本作“咎”，是。永念厥咎，意爲長久反思自己的過失。

［4］【李賢注】疚，病也。《詩》曰："憂心孔疚。"

［5］【李賢注】武帝建元元年，始詔舉賢良方正、直言極諫之士也。【今注】賢良方正：漢代察舉科目之一，賢良指有德之士，方正指正直之士。舉賢良方正，始於文帝二年（前 178），自此以後，兩漢諸帝大都頒布過察舉賢良方正的詔令。諸侯王、公卿、郡守均得依詔令察舉。賢良方正常連言直言極諫，其目的主要是廣開直言之路。漢代詔舉賢良方正多在發生災異之後。（參見安作璋、熊鐵基《秦漢官制史稿》，齊魯書社 2007 年版，第 809 頁）

［6］【李賢注】宣帝始令群臣得奏封事，以知下情。【今注】百僚：百官。　封事：上呈皇帝的秘密奏章。漢代的普通奏章，先經尚書之文書作業，再送呈皇帝。封事則直接上呈皇帝，由皇帝本人或皇帝所指定的人開閱。（參見廖伯源《漢"封事"雜考》，載《秦漢史論叢》，中華書局 2008 年版，第 195 頁）

十一月丁卯，[1]詔王莽時吏人没入爲奴婢不應舊法者，[2]皆免爲庶人。

［1］【今注】案，曹金華《後漢書稽疑》謂，據《二十史朔閏表》，建武六年（30）十一月丙申朔，十二月丙寅朔，"丁卯"十二月初二，其作"十一月丁卯"誤矣（第 28 頁）。

［2］【今注】没入：没收人口、財物等入官。

十二月壬辰，大司空宋弘免。

癸巳，詔曰："頃者師旅未解，用度不足，故行十一之税。[1]今軍士屯田，糧儲差積。[2]其令郡國收見田租三十税一，如舊制。"[3]

[1]【李賢注】謂十分而説其一也（説，紹興本、大德本、殿本作“税”，是)。《孟子》曰：“夏五十而貢，殷七十而助，周百畝而徹，其實皆什一也。”【今注】十一之税：漢代税制之一，即收取畝産量的十分之一。十，大德本、殿本作“什”。

[2]【李賢注】武帝初通西域，始置校尉屯田。【今注】屯田：爲取得軍隊給養或税糧，由政府利用戍卒等墾殖荒地，並直接經營土地的一種農業集體耕作制度。　差：比較、略微。

[3]【李賢注】景帝二年（二年，曹金華《後漢書稽疑》認爲當作“三年”)，令人田租三十而税一，今依景帝（今，大德本作“令”)，故云“舊制”。【今注】見：通“現”。現存、現有。

隗囂遣將行巡寇扶風，[1]征西大將軍馮異拒破之。

[1]【李賢注】行，姓；巡，名。漢有行祐，爲趙相，見《風谷通》（谷，紹興本、大德本、殿本作“俗”，是)。【今注】扶風：右扶風。西漢在京畿地區設置的政區，爲三輔之一。武帝太初元年（前104）改主爵都尉置，分右内史西半部爲轄區，因地屬畿輔，故不稱郡。治長安縣（今陝西西安市西北)。東漢沿置，移治槐里縣（今陝西興平市東南)。

是歲，初罷郡國都尉官。[1]始遣列侯就國。匈奴遣使來獻，[2]使中郎將報命。[3]

[1]【今注】案，中華本校勘記謂，《刊誤》謂郡有都尉，國有中尉，此但罷郡都尉，不當有“國”字。

[2]【今注】匈奴：古代北方民族。又稱“胡”。戰國時期，

分布於秦、趙、燕（西部）三國之北，三國皆築長城以拒之。秦始皇命蒙恬北征匈奴，取“河南”（今内蒙古鄂爾多斯市）地。秦漢之際，匈奴冒頓單于統一各部，建立了橫跨大漠南北的匈奴國家。與西漢和親後，相約以長城爲界。其統治中心單于庭，在今陰山地區。西漢武帝時，多次與匈奴戰争，匈奴統治中心移入蒙古國，“漠南無王庭”。宣帝時，匈奴内亂，“五單于争立”，呼韓邪單于臣服於漢朝，戰勝了對立勢力。東漢光武帝時，匈奴分裂爲二：南下歸附漢朝者稱南匈奴，入居漢沿邊北地、朔方、五原、西河、雲中、定襄、雁門、代諸郡，主要在今内蒙古黄河南北之地，單于庭在美稷縣（今内蒙古准格爾旗西北）。留在漠北者稱北匈奴，單于庭仍在燕然山（今蒙古國杭愛山）地區。詳見《漢書》卷九四《匈奴傳》和本書卷八九《南匈奴傳》。

[3]【李賢注】《漢官儀》曰：“使匈奴中郎將，擁節，秩比二千石。”《匈奴傳》云：“令中郎將韓統報命，賂遺金幣。”【今注】中郎將：官名。秦和西漢本爲中郎長官，秩比二千石，隸屬郎中令（光禄勳）。職掌宫禁宿衛，隨行護駕，亦常奉詔出使，職位清要。後又設五官、左、右中郎將分領中郎、常侍侍郎、謁者。期門（虎賁）、羽林郎等亦專設中郎將統領。東漢以後，中郎將的名號被割據勢力廣泛加於武官，成爲一個大致介於將軍和校尉之間的階層，統兵將領亦多用此名，其上再加稱號，如使匈奴中郎將等。

七年春正月丙申，詔中都官、三輔、郡、國出繫囚，[1]非犯殊死，皆一切勿案其罪。見徒免爲庶民。耐罪亡命，吏以文除之。[2]

[1]【今注】繫囚：羈押的囚犯。一般指臨時羈押，尚未經正式審判而確定罪名和刑罰的囚犯。

[2]【李賢注】耐，輕刑之名。《前書音義》曰：“一歲刑爲

罰作，二歲刑已十爲刑（十，紹興本、大德本、殿本作‘上’，是。第二個‘刑’，紹興本、大德本、殿本作‘耐’，是）。”耐音乃代反。亡命謂犯耐罪而背名逃者。令吏爲文傳（傳，紹興本、大德本、殿本作“簿”，是），記其姓名而除其罪，恐遂逃不歸，因失名籍。【今注】耐：又作“耏”，刑罰名。指保留頭髮，剃去鬢鬚。《説文》：“耏，罪不至髡也。”段玉裁注：“耐之罪輕于髡。髡者，剃髮也。不剃其髮，僅去鬚鬢。是曰耐，亦曰完。謂之完者，言完其髮也。”《漢書》卷一下《高帝紀下》顔師古注引應劭曰：“輕罪不至於髡，完其耏鬢，故曰耏。”秦漢並無獨立使用的耐刑，耐與司寇、隸臣妾、鬼薪白粲等徒刑結合（參見韓樹峰《耐刑、徒刑關係考》，《史學月刊》2007年第2期）。　亡命：指已確定罪而逃亡的罪犯〔參見［日］保科季子《亡命小考——兼論秦漢的確定罪名手續“命”》，《簡帛》第3輯，上海古籍出版社2008年版〕。

又詔曰：“世以厚葬爲德，薄終爲鄙，[1]至于富者奢僭，[2]貧者單財，[3]法令不能禁，禮義不能止，倉卒乃知其咎。[4]其布告天下，令知忠臣、孝子、慈兄、悌弟薄葬送終之義。”

［1］【今注】鄙：吝嗇。

［2］【今注】奢僭：奢侈逾禮，不合法度。

［3］【李賢注】單，盡也。

［4］【李賢注】倉卒謂喪亂也。諸厚葬者皆被發掘，故乃知其咎（大德本、殿本無“咎”字）。咎，惡也。

二月辛巳，罷護漕都尉官。[1]

[1]【今注】護漕都尉：官名。西漢置，掌護漕運，不常置。西漢轉漕關東粟以給京師，一歲多至六百萬石，用卒數萬人，因置護漕都尉督運。漕，大德本、殿本作“曹”。

三月丁酉，詔曰：“今國有衆軍，並多精勇，宜且罷輕車、騎士、材官、樓船士及軍假吏，[1]令還復民伍。”[2]

[1]【李賢注】《漢官儀》曰：“高祖命天下郡國選能引關蹶張，材力武猛者，以爲輕車、騎士、材官、樓船，常以立秋後講肄課試（大德本無‘立’字。肄，大德本作‘隸’，殿本作‘肆’），各有員數。平地用車騎，山阻用材官，水泉用樓船。”軍假吏謂軍中權置吏也。今悉罷之。【今注】輕車：兵種名。指車兵。　騎士：兵種名。即騎兵。　材官：兵種名。山地或少馬地方的步兵。　樓船：兵種名。指水軍。　假吏：臨時代理職務的官吏。

[2]【今注】還復民伍：指回歸普通民衆。

公孫述立隗囂爲朔寧王。

癸亥晦，日有食之，避正殿，[1]侵兵，[2]不聽事五日。[3]詔曰：“吾德薄致災，謫見日月，[4]戰慄恐懼，夫何言哉！今方念愆，[5]庶消厥咎。[6]其令有司各修職任，奉遵法度，惠兹元元。[7]百僚各上封事，無有所諱。其上書者，不得言聖。”

[1]【今注】避正殿：正殿是位置居中的主殿。國家有災異急難之事，帝王避正殿，以自我貶責，意在消災彌難。

［2］【今注】侵：紹興本作“寖”，大德本、殿本作“寑”。寑，停止、平息。

［3］【今注】聽事：處理政事。

［4］【李賢注】譴，責也。音直革反。《左傳》曰：“人君爲政不用善，自取譴於日月之災也（譴，紹興本、大德本、殿本作‘謫’）。”

［5］【今注】愆：過失。《説文》：“愆，過也。”

［6］【今注】庶：但願，或許。

［7］【今注】兹：此。

夏四月壬午，詔曰：“比陰陽錯謬，日月薄食。[1]百姓有過，在予一人，[2]大赦天下。公、卿、司隸、州牧舉賢良、方正各一人，遣詣公車，朕將覽試焉。”[3]

［1］【今注】比：近來。　日月薄食：指日月交會相掩。又作“薄蝕”。《吕氏春秋·明理》“其月有薄蝕”高誘注：“薄，迫也。日月激會相掩，名爲薄蝕。”《漢書·天文志》：“彗孛飛流，日月薄食。”孟康曰：“日月無光曰薄。京房《易傳》曰日月赤黄爲薄。或曰不交而食曰薄。”韋昭曰：“氣往迫之爲薄，虧毁曰食也。”

［2］【今注】百姓有過在予一人：《論語·堯曰》：“朕躬有罪，無以萬方；萬方有罪，罪在朕躬。周有大賚，善人是富。雖有周親，不如仁人。百姓有過，在予一人。”

［3］【李賢注】公車，門名。公車所在，因以名焉。《漢官儀》曰：“公車掌殿言馬門（言，紹興本、大德本、殿本作‘司’，是），天下上事公及召皆總領之（紹興本、大德本、殿本無‘公’字且‘召’前有‘徵’字）。”【今注】公車：官署名。公車司馬之省稱，以令主之，屬衛尉。掌管宫中司馬門警衛，並接待臣民上書及徵召。本書《百官志二》：“公車司馬令一人，六百

石。本注曰：掌宫南闕門，凡吏民上章，四方貢獻，及徵詣公車者。”

五月戊戌，前將軍李通爲大司空。

甲寅，詔吏人遭饑亂及爲青、徐賊所略爲奴婢下妻，欲去留者，恣聽之。[1]敢拘制不還，以賣人法從事。[2]

[1]【李賢注】杜預《左傳》云（中華本在“杜預”後補“注”字）：“不以道取爲略。”【今注】略：搶劫，奪取。《方言》：“略，强取也。” 下妻：秦漢“妻”之一種，猶言“小妻”。《漢書》卷九九中《王莽傳中》：“今月癸酉，不知何一男子遮臣建車前，自稱：‘漢氏劉子輿，成帝下妻子也。劉氏當復，趣空宫。’收繫男子，即常安姓武字仲。”顔師古注：“下妻猶言小妻。”張家山漢簡《二年律令·置後律》：“其毋（無）適（嫡）子，以下妻子、偏妻子。”〔張家山二四七號漢墓竹簡整理小組：《張家山漢墓竹簡［二四七號墓］（釋文修訂本）》，文物出版社 2006 年版，第 59 頁〕里耶秦簡户籍簡中登記有“下妻”，在户籍欄中位於户主之下，與“妻”的地位接近，是家中正式成員。其之所以稱爲“下”妻，可能是因出身低微。 恣聽：聽任。

[2]【李賢注】言從賣人之事以結其罪。【今注】以賣人法從事：按照賣人的相關法條論處。張家山漢簡《二年律令》：“强略人以爲妻及助者，斬左趾以爲城旦。”又：“知人略賣人而與賈，與同罪。不當賣而和爲人賣，賣者皆黥爲城旦舂；買者知其情，與同罪。”〔參見彭浩、陳偉、［日］工藤元男主編《二年律令與奏讞書——張家山漢簡二四七號漢墓出土法律文獻釋讀》，上海古籍出版社 2007 年版，第 117、167 頁〕賣人法當指此類法條。王先謙《後漢書集解》引惠棟曰：“《盜律》云：略人、略賣人、和賣和買

人爲奴婢者死。陳群《新律》序曰：《盜律》有和賣買人。案此則漢律盜篇有賣人之條。前二年詔曰：敢拘執論如律。所謂律者，即賣人法也。"

是夏，連雨水。

漢忠將軍王常爲横野大將軍。[1]

[1]【今注】漢忠將軍：雜號將軍名。掌征伐。　横野大將軍：雜號將軍名。掌征伐。

八月丁亥，封前河間王邵爲河間王。[1]

[1]【今注】河間：國名。治樂成縣（今河北獻縣東南）。

隗囂寇安定，征西大將軍馮異、征虜將軍祭遵擊却之。

冬，盧芳所置朔方太守田颯、[1]雲中太守喬扈各舉郡降。[2]

[1]【李賢注】音立。【今注】朔方：郡名。西漢治朔方縣（今内蒙古杭錦旗東北），東漢治臨戎縣（今内蒙古磴口縣北）。案，王先謙《後漢書集解》引惠棟曰："颯後爲漁陽太守，見《斥彰長田君碑》。"

[2]【今注】雲中：郡名。治雲中縣（今内蒙古托克托縣東北）。

是歲，省長水、射聲二校尉官。[1]

[1]【李賢注】《前書音義》曰："長水，地名，胡騎所屯。射聲謂工射者也（殿本無'也'字），夜中聞聲則射之，因以爲名。"二校尉皆武帝置，今省之。【今注】長水：長水校尉。官名。西漢武帝初置，爲北軍八校尉之一，秩二千石，位次列卿，屬官有丞、司馬等。領長水宣曲胡騎，屯戍京師，兼任征伐。東漢光武帝建武七年（31）省，十五年復置，爲北軍五校尉之一，秩比二千石，隸北軍中候。掌宿衛禁兵，下設司馬、胡騎司馬各一員。舊有胡騎校尉，亦省併長水。當時五校尉所掌北軍五營爲京師主要的常備禁軍，故地位親要，官顯職閑，府寺寬敞，輿服光麗，伎巧畢給，多以宗室外戚近臣充任。〔參見吕宗力主編《中國歷代官制大辭典》（修訂版），商務印書館 2015 年版，第 184 頁〕　射聲：射聲校尉。官名。爲西漢八校尉之一。漢武帝時始置，秩二千石，位次列卿，屬官有丞、司馬等。領待詔射聲士，所掌爲常備精兵，屯戍京師，兼任征伐。〔參見吕宗力《中國歷代官制大辭典》（修訂版），第 750 頁〕《漢書・百官公卿表上》："射聲校尉掌待詔射聲士。"顏師古注引服虔曰："工射者也。冥冥中聞聲則中之，因以名也。"應劭曰："須詔所命而射，故曰待詔射也。"

八年春正月，中郎將來歙襲略陽，[1]殺隗囂守將而據其城。

[1]【李賢注】縣名，屬天水郡，故城在今奏州隴城縣西北（奏，紹興本、大德本、殿本作"秦"，底本誤）。【今注】來歙：字君叔，南陽新野（今河南新野縣）人。傳見本書卷一五。　略陽：縣名。治所在今甘肅秦安縣東北。

夏四月，同隸校尉傅抗下獄死。[1]

［1］【今注】案，同，紹興本、大德本、殿本作“司”，底本誤。抗，大德本、殿本作“亢”。

隗囂攻來歙，不能下。閏月，帝自征囂，河西太守竇融率五郡太守與車駕會高平。[1]隴右潰，隗囂奔西城，遣大司馬吴漢、征南大將軍岑彭圍之；進幸上邽，不降，[2]命虎牙大將軍蓋延、建威大將軍耿弇攻之。

［1］【李賢注】張掖、高水、酒泉城，天水、酒泉、張掖（張掖高水酒泉城天水酒泉張掖，紹興本、大德本、殿本作“五郡謂隴西金城天水酒泉張掖”）。高平，縣名，屬安定，後改爲高平，今原州縣。【今注】案，河西太守，中華本校勘記曰：“竇融《集解》引錢大昕説，謂河西非郡名，不當有太守，當依前五年作‘河西大將軍’。今據改。”河西，地區名。即今甘肅黄河上游以西地區。河西五郡爲隴西、金城、天水、酒泉、張掖。　高平：縣名。爲安定郡治，治所在今寧夏固原市。

［2］【李賢注】上邽，縣名。屬隴西郡，故邽戎邑，今秦州縣。【今注】上邽：縣名。治所在今甘肅天水市。

潁川盜賊寇没屬縣，河東守守兵亦叛，[1]京師騷動。

［1］【今注】河東：郡名。治安邑縣（今山西夏縣西北）。案，中華本校勘記曰：“《刊誤》謂案文多一‘守’字。若云太守之兵，不合去‘太’字。”

秋，大水。

八月，帝自上邽晨夜東馳。九月乙卯，車駕還宫。

庚申，帝自征潁川盜賊，皆降。

安丘侯張步叛歸琅邪，[1]琅邪太守陳俊討獲之。

[1]【李賢注】安丘，縣，屬北海郡，今密州縣，有渠丘亭。【今注】安丘：縣名。治所在今山東安丘市西南。東漢光武帝建武五年（29）封張步爲侯國，步旋反，此侯國不過虛設耳。後又爲縣。

戊寅，至自潁川。

冬十月丙午，幸懷。十一月乙丑，至自懷。

公孫述遣兵救隗囂，吴漢、蓋延等還軍長安。天水、隴西復反歸囂。

十二月，高句麗王遣使奉貢。[1]

[1]【今注】高句麗：古國名。亦作句驪、句麗或高麗。西漢末朱蒙建國，都國内城（今吉林集安市城東）。轄境相當於今遼寧渾河上游以東，朝鮮狼林山以西，南到朝鮮清川江一帶。東漢獻帝建安十四年（209）遷都丸都城（今吉林集安市境）。詳見本書卷八五《東夷傳》。麗，大德本、殿本作“驪”。

是歲大水。[1]

[1]【李賢注】《左傳》曰：“平原出水爲大水。”

九年春正月，隗囂病死，其將王元、周宗復立囂子純爲王。[1]

[1]【今注】純：隗純，天水成紀（今甘肅静寧縣西南）人。隗囂子。東漢光武帝建武九年（33），囂死，王元、周宗立純爲王。十年爲來歙等所敗，降。後逃亡，至武威，被捕誅死。

徙鴈門吏人於太原。[1]

[1]【今注】鴈門：郡名。治善無縣（今山西右玉縣西北）。太原：郡名。治晉陽縣（今山西太原市西南）。

三月辛亥，[1]初置青巾左校尉官。[2]

[1]【今注】案，曹金華《後漢書稽疑》謂，建武九年（33）二月癸未朔，三月癸丑朔，"辛亥"二月二十九日，謂"三月辛亥"誤（第31頁）。

[2]【今注】案，置，大德本、殿本作"致"。　青巾左校尉：官名。東漢光武帝設置的軍事職官，掌屯衛兵。青巾指青色的軟帽。

公孫述遣將田戎、任滿據荆門。[1]

[1]【李賢注】《水經注》曰："江水東歷荆門、虎牙之間。荆門山在南，上合下開，其狀似門，虎牙山在北，石壁色紅，間有白文類牙，故以名也。此二山，楚之西塞也。"在今硤州夷陵縣東南。【今注】田戎：汝南西平（今河南西平縣）人。王莽末起事於夷陵，自稱掃地大將軍。後爲岑彭所敗，入蜀依公孫述。東漢光

武帝建武十二年（36）馮駿拔江州，俘戎。　荆門：山名。在今湖北枝城市西北四十四里長江南岸，與北岸虎牙山相對。

夏六月丙戌，幸緱氏，登轘轅。[1]

[1]【李賢注】緱氏縣有緱氏山，轘轅山有轘轅坂，並在洛陽之東南。【今注】緱氏：縣名。治所在今河南偃師市東南。　轘轅：山名。在今河南偃師市東南，接登封、鞏義二市界。

遣大司馬吴漢率四將軍擊盧芳將賈覽於高柳，戰不利。

秋八月，遣中郎將來歙監征西大將軍馮異等五將軍討隗純於天水。

驃騎大將軍杜茂與賈覽戰於繁畤，[1]茂軍敗績。

[1]【李賢注】縣名，屬鴈門郡，今代州縣。【今注】繁畤：縣名。治所在今山西渾源縣西南。

是歲，守關都尉，[1]復置護羌校尉官。[2]

[1]【李賢注】《前書》曰秦官也，武帝置。【今注】案，守，紹興本、大德本、殿本作“省”。　關都尉：官名。秦置，漢因之。函谷關、武關、玉門關、陽關皆置。掌守衛關隘，稽察行人，徵收關税。其中函谷關尤爲重要。西漢文獻凡稱關都尉而不冠地名者，皆指函谷關都尉。東漢初沿置，光武帝建武六年（30）省，十九年復置。東漢末年置八關都尉。

[2]【李賢注】《漢官儀》曰：“武帝置，秩比二千石，持節，

以護西羌。王莽亂，遂罷。”時班彪議，宜復其官，以理冤結。帝從之，以牛邯爲護羌校尉（邯，大德本作“郎”），都於隴西令居縣。【今注】護羌校尉：官名。西漢武帝時置，持節統領羌族事務。東漢初罷。東漢光武帝建武九年（33），復以牛邯爲護羌校尉。後或省或置。章帝以後遂爲常制。秩比二千石，有長史、司馬二人，多以邊郡太守、都尉轉任。除監護内附羌人各部落外，亦常將羌兵協同作戰，戍衛邊塞。（參見林甘泉主編《中國歷史大辭典·秦漢史》，上海辭書出版社 1990 年版，第 216 頁）王先謙《後漢書集解》引錢大昭曰：“《西羌傳》與此同，然《温序傳》建武六年已爲護羌校尉，似非九年始置。”

十年春正月，大司馬吴漢率捕虜將軍王霸等五將軍擊賈覽於高柳，匈奴遣騎救覽，諸將與戰，卻之。

修理長安高廟。

夏，征西大將軍馮異破公孫述將趙匡於天水，斬之。征西大將軍馮異薨。

秋八月己亥，[1]幸長安，祠高廟，遂有事十一陵。

[1]【今注】案，曹金華《後漢書稽疑》謂，《後漢紀》“秋八月己卯，幸長安，祠高祖廟”。此處的“己亥”當作“己卯”（第 32 頁）。

戊戌，進幸汧。[1]隗囂將高峻降。[2]

[1]【李賢注】縣名，屬右扶風，故城在今隴州汧源縣。【今注】汧：縣名。治所在今陝西隴縣東。

[2]【今注】高峻：安定（今甘肅涇川）人，隗囂部將，擁兵

萬人，據守高平（今甘肅固原市），後降漢攻囂。漢軍退後，逃回故營，復助囂拒漢。囂死，固守高平。漢將耿弇率軍圍攻，費時一年未拔。建武十年（34），光武帝劉秀親自領兵征討，命將領寇恂招降，高峻投降後被押回洛陽。詳細事迹見本書卷一六《鄧寇傳》。

冬十月，中郎將來歙等大破隗純於落門，[1]其將王元奔蜀，[2]純與周宗降，隴右平。

[1]【李賢注】《前書》曰天水冀縣有落門聚，在今渭州隴西縣東南；有落門山，落門水出焉。【今注】落門：聚落名。即今甘肅武山縣東三十里洛門鎮。

[2]【今注】王元：字惠孟，一字遊翁，長陵（今陝西咸陽東北）人。隗囂部將，數領軍拒東漢軍。隗囂死後，擁立隗囂少子隗純爲王。隗純投降後，奔蜀，跟隨公孫述。後投降東漢將領臧宮。

先零羌寇金城、隴西，[1]來歙率諸將擊羌於五谿，大破之。[2]

[1]【李賢注】金城，郡，故城在今蘭州廣武縣之西南（蘭，紹興本作“闌”，大德本作“簡”）。【今注】先零羌：古族名。西羌的一支。西漢初分布於湟水及浩門水流域。武帝開金城、令居（今甘肅永登縣），西逐諸羌。先零羌與封養羌、牢姐羌合兵十餘萬攻令居、安故（今甘肅臨洮縣南），圍枹罕（今甘肅臨夏回族自治州境），被漢擊敗，其部落遂徙居湟水上游、青海湖周圍和貴德等地。宣帝時，趙充國再擊之，遂繼續向西遷徙至青海湖西鹽池等地。王莽末，先零復據湟水流域，並占領金城（今甘肅蘭州市）。東漢初，被馬援等擊平，徙於隴西（今甘肅臨洮縣）、天水（今陝

西通渭縣西北）、右扶風（今陝西興平市東南）等地，餘部遷往塞外。安帝永初元年（107）别部首領滇零領導諸羌起義，建立政權，在北地郡稱天子。　金城：郡名，治允吾縣（今甘肅永靖縣西北）。

［2］【李賢注】《續漢志》曰隴西襄武縣有五谿聚。【今注】五谿：聚落名。在今甘肅渭源縣南。

庚寅，車駕還宫。

是歲，省定襄郡，[1]徙其民於西河。[2]泗水王歙薨。淄川王終薨。

［1］【李賢注】定襄故城在今勝州界。【今注】定襄郡：治成樂縣（今内蒙古和林格爾縣西北）。

［2］【李賢注】郡名，今在州離石縣（在，紹興本、大德本、殿本作"石"）。【今注】西河：郡名。治平定縣（今内蒙古准格爾旗西南）。

十一年春二月己卯，詔曰："天地之性人爲貴。[1]其殺奴婢，不得減罪。"

［1］【今注】天地之性人爲貴：《孝經·聖治章》："子曰：'天地之性，人爲貴。人之行，莫大於孝，孝莫大於嚴父，嚴父莫大於配天，則周公其人也。'"

己酉，幸南陽；[1]還，幸章陵，祠園陵。

［1］【今注】案，中華本在"己酉"前加"三月"。校勘記謂，"據《袁紀》及《通鑑》補。按：《通鑑考異》謂上有'二月己

卯’，《袁紀》‘三月己酉，幸南陽’，以長曆考之，二月壬申朔，己酉在三月，蓋上脱‘三月’二字”。

城陽王祉薨。

庚午，車駕還宫。

閏月，征南大將軍岑彭率三將軍與公孫述將田戎、任滿戰於荆門，大破之，獲任滿。威虜將軍馮駿圍田戎於江州，[1]岑彭遂率舟師伐公孫述，平也郡。[2]

[1]【李賢注】縣名，屬巴郡，今渝州巴縣。【今注】江州：縣名。爲巴郡治，治所在今重慶市北。

[2]【今注】也郡：也，紹興本、大德本、殿本作“巴”，底本誤。巴郡，治江州縣（今重慶市區北）。

夏四月丁卯，省大司徒司直官。[1]

[1]【李賢注】《漢官儀》曰：“武帝置丞相司直，元壽二年改丞相爲大司徒，司直仍舊。”今省。

先零羌寇臨洮。[1]

[1]【李賢注】縣名，屬隴西郡，故城在今岷州。【今注】臨洮：縣名。治所在今甘肅岷縣。

六月，中郎將來歙率揚武將軍馬成破公孫述將王元、環安於下辯。[1]安遣間人刺殺中郎將來歙。[2]帝自將征公孫述。秋七月，次長安。[3]八月，岑彭破公孫述將侯丹於黄石。[4]輔威將軍臧宫與公孫述將延岑戰於沈水，大破之。[5]王元降。至自長安。

［1］【李賢注】縣名，屬武都郡，今成州同谷縣，舊名武衛城。【今注】下辯：又作“下辨”，道名。治所在今甘肅成縣西北。

［2］【李賢注】閒，諜也，謂伺候閒隙也。【今注】間人：間諜。

［3］【李賢注】《左傳例》曰：“凡師出一宿爲舍，再宿爲信，過信爲次（信，大德本、殿本作‘宿’）。”【今注】次：軍隊臨時駐扎。

［4］【李賢注】即黄石灘也。《水經注》曰：“江水自涪陵東出百里而届于黄石。”在今涪州涪陵縣。【今注】黄石：灘名。在今重慶市涪陵區北長江中。

［5］【李賢注】《水經注》曰：“沈水出廣漢縣，下入涪水。”本或作“沉水”反“沅水”者（反，紹興本、大德本、殿本作“及”，底本誤。沅，大德本、殿本作“沆”），並非。【今注】輔威將軍：雜號將軍名。東漢置，掌征伐。　臧宫：字君翁，潁川郟（今河南郟縣）人。雲臺二十八將之一。傳見本書卷一八。　沈水：河流名。即今四川射洪市東南洋溪河。

癸亥，詔曰：“敢灸灼奴婢，[1]論如律，免所灸灼者爲庶民。”

［1］【今注】案，曹金華《後漢書稽疑》認爲“灸”可能爲“炙”（第33頁）。

冬十月壬午，[1]詔除奴婢射傷人弃市律。[2]

［1］【今注】案，曹金華《後漢書稽疑》謂，建武十一年（35）十月戊戌朔，是月無“壬午”，其作“十月壬午”誤矣（第33頁）。

［2］【今注】弃市：秦漢死刑之一種，爲死刑中最輕者。《漢書》卷五《景帝紀》：“改磔曰棄市，勿復磔。”顔師古注：“棄市，殺之於市也。謂之棄市者，取刑人於市，與衆棄之也。”對於棄市采用何種行刑方式，學界存在争議，或認爲指斬首，或認爲指絞殺。近年湖南益陽兔子山九號井第三・二號木牘有：“益陽守起、丞章、史完論刑殺尊市，即棄死（尸）市，盈十日，令徒徙棄冢間。”學者指出，“刑殺尊市，即棄尸市”展示了棄市的具體過程，即斬殺頭部並棄尸於市（參見何有祖《再論秦漢“棄市”的行刑方式》，《社會科學》2018年第11期）。

公孫述遣間人刺殺征南大將軍岑彭。

馬成平武都，[1]因隴西太守馬援擊破先零羌，[2]徙致天水、隴西、扶風。[3]

［1］【今注】武都：郡名。治武都縣（今甘肅禮縣南）。

［2］【今注】馬援：字文淵，扶風茂陵（今陝西興平市東北）人。傳見本書卷二四。

［3］【今注】致：通“至”。

十二月，大司馬吳漢率舟師伐公孫述。

是歲，省朔方牧，并并州。[1]初斷州牧自還奏事。[2]

[1]【李賢注】朔方，郡，在今夏州朔方縣北，上并音必政反。【今注】并州：西漢武帝時所置十三刺史部之一。轄境相當於今山西大部及内蒙古、河北的一部。東漢治太原（今山西太原市西南晉源區），轄境擴大，包有今陝西北部及河套地區。

[2]【李賢注】《前書音義》曰“刺史每歲盡則入奏事京師”，今斷之。哀帝改刺史曰州牧。

十二年春正月，大司馬吴漢與公孫述將史興戰於武陽，斬之。[1]

[1]【李賢注】武陽，縣，屬犍爲郡，故城在今眉州隆山縣東也。【今注】武陽：縣名，治所在今四川眉山市彭山區東。

三月癸酉，詔隴、蜀民被略爲奴婢自訟者，[1]及獄官未報，[2]一切免爲庶民。

[1]【今注】自訟：自我申辯。

[2]【今注】報：法律術語，指判決。

夏，甘露降南行唐。[1]六月，黄龍見東阿。[2]

[1]【李賢注】縣名，屬常山郡，今恒州縣。【今注】甘露：甘甜的露水。古以爲甘露降是太平瑞徵。《老子》第三十二章：“天地相合，以降甘露。”　南行唐：縣名。治所在今河北行唐縣東北。

[2]【李賢注】今濟州縣。【今注】東阿：縣名。治今山東陽穀縣東北。案，中華本校勘記謂《袁紀》“東阿”作“河東”。

秋七月，威虜將軍馮駿拔江州，[1]獲田戎。九月，吴漢大破公孫述將謝豐于廣都，斬之。[2]輔威將軍臧宫拔涪城，斬公孫恢。[3]

［1］【今注】案，駿，大德本、殿本作“峻”。

［2］【李賢注】廣都，今益州。【今注】廣都：縣名。治所在今四川成都市雙流區東南。

［3］【李賢注】涪城，今綿州縣也。恢，述之弟。【今注】涪：縣名。治所在今四川綿陽市東。

大司空李通罷。

冬十一月戊寅，[1]吴漢、臧宫與公孫述戰於成都，大破之。[2]述被創，[3]夜死。辛巳，吴漢屠成都，夷述宗族及延岑等。[4]

［1］【今注】案，十一月，大德本作“十月”。

［2］【今注】成都：縣名。爲蜀郡治。治所在今四川成都市武侯區。

［3］【今注】被創：受傷。

［4］【李賢注】《廣雅》曰：“夷猶滅也。”【今注】案，中華本校勘記謂，“《續天文志》云十一月丁丑，漢護軍將軍高午刺述洞其胸，其夜死。明日，漢入屠蜀城。而此云戊寅，述被創，夜死，辛巳，吴漢屠成都。按：戊寅至辛巳四日，丁丑次日即戊寅，志明云明日漢入屠蜀城，《公孫述傳》亦云其夜死，明旦岑降，《吴漢傳》亦云旦日城降，則‘戊寅’當從《續志》作‘丁丑’，‘辛巳’又爲‘戊寅’之譌”。

十二月辛卯，揚武將軍馬成行大司空事。

是歲，九真徼外蠻夷張遊率種人内屬，[1]封爲歸漢里君。省金城郡屬隴西。參狼羌寇武都，[2]隴西太守馬援討降之。詔邊吏力不足戰則守，追虜料敵不拘以逗留法。[3]横野大將軍王常薨。遣驃騎大將軍杜茂將衆郡施刑屯北邊，[4]築亭候，[5]修烽燧。[6]

[1]【李賢注】九真，今愛州縣。【今注】九真：郡名。治胥浦縣（今越南清化省清化市西北）。　徼：邊界，邊塞。　種人：同種族的人。

[2]【李賢注】武都，今武州也。參音所今反。【今注】參狼羌：古族名。西羌的一支。秦漢時分布於武都郡塞内外，又稱武都羌。西漢武帝開武都郡，迫使部落外遷。東漢時多次參加羌人起義，失敗後部分遷至廣漢郡及廣漢屬國，大部仍居故地。東漢末有勝兵數千人。

[3]【李賢注】《説文》曰："逗，留止也。"《前書音義》曰："逗是曲行避敵也。"漢法，軍行逗留異愞者斬（異，紹興本、大德本、殿本作"畏"，是）。追虜或近或遠，量敵進退，不拘以軍法，直取勝敵爲務也。逗，古住字。【今注】料敵：判斷敵情。逗留法：漢代關於行軍作戰和緝捕盗賊中"逗留"的法律。"逗留"又稱"逗橈"，指停留拖延，多與"畏愞"並稱。《漢書》卷九四上《匈奴傳上》："上以虎牙將軍不至期，詐增鹵獲，而祁連知虜在前，逗留不進，皆下吏自殺。"孟康曰："律語也，謂軍行頓止，稽留不進也。"《漢書》卷六《武帝紀》："匈奴入雁門，太守坐畏愞棄市。"如淳曰："軍法，行逗留畏愞者要斬。"張家山漢簡《二年律令·捕律》："與盗賊遇而去北，及力足以追逮捕之□□□□□逗留畏耎（愞）弗敢就，奪其將爵一級，免之，毋爵者戍邊二歲；而罰其所將吏徒以卒戍邊各一歲。"〔參見彭浩、陳偉、

〔日〕工藤元男主編《二年律令與奏讞書——張家山二四七號漢墓出土法律文獻釋讀》，第149頁〕

〔4〕【李賢注】施，讀曰弛。弛，解也。《前書音義》曰："謂有赦令去其鉗鈦赭衣（鈦，紹興本、大德本、殿本作'釱'），謂之弛刑。"【今注】案，郡，殿本作"部"。　施刑：又作"弛刑"，漢代一種刑徒，西北簡牘中多見。漢代的刑徒皆需加鉗釱等刑具，並赤其衣，而弛刑是指司寇以上的刑徒，經皇帝下詔寬輕，去掉械具、罪衣，放鬆監管，以從事特殊事務（如加入軍隊等）（參見張建國《漢代的罰作、復作與弛刑》，《中外法學》2006年第5期）。　北邊：北部邊境地區。

〔5〕【李賢注】亭候，伺候望敵之所。《前書》曰，秦法十里一亭，亭有長，漢因之不改。【今注】亭候：邊境上用以瞭望和監視敵情的崗亭、土堡。

〔6〕【李賢注】《前書音義》曰："邊方備警急，作高士臺（士，大德本、殿本作'土'），臺上作桔皋，桔皋頭有兜零，以薪草置其中，常低之，有寇即燃火舉之，以相告，曰烽。又多積薪，寇至即燔之，望其烟，曰燧。晝則燔燧，夜乃舉烽。"《廣雅》曰："兜零，籠也。"【今注】烽燧：邊境地區爲了應對軍事緊急情況所建築的用以燃火報警的土臺。烽指烽火，燧指亭燧，烽是一種通信工具，燧是烽臺建築。今内蒙古額濟納旗和甘肅金塔境内的額濟納河流域可以見到漢代張掖郡居延、肩水兩都尉管轄的烽燧遺址。

十三年春正月庚申，大司徒侯霸薨。

戊子，詔曰："往年已敕郡國，異味不得有所獻御，〔1〕今猶未止，非徒有豫養導擇之勞，〔2〕至乃煩擾道上，疲費過所。〔3〕其令太官勿復受。〔4〕明敕下以遠方口實所以薦宗廟，自如舊制。"〔5〕

［1］【今注】異味：不同尋常的美味。　御：進用、奉獻。

［2］【李賢注】豫養謂未至獻時豫前養之。導亦擇也。【今注】徒：白白地。　豫：通“預”。　導擇：精選（稻米等）。本書《百官志三》：“導官令一人，六百石。本注曰：主舂御米，及作乾糒。導，擇也。”

［3］【今注】過所：所經過之地〔參見李銀良《漢代“過所”考辨》，《簡帛研究（二〇一九年春夏卷）》〕。

［4］【李賢注】《續漢志》曰：“太官令一人，秩六百石，掌御膳飲食。”【今注】太官：官署名。掌帝王飲食宴會等。屬少府，有令、丞。本書《百官志三》：“太官令一人，六百石。本注曰：掌御飲食。左丞、甘丞、湯官丞、果丞各一人。本注曰：左丞主飲食。甘丞主膳具。湯官丞主酒。果丞主果。”

［5］【李賢注】《漢官儀》曰：“口實，膳羞之事也。”【今注】口實：食物。

二月，遣捕虜將軍馬武屯虖沱河以備匈奴。[1]盧芳自五原亡入匈奴。

［1］【今注】虖沱河：滹沱河。虖，殿本作“滹”。

丙辰，詔曰：“長沙王興、真定王得、河間王邵、中山王茂，皆襲爵爲王，不應經義。[1]其以興爲臨湘侯，[2]得爲真定侯，邵爲樂成侯，[3]茂爲單父侯。”[4]其宗室及絶國封侯者凡一百三十七人。丁巳，降趙王良爲趙公，太原王章爲齊公，魯王興爲魯公。庚午，[5]以殷紹嘉公孔安爲宋公，周承休公姬常爲衛公。[6]省并西京十三國：廣平屬鉅鹿，真定屬常山，河間屬信都，城陽屬琅邪，泗水屬廣陵，淄川屬高密，膠東屬北海，六安屬廬江，廣陽屬上谷。[7]

［1］【李賢注】以其服屬既疏，不當襲爵爲王。

［2］【李賢注】臨湘，縣，今潭州長沙縣。【今注】臨湘：縣名。爲長沙國治，治所在今湖南長沙市。

［3］【李賢注】樂成，縣，故城在令灜州樂府縣西北（令，紹興本、大德本、殿本作“今”；灜，紹興本、大德本、殿本作“瀛”）。【今注】樂成：縣名。爲河間國治。治所在今河北獻縣東南。

［4］【李賢注】今宋州縣。音善甫。【今注】單父：縣名。治所在今山東單縣南。

［5］【今注】案，中華本校勘記謂，“建武十三年二月庚寅朔，無庚午，疑‘庚午’爲‘庚子’或‘庚戌’之譌。又查是年三月庚申朔，有庚午，或下文‘三月’二字當移於此”。曹金華《後漢書稽疑》認爲，“前文有‘丙辰’‘丁巳’，‘庚子’‘庚戌’皆在其前，不當爲‘庚子’或‘庚戌’也……‘庚午’當是‘戊午’之譌”（第36頁）。

［6］【今注】案，中華本將“姬常”改爲“姬武”。校勘記謂，“衛公《集解》引惠棟説，謂《前書·恩澤侯表》姬常於建武二年爲周承休侯，五年，侯武嗣，十三年，更爲衛公，然則‘姬常’當作‘姬武’也。今據改”。

［7］【李賢注】據此惟有九國，云“十三”，誤也。【今注】廣平：國名。治所不詳，或在廣平縣（今河北雞澤縣東）。　真定：國名。治真定縣（今河北正定縣南）。　常山：郡名。治元氏縣（今河北元氏縣西北）。　廣陵：郡名。治廣陵縣（今江蘇揚州市西北）。　高密：國名。治高密縣（今山東高密市西南）。　膠東：國名。治即墨縣（今山東平度市東南）。　北海：郡名。治營陵縣

（今山東昌樂縣東南）。　六安：國名。治六縣（今安徽六安市）。六，大德本、殿本作“陸”。　廬江：郡名。治舒縣（今安徽廬江縣西南）。　案，中華本校勘記謂，“《集解》引錢大昕説，謂《續志》北海國下云建武十三年省淄川、高密、膠東三國，以其縣屬。蓋其時以高密四縣封鄧禹，膠東六縣封賈復，故不立王國而並屬之北海，高密與淄川同在省并之内，非以淄川屬高密也。志又稱世祖省并郡國十，今并高密計之，正合十國之數，乃知紀云十三國者，誤衍‘三’字，而‘淄川’下又衍‘屬’字耳”。

三月辛未，[1]沛郡太守韓歆爲大司徒。[2]丙子，行大司空馬成罷。

[1]【今注】案，大德本無“辛未”二字。

[2]【今注】沛郡：治相縣（今安徽濉溪縣西北）。　韓歆：南陽人，字翁君。新莽末爲河内太守，光武徇河内，乃降。爲鄧禹軍師，從攻伐有功，封扶陽侯。東漢光武帝建武十三年（37），位至大司徒。

夏四月，大司馬吴漢自蜀還京師，於是大饗將士，班勞策勳。[1]功臣增邑更封，凡三百六十五人。其外戚恩澤封者四十五人。[2]罷左右將軍官。[3]建威大將軍耿弇罷。

[1]【李賢注】班，布也。謂徧布勞來之。其有功者，以策書紀其勳也。勞音力到反。【今注】饗：用酒食招待人。　班勞：普遍犒勞。　策勳：以策書記録功勞。勳指功勞。

[2]【今注】外戚恩澤：亦作外戚恩澤侯，指以外戚重臣等身

份或因祖蔭、寵倖而恃恩澤獲封列侯者。

［3］【李賢注】《前書》曰左右將軍，周官也，秦、漢因之。至此罷。【今注】左右將軍：官名。重號將軍，與前、後將軍並爲上卿，位次大將軍及驃騎、車騎、衛將軍，有兵事則典掌禁兵，戍衛京師，或任征伐。平時無具體職務，一般兼任他官，常加諸吏、散騎、給事中等號，成爲中朝官，宿衛皇帝左右，參與朝政。如加領尚書事銜則負責實際政務。不常置。《漢書·百官公卿表上》："前後左右將軍，皆周末官，秦因之，位上卿，金印紫綬。漢不常置，或有前後，或有左右，皆掌兵及四夷。有長史，秩千石。"

益州傳送公孫述瞽師、郊廟樂器、葆車、輿輦，於是法物始備。[1]時兵革既息，[2]天下少事，文書調役，務從簡寡，[3]至乃十存一焉。

［1］【李賢注】瞽，無目之人也。爲樂師，取其無所見，於音聲審也。郊廟之器，罇彝之屬也。樂器，鍾磬之屬。葆車謂上建羽葆也。合聚五采羽名爲葆。輿者，車之總名也。輦者，駕人以行。法物謂大駕鹵簿儀式也。時草創未暇，今得之始備。【今注】益州：西漢武帝時所置十三刺史部之一。東漢時治雒縣（今四川廣漢市北）。靈帝中平中移治綿竹縣（今四川德陽市東北黃滸鎮），獻帝初平中復移治雒縣，興平中移治成都縣（今四川成都市）。　瞽師：一種以盲人充當的樂師。商代甲骨文即記載有"瞽"這類樂官，春秋時期的師曠即這類"瞽師"。　葆車：一種用五采鳥羽裝飾車蓋的車。　輿輦：車駕，多指天子所乘車駕。　法物：用於儀仗、祭祀的器物。案，王先謙《後漢書集解》引《通鑑》胡注："法物即上樂器、葆車、輿輦之類。"

［2］【今注】兵革：兵器與甲冑，指戰事。

［3］【李賢注】調謂發也。【今注】調：徵發。　寡：少。

甲寅，冀州牧竇融爲大司空。[1]

[1]【今注】冀州：西漢武帝時所置十三刺史部之一。轄境相當於今河北中、南部，山東西端及河南北端。

五月，匈奴寇河東。

秋七月，廣漢徼外白馬羌豪率種人内屬。[1]

[1]【李賢注】廣漢，今益州雒縣也。徼猶塞也，音吉弔反。羌有百五十四種，在廣漢西北者爲白馬羌。【今注】廣漢：郡名。治梓潼縣（今四川梓潼縣）。　白馬羌：古族名。又稱廣漢羌。秦漢時分布於廣漢塞内外。東漢光武帝建武十三年（37）豪酋樓登率部衆五千餘户内屬。　豪：豪俊、豪傑，古少數民族首領多稱爲"豪"。

九月，日南徼外蠻夷獻白雉、白兔。[1]

[1]【李賢注】日南，郡，屬交州。【今注】日南：郡名。治西捲縣（今越南廣治省東河市）。

冬十二月甲寅，詔益州民自八年以來被略爲奴婢者，[1]皆一切免爲庶民；或依託爲人下妻，欲去者，恣聽之；敢拘留者，比青、徐二州以略人法從事。[2]

[1]【李賢注】謂公孫述時也。

[2]【今注】略人法：關於略人的法條。張家山漢簡《二年律令》："强略人以爲妻及助者，斬左止（趾）以爲城旦。"〔參見彭

浩、陳偉 、［日］工藤元男主編《二年律令與奏讞書——張家山漢簡二四七號墓出土法律文獻釋讀》，第 167 頁〕略人法可能指此類法條。王先謙《後漢書集解》引惠棟曰："《盜律》云，略人、略賣人爲奴婢者死。《功臣表》曲逆侯陳何元光五年坐略人妻棄市是也。"

復置金城郡。[1]

［1］【李賢注】前年省并隴西。

十四年春正月，起南宮前殿。
匈奴遣使奉獻，使中郎將報命。[1]

［1］【李賢注】中郎將劉襄也。

夏四月辛巳，封孔子後志爲褒成侯。[1]

［1］【李賢注】平帝封孔均爲襃成侯（襃，紹興本、大德本、殿本作"褒"，底本誤）。志，均子也。《古今志》曰志時爲密令。【今注】孔志：孔子第十六世孫，西漢褒成君孔均之子，東漢光武帝封其爲褒成侯。 褒成侯：漢代對孔子後代的封號。西漢元帝封孔子十二世孫孔霸爲褒成君，其後代孔福、孔房、孔均相繼襲封，東漢光武帝復封孔均子孔志爲褒成侯。

越巂人任貴自稱太守，遣使奉計。[1]

［1］【李賢注】越巂，郡，武帝置，本邛都也。巂，水名，

因越巂水而置郡，故以名焉。計謂人庶名籍，若今計帳。【今注】越巂：郡名。治邛都縣（今四川西昌市東南）。　任貴：一作“長貴”。東漢時越西地區少數民族首領。劉玄更始二年（24）殺太守枚根，自立爲邛谷王，領太守事。後降公孫述，又歸光武帝。東漢光武帝建武十四年（38）授太守印綬。十九年襲擊路過之武威將軍劉尚，被誅。　計：一種統計類文書，類似於今天的賬簿，統計人口、物資等相關情況，用以向上級匯報。

秋九月，平城人賈丹殺盧芳將尹由來降。[1]

[1]【李賢注】平城屬鴈門郡，今雲州定襄縣也。【今注】平城：縣名。治所在今山西大同市東北。

是歲，會稽大疫。[1]莎車國、鄯善國遣使奉獻。[2]

[1]【李賢注】會稽，今越州縣。【今注】會稽：郡名。治吴縣（今江蘇蘇州市）。

[2]【李賢注】莎車、鄯善，並西域國名。鄯音市戰反。【今注】莎車國：漢西域三十六國之一。都城在莎車城（今新疆莎車縣）。詳見本書卷八八《西域傳》。　鄯善國：漢西域三十六國之一。本名樓蘭。西漢昭帝元鳳四年（前77）改名鄯善。都城在扜泥城（今新疆若羌縣東北羅布泊西岸）。

十二月癸卯，[1]詔益、涼二州奴婢，[2]自八年以來自訟在所官，[3]一切免爲庶民，賣者無還直。[4]

[1]【今注】案，曹金華《後漢書稽疑》謂，建武十四年

(38) 十二月己酉朔，無“癸卯”，此作“十二月癸卯”誤也（第39頁）。

[2]【今注】涼：州名。西漢武帝時所置十三刺史部之一。東漢時治隴縣（今甘肅張家川回族自治縣）。轄境相當於今甘肅、寧夏，青海湟水流域，陝西定邊、吴起、鳳縣、略陽和内蒙古額濟納旗一帶。

[3]【今注】在所：所在地。

[4]【今注】賣者無還直：指奴婢被免除身份後，買者不能向賣者索回錢財。

十五年春正月辛丑，大司徒韓歆免，自殺。[1]

[1]【李賢注】事見《侯霸傳》。

丁未，有星孛於昴。[1]

[1]【今注】案，“丁未有星孛於昴”和下文“丁未有星孛於營室”，中華本校勘記謂，“《集解》引錢大昕説，謂‘丁未’重出，當有一誤，以《天文志》證之，似下‘丁未’誤也”。昴，星宿名。二十八宿之一。西方白虎七宿的第四宿。有亮星七顆。據本書《天文志上》有星孛於昴，“彗星爲兵入除穢，昴爲邊兵，彗星出之爲有兵至”。相關徵驗參見本書《天文志上》。

汝南太守歐陽歙爲大司徒。[1]建義大將軍朱祐罷。[2]

[1]【今注】汝南：郡名。治上蔡縣（今河南上蔡縣西南）。

歐陽歙：字正思，樂安千乘（今山東高青縣）人。世代精通《伏生尚書》，爲博士。西漢末曾任長社宰、原武令，東漢光武帝時歷官河南尹、大司徒等職。曾在汝南太守任内講學，弟子多至數百。傳見本書卷七九上。

[2]【今注】案，義，大德本、殿本作“議”。

丁未，有星孛於營室。[1]

[1]【今注】營室：星宿名。即室宿，亦作定星，二十八宿之一，屬北方玄武七宿。本書《天文志上》：“彗星入營室，犯離宫，是除宫室也。”徵兆光武帝廢除郭皇后而立陰皇后。詳見本書《天文志上》。

二月，徙鴈門、代郡、上谷三郡民，置常關、居庸關以東。[1]

[1]【李賢注】《前書》曰代郡有常山關，上谷郡居庸縣有關。時胡寇數犯邊，故徙之。【今注】常關：關名。即常山關，又名鴻上關。即今河北唐縣西北、太行山東麓的倒馬關。《漢書·地理志下》載代郡有“常山關”。爲古代河北平原通向北方邊陲地區的要隘。　居庸關：關名。又名軍都關、太行第八陘、薊門關、納款關。在今北京市昌平區西北三十里。關門南北相距四十里，兩山夾峙，下有巨澗，懸崖峭壁，稱爲絶險。《吕氏春秋·有始》載九塞有“居庸”。《漢書·地理志下》載上谷郡居庸縣“有關”。爲歷代軍事防禦要地。

初，巴蜀既平，大司馬吴漢上書請封皇子，不許，重奏連歲。三月，乃詔群臣議。大司空融、固始侯通、膠東侯復、高密侯禹、太常登等奏議曰：[1]“古者封建諸侯，以藩屏京師。[2]周封八百，[3]同姓諸姬並爲建國，[4]夾輔王室，尊事天子，享國永長，爲後世法。故《詩》云：‘大啓爾宇，爲周室輔。’[5]高祖聖德，光有天下，[6]亦務親親，[7]封立兄弟諸子，不違舊章。陛下德横天地，[8]興復宗統，[9]褒德賞勳，親睦九族，[10]功臣宗室，咸蒙封爵，多受廣地，或連屬縣。今皇子賴天，能勝衣趨拜，[11]陛下恭謙克讓，[12]抑而未議，[13]群臣百姓，莫不失望。宜因盛夏吉時，定號位，以廣藩輔，[14]明親親，尊宗廟，重社稷，應古合舊，厭塞衆心。[15]臣請大司空上輿地圖，[16]太常擇吉日，具禮儀。”[17]制曰：“可。”

［1］【今注】大司空融：竇融。　固始侯通：李通。固始爲侯國名，治所在今安徽臨泉縣。　膠東侯復：賈復。膠東爲侯國名，東漢光武帝建武十三年（37），封賈復爲膠東侯，都郁秩（今山東平度市）。　高密侯禹：鄧禹。

［2］【李賢注】藩，籬也。屏，蔽也。《詩·大雅》曰：“介人維藩，大邦維屏。”毛萇注曰（曰，大德本、殿本作“云”）：“當用公卿諸侯爲藩屏也。”《公羊傳》曰：“京者何？大也。師者何？衆也。天子之居，必有衆大之辭言之。”

［3］【李賢注】《史記》曰“唐、虞協和萬國，逮于夏、商（逮，殿本作‘遷’），或數千，蓋周封八百”也。

［4］【李賢注】《左傳》曰：“虞、虢（虢，紹興本、大德本、殿本作‘虢’，底本誤）、焦、滑、霍、楊、韓、魏，皆姬姓也。”

［5］【李賢注】《詩·魯頌》也。宇，居也。周成王封周公子

伯禽於魯。言大開爾居，以爲我周家之輔。【今注】大啓爾宇爲周室輔：《詩·魯頌·閟宫》："王曰叔父，建爾元子，俾侯於魯。大啟爾宇，爲周室輔。"

［6］【今注】光有天下：廣有天下。《左傳》昭公二十八年："昔武王克商，光有天下。"杜預注："光，大也。"

［7］【今注】親親：古代禮制和人倫核心精神之一，常與"尊尊"並稱。親親尊尊，指親近應親近的人，尊重應尊重的人。《禮記·喪服小記》："親親尊尊長長，男女之有别，人道之大者也。"《禮記·大傳》："親親也，尊尊也，長長也，男女有别，此其不可得與民變革者也。"

［8］【今注】陛下：古代臣民對皇帝的尊稱，一般用於向皇帝上書、朝見等場合。"陛"指帝王宫殿前的臺階，"陛下"原指站在臺階下進行戒備的近臣。臣民向天子進言時，不能直呼天子，必呼臺階下的近臣而告之，故"陛下"即成爲對天子的敬稱。蔡邕《獨斷》卷上："陛下者，陛階也，所由升堂也。天子必有近臣執兵陳於陛側，以戒不虞。謂之陛下者，群臣與天子言，不敢指斥天子，故呼在陛下者而告之，因卑達尊之意也。上書亦如之。及群臣士庶相與言曰殿下、閤下、執事之屬，皆此類也。"　横：充滿。《禮記·孔子閒居》："夫民之父母乎，必達於禮樂之原，以致五至而行三無，以横於天下。"鄭玄注："横，充也。"

［9］【今注】宗統：宗族系統。

［10］【李賢注】孔安國注《尚書》云："九族謂上至高祖，下至玄孫。"

［11］【今注】勝衣：指兒童稍長，能穿起成人之衣。《史記》卷六〇《三王世家》："皇子賴天，能勝衣趨拜，至今無號位師傅官。"

［12］【今注】恭謙克讓：恭敬而能謙讓。《尚書·堯典》："允恭克讓，光被四表，格於上下。"

[13]【今注】抑：壓制。

[14]【李賢注】《禮記·月令》："天子孟夏迎夏於南郊，還，乃封諸侯，行爵出禄。"

[15]【今注】厭：滿足。

[16]【李賢注】《廣雅》曰："輿，載也。"言載在地者，皆圖書之（書，紹興本、大德本、殿本作"畫"，是）。司空掌土地，故今上之（今，紹興本作"命"，大德本、殿本作"令"）。【今注】輿地圖：對地圖的別稱。

[17]【今注】具：準備，備辦。

夏四月戊申，以太牢告祠宗廟。[1]丁巳，使大司空融告廟，封皇子輔爲右翊公，英爲楚公，陽爲東海公，康爲濟南公，蒼爲東平公，延爲淮陽公，荆爲山陽公，衡爲臨淮公，焉爲左翊公，京爲琅邪公。[2]癸丑，[3]追謚兄伯升爲齊武公，兄仲爲魯哀公。[4]

[1]【今注】太牢：古代的一種祭祀規格，指使用牛、羊、豕三牲進行祭祀。

[2]【今注】案，劉輔、劉英、劉陽、劉康、劉蒼、劉延、劉荆、劉衡、劉焉、劉京均光武帝子，詳細事迹見本書卷四二《光武十王傳》。

[3]【今注】案，曹金華《後漢書稽疑》謂，建武十五年（39）"四月丁未朔，'戊申'爲初二，'丁巳'十一日，'癸丑'爲初七，'癸丑'不當在'丁巳'後"（第40頁）。

[4]【今注】謚：《説文》："行之迹也。"古代帝王、貴族、大臣死後，依其生前事迹，所給予的帶有褒貶意義的稱號。

六月庚午，復置屯騎、長水、射聲三校尉官；[1]改青巾左校尉爲越騎校尉。[2]

[1]【李賢注】七年罷。【今注】案，置，大德本、殿本作“致”。　屯騎：屯騎校尉。官名。西漢武帝時始置，爲北軍八校尉之一，秩二千石，位次列卿。掌騎士，戍衛京師，兼任征伐。東漢初改名“驍騎校尉”，光武帝建武十五年（39）復故，隸北軍中候，爲北軍五校尉之一，秩比二千石。掌宿衛禁兵。〔參見吕宗力主編《中國歷代官制大辭典》（修訂版），第108頁〕本書《百官志四》：“屯騎校尉一人，比二千石。本注曰：掌宿衛兵。司馬一人，千石。”

[2]【今注】越騎校尉：官名。西漢武帝時始置，爲北軍八校尉之一，位次列卿。領内附越人騎士，戍衛京師，兼任征伐。東漢初罷，光武帝建武十五年復改青巾左校尉置，爲五校尉之一，秩比二千石。隸北軍中候，掌宿衛兵，有司馬一員。〔參見吕宗力主編《中國歷代官制大辭典》（修訂版），第835頁〕本書《百官志四》：“越騎校尉一人，比二千石。本注曰：掌宿衛兵。司馬一人，千石。”

詔下州郡檢覈墾田頃畝[1]及户口年紀，[2]又考實二千石長吏阿枉不平者。[3]

[1]【李賢注】墾，闢也。【今注】檢覈：檢查核實。“覈”通“核”。

[2]【今注】户口：指户數和口數。

[3]【今注】考實：法律術語。指調查核實犯罪事實。　阿枉：偏私不公正。

冬十一月甲戌，大司徒歐陽歙下獄死。十二月庚午，關内侯戴涉爲大司徒。[1]

[1]【今注】關内侯：爵位名。爲二十等爵的第十九級。關内侯又名“倫侯”，秦琅邪刻石有“倫侯”，地位在“列侯”之下。里耶秦簡更名方有“關内侯爲倫侯”，説明倫侯即關内侯。關内侯有侯號，居京師，無封土，但享受食邑權，其所食户數在一百户至五千户之間，以三百户、五百户爲主。　戴涉：字叔平，冀州清河（今河北清河縣東南）人。東漢光武帝建武初任上黨太守，舉鮑昱。建武十五年（39）任大司徒，參與廢立皇后，制定宗廟之禮。後因事下獄死。

盧芳自匈奴入居高柳。

是歲，驃騎大將軍杜茂免。虎牙大將軍蓋延薨。

十六年春二月，交阯女子徵側反，[1]略有城邑。

[1]【今注】徵側：交阯麊泠（今越南河内一帶）人。嫁朱鳶人詩索爲妻，甚雄勇。東漢光武帝建武十六年（40）反抗交阯太守蘇定，與其妹徵貳舉兵，自立爲王。建武十八年伏波將軍馬援等率兵鎮壓，其兵敗被殺。詳細事迹見本書卷八六《南蠻西南夷傳》。

三月辛丑晦，日有蝕之。[1]

[1]【今注】蝕：虧損。日有蝕之，即日食。

秋九月，河南尹張伋及諸郡守十餘人，[1]坐度田不實，皆下獄死。[2]

[1]【今注】河南尹：官名。東漢光武帝建武十五年（39）置，爲京都雒陽所在之河南郡長官，有丞一員，爲其副貳。主掌京都事務。春行屬縣，勸農桑，振乏絶。秋冬案訊囚徒，平其罪法。歲終遣吏上計。並舉孝廉，典禁兵。秩二千石。

[2]【李賢注】《東觀記》曰："刺史太守多爲詐巧，不務實核，苟以度田爲名，聚人田中，并度廬屋里落，聚人遮道啼呼。"【今注】度田：東漢政府的一項行政措施，指丈量土地。主要爲了防止豪强、民衆隱瞞土地，爲國家增加田租收入。長沙五一廣場J1③：264—294號木牘載東漢和帝元興元年（105）六月發生的一起關於"度民田"的糾紛案件，簡文載鄉中"别治掾"倫率領基層小吏"以令度民田""度鄭尤、趙剪、張昆等□田""度周本、伍設昭田"，度田導致基層小吏與民衆發生争鬭。學者據此指出，一、度田衹是丈量、核實土地，並不涉及清查户口。二、度田是整個東漢一直施行的一項重要措施，每年都要舉行，時間一般在六月。三、由於度田牽涉豪强大族和普通民衆的切身利益，因此往往引發矛盾衝突。（參見劉國忠《從長沙五一廣場J1③：264—294號木牘看東漢的度田》，載李宗焜主編《古文字與古代史》第4輯，"中研院"歷史語言研究所2015年版，第537—545頁）

郡國大姓及兵長、群盜處處並起，攻劫在所，害殺長吏。郡縣追討，到則解散，去復屯結。[1]青、徐、幽、冀四州尤甚。冬十月，遣使者下郡國，聽群盜自相糾擿，[2]五人共斬一人者，除其罪。吏雖逗留回避故縱者，[3]皆勿問，聽以禽討爲效。[4]其牧守令長坐界内盜賊而不收捕者，又以畏愞捐城委守者，皆不以爲負，[5]但取獲賊多少爲殿最，[6]唯蔽匿者乃罪之。於是更相追捕，賊並解散。徙其魁帥於它郡，[7]賦田受稟，使安生業。[8]自是牛馬放牧，邑門不閉。

［1］【今注】屯：聚集。

［2］【李賢注】擿猶發也。音它狄反。【今注】擿：揭發。

［3］【今注】案，回，殿本作“迴”。　故縱：亦作“縱囚”，法律術語。指知人犯法而不檢舉，或故意開脱其罪。《漢書·刑法志》：“於是招進張湯、趙禹之屬，條定法令，作見知故縱、監臨部主之法，緩深故之罪，急縱出之誅。”顔師古注：“見知人犯法不舉告爲故縱。”《漢書·景武昭宣元成功臣表》：“太始三年，坐爲太常鞫獄不實，入錢百萬贖死，而完爲城旦。”晉灼曰：“《律説》：出罪爲故縱，入罪爲故不直。”張家山漢簡《二年律令·具律》：“鞫獄故縱、不直，及診、報、辟故弗窮審者，死罪，斬左止（趾）爲城旦，它各以其罪論之。”〔參見彭浩、陳偉、［日］工藤元男主編《二年律令與奏讞書——張家山二四七號漢墓出土法律文獻釋讀》，第138頁〕睡虎地秦簡《法律答問》：“論獄何謂‘不直’？可（何）謂‘縱囚’？罪當重而端輕之，當輕而端重之，是謂‘不直’。當論而端弗論，及易其獄，端令不致，論出之，是謂‘縱囚’。”（睡虎地秦墓竹簡整理小組：《睡虎地秦墓竹簡》，文物出版社1990年版，第115頁）

［4］【今注】效：效果，功效。

［5］【李賢注】委守謂弃其所守也。【今注】畏愞：又作“畏懦”，罪名。指軍事作戰或緝捕盜賊時畏懼、膽怯。《漢書》卷六《武帝紀》：“（天漢三年）秋，匈奴入鴈門，太守坐畏愞棄市。”如淳曰：“軍法，行逗留畏愞者要斬。”《漢書·景武昭宣元成功臣表》：“（合騎侯公孫敖）坐將兵擊匈奴與票騎將軍期後，畏懦當斬，贖罪。”張家山漢簡《二年律令·捕律》：“與盜賊遇而去北，及力足以追逮捕之逗留畏耎（愞）弗敢就，奪其將爵一級，免之，毋爵者戍邊二歲；而罰其所將吏徒以卒戍邊各一歲。興吏徒追盜賊，已

受令而逋，以畏耎（愞）論之。”〔參見彭浩、陳偉、［日］工藤元男主編《二年律令與奏讞書——張家山二四七號漢墓出土法律文獻釋讀》，第149頁〕畏愞是一個比較抽象的罪名，可能表現爲逗留、後期等行爲（參見沈家本《歷代刑法考》，第1755頁）。　捐城：棄城。　委守：委棄守地。　負：敗。

［6］【李賢注】殿，後也。謂課居後也。最，凡要之首也。言課居先也。【今注】殿最：考課術語。殿指最後一名，最指第一名。

［7］【今注】魁帥：首領。

［8］【今注】生業：賴以生存的職業。

盧芳遣使乞降。十二月甲辰，封芳爲代王。[1]

［1］【今注】案，曹金華《後漢書稽疑》謂，建武十六年（40）十二月戊辰朔，是月無“甲辰”（第40頁）。

初，王莽亂後，貨幣雜用布、帛、金、粟。是歲，始行五銖錢。[1]

［1］【李賢注】武帝始爲五銖錢，王莽時廢，今始行之。【今注】五銖錢：漢代錢幣。銖爲重量單位，漢一兩爲24銖，一銖約合今0.65克。西漢武帝時始鑄“五銖錢”，錢面有“五銖”二字，重如其文，故稱五銖錢。

十七年春正月，趙公良薨。

二月乙亥晦，[1] 日有食之。[2]

[1]【今注】案，乙亥，中華本改爲“乙未”。校勘記謂，“據《集解》引錢大昕、惠棟説改。按：是年三月丙申朔，作‘乙未’是”。

[2]【李賢注】《東觀記》曰：“上以日食避正殿，讀圖讖多，御坐廡下淺露，中風發疾，苦眩甚。左右有白大司馬史（史，大德本、殿本作‘吏’），病苦如此，不能動揺。自强從公，出乘，以車行數里，病差。四月二日，車駕宿偃師。病差數日，入南陽界，到葉。以車騎省，留數日行，黎陽兵馬千餘匹，遂到章陵，起居平愈。”

夏四月乙卯，[1]南巡狩，[2]皇太子及右翊公輔、楚公英、東海公陽、濟南公康、東平公蒼從，[3]幸潁川，[4]進幸葉、章陵。[5]五月乙卯，車駕還宫。

[1]【今注】案，中華本校勘記謂，“是年四月丙寅朔，無乙卯，此誤。下云‘五月乙卯，車駕還宫’。是年五月乙未朔，有乙卯，不誤”。曹金華《後漢書稽疑》認爲“乙卯”當是“丁卯”之訛（第40頁）。

[2]【今注】巡狩：又作“巡守”。古代天子巡察諸侯所守之疆土的一種禮制，秦漢時期指皇帝出行視察郡國。

[3]【今注】案，康，大德本作“廉”。

[4]【今注】案，潁，紹興本、大德本、殿本作“穎”。

[5]【李賢注】葉，縣，故楚葉公邑，屬南郡（中華本據《考證》在“南”後補“陽”字），今許州縣也。葉音式涉反。

六月癸巳，臨淮公衡薨。

秋七月，妖巫李廣等群起據晥城，[1]遣虎賁中郎將馬援、驃騎將軍段志討之。[2] 九月，破晥城，斬李廣等。

[1]【李賢注】縣名，屬廬江郡，故城在今舒州，有晥水（晥，紹興本作“皖”）。音下板反。【今注】晥城：即晥縣，縣名。治所在今安徽潛山市。晥，紹興本作“皖”。

[2]【今注】虎賁中郎將：官名。漢置，爲光禄勳屬官，秩比二千石，掌虎賁宿衛，戰時領兵征伐。《漢書·百官公卿表上》：“期門掌執兵送從，武帝建元三年初置……平帝元始元年更名虎賁郎，置中郎將，秩比二千石。”本書《百官志二》：“虎賁中郎將，比二千石。本注曰：主虎賁宿衛。”

冬十月辛巳，廢皇后郭氏爲中山太后，立貴人陰氏爲皇后。[1] 進右翊公輔爲中山王，食常山郡。[2] 其餘九國公，皆即舊封進爵爲王。

[1]【今注】陰氏：陰麗華，南陽新野（今河南新野縣）人，東漢光武帝皇后。紀見本書卷一〇上。

[2]【李賢注】本恒山郡，避文帝諱改爲常山，故城在今趙州元氏縣西。

甲申，幸章陵。脩園廟，祠舊宅，觀田廬，置酒作樂，賞賜。時宗室諸母因酣悦，[1] 相與語曰：“文叔少時謹信，與人不款曲，[2] 唯直柔耳。[3] 今乃能如此！”帝聞之，大笑曰：“吾理天下，亦欲以柔道行之。”乃悉爲春陵宗室起祠堂。有五鳳皇見於潁川之郟縣。[4] 十二月，至自章陵。

[1]【今注】案，酬，紹興本、大德本、殿本作“酣”。酣，飲酒盡興。《説文》：“酣，酒樂也。”

[2]【今注】款曲：殷勤應酬。

[3]【今注】直柔：坦率温和。

[4]【李賢注】郟，今汝州郟城縣也。《東觀記》曰：“鳳高八尺，五彩，群鳥並從，行列蓋地數頃，停一十七日。”【今注】案，殿本無“五”字。　郟縣：治所在今河南郟縣。

是歲，莎車國遣使貢獻。

十八年春二月，蜀郡守將史歆叛，[1]遣大司馬吴漢率二將軍討之，圍成都。

[1]【今注】蜀郡：治成都縣（今四川成都市武侯區）。

甲寅，西巡狩，幸長安。三月壬午，祠高廟，遂有事十一陵。歷馮翊界，進幸蒲坂，祠后土。[1]夏四月甲戌車駕還宫。[2]

[1]【李賢注】《漢官儀》曰：“祭地於河東汾陰后土宫。宫曲入河，古之祭地，澤中方丘也。以夏至日祭，其禮儀如祭天。”蒲坂，縣，屬河東郡。后土祠在今蒲州汾陰縣西北。【今注】蒲坂：蒲反，縣名。治所在今山西永濟市西南。

[2]【今注】案，甲戌，中華本據《考證》改爲“癸酉”。

癸酉，[1]詔曰：“今邊郡盜穀五十斛，罪至於死，開殘吏妄殺之路，[2]其蠲除此法，[3]同之内郡。”

[1]【今注】案，癸酉，中華本據《考證》改爲“甲戌”。校勘記謂，“萬松齡謂‘癸酉’移前，‘甲戌’移後，寫者誤倒耳”。

[2]【今注】妄：胡亂。《説文》：“亂也。”

[3]【今注】蠲除：廢除。

遣伏波將軍馬援率樓船將軍段志等擊交阯賊徵側等。[1]

[1]【今注】伏波將軍：將軍名號。主征伐。　樓船將軍：雜號將軍。西漢武帝時置，統水軍出戰。東漢沿置。

戊申，[1]幸河内。戊子，至自河内。[2]

[1]【今注】案，戊申，中華本據《考證》改爲“甲申”。校勘記謂，“是年夏四月庚申朔，下文云‘戊子至自河内’，明此‘戊申’乃‘甲申’之誤”。

[2]【今注】河内：郡名。治懷縣（今河南武陟縣西南）。

五月，旱。

盧芳復亡入匈奴。

秋七月，吴漢拔成都，斬史歆等。壬戌，赦益州所部殊死已下。

[1]【今注】案，曹金華《後漢書稽疑》謂，“建武十八年七月己丑朔，無‘壬戌’。《後漢紀》卷七作‘六月壬戌，赦益州殊死已下亡命者。秋，史歆等平’。六月己未朔，‘壬戌’乃初四，本紀二事爲倒置也”（第42頁）。

冬十月庚辰，幸宜城。[1]還，祠章陵。十二月乙丑，車駕還宫。

[1]【李賢注】縣，屬南郡，楚之鄢邑也，故城在今襄州率道縣南。【今注】宜城：縣名。治所在今湖北宜城市東南。

是歲，罷州牧，置刺史。[1]

[1]【李賢注】武帝元封五年初置部刺史，掌奉詔條察州，秩六百石，員十三人。成帝綏和元年更名牧（元，殿本作“三”），秩二千石。哀帝建平二年復爲刺史，元壽二年復爲牧。經王莽變革，至建武元年復置牧，今改置刺史。【今注】刺史：官名。秦設監御史，監督各郡。西漢武帝元封五年（前106）在全國十三部（州）設刺史，以六條監督郡國。秩六百石，屬官有從事史、假佐等。成帝綏和元年（前8）改爲州牧，秩二千石。哀帝建平二年（前5）又改爲刺史，元壽二年（前1）又改爲州牧。東漢光武帝建武十八年（42）又改爲刺史。

十九年春正月庚子，追尊孝宣皇帝曰中宗。[1]始祠昭帝、元帝於太廟，[2]成帝、哀帝、平帝於長安，[3]春陵節侯以下四世於章陵。

[1]【今注】孝宣皇帝：西漢宣帝劉詢，公元前74年至前49年在位。紀見《漢書》卷八。　中宗：漢宣帝廟號。

[2]【李賢注】《漢官儀》曰：“光武弟雖十二（弟，殿本作‘第’），於父子之次，於成帝爲兄弟，於哀帝爲諸父，於平帝爲祖父（中華本校勘記謂，‘李慈銘謂哀帝、平帝皆元帝庶孫，兄弟

行也，光武於成帝爲兄弟，則於平帝亦爲諸父，非祖父。注引《漢官儀》皆謬’），皆不可爲之後。上至元帝，於光武爲父，故上繼元帝而爲九代。故《河圖》云‘赤九會昌’，謂光武也。”然則宣帝爲曾祖（中華本據《刊誤》删“曾”字），故追尊及祠之。【今注】昭帝：西漢昭帝劉弗陵，公元前87年至前74年在位。紀見《漢書》卷七。案，中華本校勘記謂，“《集解》引錢大昕説，謂《祭祀志》是年雒陽高廟四時加祭孝宣、孝元，凡五帝，此云‘昭帝’，誤”。　元帝：西漢元帝劉奭，公元前49年至前33年在位。紀見《漢書》卷九。　太廟：帝王祭祀祖先的宗廟。光武帝即位後，在洛陽建太廟，祭祀西漢高祖、文、武、昭、宣、元等帝，並於長安的故高廟祭祀成、哀、平三帝。

［3］【今注】成帝：西漢成帝劉驁，公元前33年至前7年在位。紀見《漢書》卷一〇。　哀帝：西漢哀帝劉欣，公元前7年至前1年在位。紀見《漢書》卷一一。　平帝：西漢平帝劉衎，公元前1年至5年在位。紀見《漢書》卷一二。

妖巫單臣、傅鎮等反，據原武，[1]遣太中大夫臧宫圍之。[2]夏四月，拔原武，斬臣、鎮等。

［1］【今注】原武：縣名。治所在今河南原陽縣。

［2］【今注】案，大德本、殿本無“遣”字。

伏波將軍馬援破交阯，斬徵側等。因擊破九真賊都陽等，[1]降之。

［1］【今注】因：就，於是。

閏月戊申，進趙、齊、魯三國公爵爲王。

六月戊申，詔曰："《春秋》之義，立子以貴。[1]東海王陽，皇后之子，宜承大統。皇太子彊，崇執謙退，[2]願備藩國。父子之情，重久違之。其以彊爲東海王，立陽爲皇太子，改名莊。"

[1]【李賢注】《公羊傳》曰："立嫡以長不以賢，立子以貴不以長。桓公何以貴？母貴也。母貴則子貴。子以母貴，母以子貴。"【今注】立子以貴：古代指定繼承人的原則是"以禮爲先"。其中有兩條原則：立嫡以長不以賢，立子以貴不以長。故嫡子衆多，以兄爲先。兄弟衆多，嫡子爲貴。

[2]【今注】執謙退：堅持謙遜退讓。《漢書》卷九九上《王莽傳上》："深執謙退，推誠讓位。"

秋九月，南巡狩。壬申，幸南陽，進幸汝南南頓縣舍，[1]置酒會，賜吏人，復南頓田租歲。父老前叩頭言："皇考居此日久，陛下識知寺舍，[2]每來輒加厚恩，願賜復十年。"[3]帝曰："天下重器，常恐不任，日復一日，安敢遠期十歲乎？"吏人又言："陛下實惜之，何言謙也？"帝大笑，復增一歲。進幸淮陽、梁、沛。[4]

[1]【今注】縣舍：官府提供給縣令居住的宿舍。這類宿舍，家屬之隨在官者亦一同居住。劉秀之父劉欽任南頓縣令，劉秀幼年從父居南頓縣舍。（參見廖伯源《漢代官吏之休假及宿舍若干問題之辨析》，載《秦漢史論叢》，第288—303頁）

[2]【李賢注】蔡邕《獨斷》曰："陛，階陛也。與天子言不敢指斥，故云陛下。"《風俗通》曰："寺，司也。諸官府所止皆曰

寺。”光武嘗從皇考至南頓（嘗，殿本作“常”），故識知官府舍宇。【今注】寺舍：“寺”指官署、官廨。《説文》：“寺，廷也。”段玉裁注：“《漢書》注曰：凡府庭所在皆謂之寺。”“寺舍”即提供給縣令、縣丞等居住的官舍。

［3］【今注】賜復：皇帝賜予免除田租的特權。復即復除，這裏指免除田租。

［4］【今注】淮陽：國名。都陳縣（今河南淮陽縣）。

西南夷寇益州郡，[1]遣武威將軍劉尚計之。[2]越巂太守任貴謀叛，十二月，劉尚襲貴，誅之。

［1］【李賢注】常璩《華陽國志》云（璩，大德本作“據”）：“武帝元封二年叟夷反，將軍郭昌討平之，因開爲益州郡。”故城在今昆州晉寧縣是也。

［2］【今注】案，計，紹興本、大德本、殿本作“討”。

是歲，復置函谷關都尉。[1]修西京宫室。

［1］【李賢注】九年省，今復置。【今注】案，置，大德本、殿本作“致”。

二十年春二月戊子，車駕還宫。

夏四月庚辰，大司徒戴涉下獄死。[1]大司空竇融免。

［1］【李賢注】《古今注》曰：“坐入故太公倉令奚涉罪。”

五月辛亥，大司馬吴漢薨。

匈奴寇上黨、天水，[1]遂至扶風。

［1］【今注】上黨：郡名。治長子縣（今山西長子縣西）。

六月庚寅，廣漢太守蔡茂爲大司徒，[1]太僕朱臣爲大司空。[2]壬辰，左中郎將劉隆爲驃騎將軍，[3]行大司馬事。[4]

［1］【今注】蔡茂：字子禮，河内懷（今河南武陟縣西南）人。傳見本書卷二六。

［2］【今注】太僕：官名。秩中二千石，列位九卿，掌皇帝專用車馬，有時親自爲皇帝駕車，地位親近重要，兼管官府畜牧業〔參見吕宗力主編《中國歷代官制大辭典》（修訂版），第124頁〕。本書《百官志二》："太僕，卿一人，中二千石。本注曰：掌車馬。天子每出，奏駕上鹵簿，用大駕則執御。丞一人，比千石。"　案，朱臣，紹興本、大德本、殿本作"朱浮"，底本或誤。

［3］【今注】左中郎將：官名。西漢置，隸屬光禄勳。秩比二千石。居宫禁中，與五官、右中郎將分領中郎，更直宿衛，協助光禄勳考核管理郎官謁者從官。一説專掌謁者。多由外戚及親近之臣充任。東漢領左署中郎、侍郎、郎中，職掌訓練、管理、考核後備官員，出居外朝。　劉隆：字元伯，南陽安衆侯宗室，雲臺二十八將之一。傳見本書卷二二。

［4］【李賢注】武帝省立尉（立，紹興本、大德本、殿本作"太"，底本誤），置大司馬將軍；成帝賜金印紫綬，置官屬，禄比丞相；哀帝去將軍，位在司徒上。見《前書》。

乙未，徙中山王輔爲沛王。

秋，東夷朝國人率衆詣樂浪内附。[1]

[1]【李賢注】東夷有辰韓、卞韓、馬韓，謂之三韓國也。【今注】案，朝，紹興本、大德本、殿本作“韓”，底本誤。詣，大德本、殿本作“請”。

冬十月，東巡狩。甲午，幸魯，進幸東海、楚、沛國。

十二月，匈奴寇天水。

壬寅，車駕還宫。

是歲，省五原郡，[1]徙其吏人置河東。復濟陽縣傜役六歲。[2]

[1]【今注】五原郡：治九原縣（今内蒙古包頭市西）。

[2]【今注】復傜役：免除傜役。

二十一年春正月，武威將軍劉尚破益州夷，平之。

夏四月，安定屬國胡叛，[1]屯聚青山，[2]遣將兵長史陳訢討平之。[3]

[1]【今注】屬國：秦漢時設置的用於安置歸附的匈奴、羌、夷等少數民族的特別行政區。秦代設置有“屬邦”，有學者認爲漢代的“屬國”即“屬邦”。西漢武帝元狩三年（前120）置五屬國於西北邊郡，安置内附匈奴。宣帝以後，屬國或增置，或廢罷，兼安置羌族。東漢西北、東北、西南等邊境地區皆置。屬國設屬國都

尉主之，屬國内部的少數民族仍保留原來的部族、文化，多采用固有的仟、佰等基層組織。（參見孫言誠《秦漢的屬邦和屬國》，《史學月刊》1987 年第 2 期；黎明釗、唐俊峰《秦至西漢屬國的職官制度與安置模式》，《中國史研究》2018 年第 3 期）

［2］【李賢注】青山在今慶州馬嶺縣西北（馬，大德本、殿本作“烏”）。【今注】青山：山名。在今甘肅環縣西。

［3］【李賢注】訢音欣。【今注】案，訢，大德本、殿本作“訴”。　將兵長史：官名。西漢内郡置丞，邊郡又置長史，掌軍務，領兵馬。東漢邊郡易郡丞爲長史，又易長史爲將兵長史，專門負責軍事。〔參見吕宗力主編《中國歷代官制大辭典》（修訂版），第 678 頁〕本書卷四《和帝紀》有“象林將兵長史”。《漢書・百官公卿表上》：“郡守，秦官，掌治其郡，秩二千石。有丞，邊郡又有長史，掌兵馬，秩皆六百石。”本書《百官志五》：“凡州所監都爲京都，置尹一人，二千石，丞一人，每郡置太守一人，二千石，丞一人。郡當邊戍者，丞爲長史。”

秋，鮮卑寇遼東，遼東太守祭肜大破之。[1]

［1］【今注】鮮卑：古族名。東胡的一支。秦漢時，游牧於今内蒙古西拉木倫河及洮兒河之間，附於匈奴。北匈奴西遷後，進入匈奴故地，併其餘衆，勢力漸盛。東漢桓帝時，首領檀石槐建庭立制，組成軍事行政聯合體。分爲東、中、西三部，各置大人率領。其後聯合體瓦解，步度根、軻比能等首領各擁其衆，附屬漢魏。傳見本書卷九〇。　遼東：郡名。治襄平縣（今遼寧遼陽市）。　祭肜：字次孫，潁川潁陽（今河南許昌市西南）人。祭遵從弟。傳見本書卷二〇。

冬十月，遣伏波將軍馬援出塞擊烏桓，[1]不克。

[1]【今注】塞：邊界、險要之處。　烏桓：古族名。又作“烏丸”。東胡的一支。秦漢之際，東胡遭匈奴冒頓單于的攻擊，部分遷居烏桓山（今内蒙古阿魯科爾沁旗北境，即大興安嶺山脉南端），因以爲名。以游牧射獵爲生。西漢武帝時，遷至上谷、漁陽、右北平、遼西、遼東五郡塞外，在今内蒙古錫林郭勒盟、赤峰市、通遼市南部長城以北地。東漢初入居塞内，置護烏桓校尉管理，駐寧城（今河北萬全縣）。傳見本書卷九〇。

匈奴寇上谷、中山。

其冬，鄯善王、車師王等十六國皆遣子入侍奉獻，願請都護。[1]帝以中國初定，未遑外事，[2]乃還其侍子，厚加賞賜。

[1]【李賢注】都護，宣帝置，始以鄭吉爲之，秩比二千石。都，總也。言總護南北道。居烏壘城，察西域破國動静以間（破，紹興本、大德本、殿本作“諸”，底本誤；間，紹興本、大德本、殿本作“聞”，底本誤）。事見《前書》。【今注】車師：古國名。一名姑師國。漢西域三十六國之一。都城在交河城（今新疆吐魯番市西北二十里雅爾湖西）。後分爲車師前國與車師後國，皆屬西域都護。詳見本書卷八八《西域傳》。　案，十六國，中華本校勘記謂，“《西域傳》‘十六國’作‘十八國’，《袁紀》作‘鄯善王安、莎車王賢等十六國’”。　都護：西域都護，漢代駐西域的最高軍政長官，秩二千石，相當於内地的郡守，其下屬官有副校尉、丞、司馬、候、千人等。

[2]【今注】遑：閑暇。

二十二年春閏月丙戌，幸長安，祠高廟，遂有事十一陵。二月己巳，至自長安。[1]

[1]【今注】案，曹金華《後漢書稽疑》謂，“是年閏正月，戊辰朔，‘丙戌’十九日，而二月丁酉朔，無‘己巳’，‘二月’疑是‘三月’之訛。三月丁卯朔，己巳爲初三。下文‘夏五月乙未晦’，亦可證其誤”（第44頁）。

夏五月乙未晦，日有食之。[1]

[1]【今注】案，食，大德本、殿本作“蝕”。

秋七月，司隸校尉蘇鄴下獄死。

九月戊辰，地震裂。制詔曰：[1]“日者地震，[2]南陽尤甚。天地者，[3]任物至重，[4]静而不動者也。而今震裂，咎在君上。鬼神不順無德，灾殃將及吏人，朕甚懼焉。其令南陽勿輸今年田租芻稾。[5]遣謁者案行，[6]其死罪繫囚在戊辰以前，減死罪一等；徒皆弛解鉗，衣絲絮。[7]賜郡中居人壓死者棺錢，人三千。其口賦逋稅而廬宅尤破壞者，勿收責。[8]吏人死亡，或在壞垣毁屋之下，[9]而家羸弱不能收拾者，其以見錢穀取傭，[10]爲尋求之。”

[1]【今注】制詔：漢代“制書”的起首語，一般在制詔後加職官名。“制書”一般用於立法、布政、宣布對高官的任免等。（參見代國璽《漢代公文形態新探》，《中國史研究》2015年第2期）

[2]【今注】日者：近來。

［3］【今注】案，天，紹興本、大德本、殿本作“夫”。

［4］【今注】任：承擔。

［5］【今注】芻稾：芻稿税，秦漢税目之一。芻是餵馬的糧草，稿是農作物的莖杆，芻稿税是徵收農作物莖杆的實物税收。據簡牘材料可知，秦漢時期國家徵收芻稿分爲兩種，一種是按户徵收，稱爲“户芻”，屬於秦漢“户賦”的一種徵收方式，每户徵收固定數量的芻稿。另一種是按土地徵收，稱爲“田芻”，其按照土地面積徵收，而無論是否耕種土地。〔參見楊振紅《秦漢時期的芻稿税》，《出土簡牘與秦漢社會》（續編），廣西師範大學出版社2015年版，第142—155頁〕案，稾，殿本作“藁”。

［6］【今注】案行：巡視。

［7］【李賢注】弛，解脱也。《倉頡篇》曰：“鉗，釱也。”音奇炎反。《前書音義》曰：“釱，足鉗也。”音徒計反，又大蓋反（大，大德本、殿本作“太”）。舊法，在徒役者不得衣絲絮，今赦許之。【今注】弛解：打開。弛，殿本作“弛”。　鉗：戴在刑徒脚上的刑具。

［8］【李賢注】《漢儀注》曰：“人年十五至五十六出賦錢，人百二十，爲一筭。又七歲至十四出口錢（大德本、殿本“十四”後有“歲”字），人二十，以供天子；至武帝時又口加三錢，以補車騎馬。”逋税謂欠由租也（由，紹興本、大德本、殿本作“田”）。【今注】口賦：漢代税目之一，指人頭税。日本學者加藤繁認爲“口賦”最早是人頭税的通稱，後來專指針對“七至十四歲”兒童徵取的人頭税〔參見［日］加藤繁《關於算賦的小研究》，載《中國經濟史考證》（第一卷），商務印書館1959年版，第129頁〕。韓連琪則認爲口賦是算賦和口錢的合稱，即兒童和成人的人頭税（參見韓連琪《漢代的田租口賦和徭役》，《文史哲》1956年第7期）。　責：通“債”。

［9］【今注】垣：院墻。

［10］【今注】案，大德本無“其”字。　取傭：秦漢傭作術語，指僱傭。

冬十月壬子，大司空朱浮免。癸丑，光禄勳杜林爲大司空。[1]

［1］【今注】光禄勳：官名。西漢武帝太初元年（前104）改郎中令置。秩中二千石，位列諸卿。職掌宫殿門户宿衛，兼侍從皇帝左右，宫中宿衛、侍從、傳達諸官如大夫、郎官、謁者等皆屬之。兼典期門（虎賁）、羽林諸禁衛軍。新莽改名司中。東漢復舊，職司機構有所變動，以掌宫殿門户宿衛爲主，罷郎中三將，五官、左、右三中郎將署，分領中郎、侍郎、郎中，名義上備宿衛，實爲後備官員儲備之所。虎賁、羽林中郎將、羽林左右監仍領禁軍，掌宿衛侍從。職掌顧問参議的大夫、掌傳達招待的謁者及騎、奉車、駙馬三都尉名義上隸屬之。兩漢郎官爲選拔人才的重要途徑，故光禄勳對簡選官吏負有重要責任。〔参見吕宗力主編《中國歷代官制大辭典》（修訂版），第385頁〕　杜林：字伯山，扶風茂陵（今陕西興平市東北）人。家多書，少好學，博洽多聞，當時稱爲通儒。初爲郡吏，新莽末避亂河西，受到禮遇。嘗得漆書《古文尚書》一卷，傳以示人，古文經學於是風行。東漢光武帝徵拜侍御史，又歷官光禄勳、東海王傅、大司空等職。傳見本書卷二七。

是歲，齊王章薨。青州蝗。匈奴薁鞬日逐王比[1]遣使詣漁陽請和親，使中郎將李茂報命。烏桓擊破匈奴，匈奴北徙，幕南地空。[2]詔罷諸邊郡亭候吏卒。

［1］【李賢注】薁音於六反。鞬音紀言反。比，其名也。【今

注】薁鞬日逐王比：薁鞬日逐王爲匈奴貴族封號，“比”爲其名。詳細事迹見本書卷八九《南匈奴傳》。

［2］【李賢注】《前書音義》曰：“沙土曰幕，即今磧也。”【今注】幕：通“漠”。《説文》：“漠，北方流沙也。”段玉裁注：“《漢書》亦假幕爲漠。”

二十三年春正月，南郡蠻叛，遣武威將軍劉尚討破之，徙其種人於江夏。[1]

［1］【李賢注】郡名，故城在今安州雲夢縣東南。【今注】江夏：郡名。治西陵縣（今湖北武漢市新洲區西）。

夏五月丁卯，大司徒蔡茂薨。

秋八月丙戌，大司空杜林薨。[1]

［1］【今注】案，曹金華《後漢書稽疑》謂，“建武二十三年八月己丑朔，‘丙戌’在‘己丑’前三日，其云‘八月丙戌’誤矣。袁宏《後漢紀》卷八作二十四年‘大司空杜林薨，太僕張純爲大司空’，然范書《杜林傳》也作建武二十三年薨，本紀與《張純傳》俱作二十三年純代林爲大司空，疑《袁紀》誤”（第45頁）。

九月辛未，陳留太守玉況爲大司徒。[1]

［1］【李賢注】況字文伯，京兆人。玉音肅。【今注】陳留：郡名。治陳留縣（今河南開封市祥符區東南）。

冬十月丙申，太僕張純爲大司空。

高句驪率種人詣樂浪内屬。[1]

[1]【今注】案，驪，大德本、殿本作“驪”。

十二月，武陵蠻叛，寇掠郡縣，遣劉尚討之，戰於沅水，[1]尚軍敗殁。

[1]【李賢注】武陵，郡，今朗州也。沅，水名，出牂柯，東北過臨沅縣（沅，大德本作“沅”），至長沙入洞庭湖。【今注】武陵蠻：漢時分布在武陵郡的少數民族。相傳爲槃瓠之後，有民族語言，稱首領爲“精夫”，彼此互呼“姎徒”。漢初設武陵郡，歲徵大人布一匹，小口二丈，是謂賨布。東漢時勢力轉盛。光武帝建武二十三年（47），首領相單程率衆據險，攻襲郡縣，次年占領臨沅（今湖南常德市西）。後在東漢大軍圍攻下，飢困投降。詳見本書卷八六《南蠻西南夷傳》。武陵，郡名。治義陵縣（今湖南溆浦縣南）。　沅水：河流名。即今湖南西北境沅江。沅，大德本作“沅”。

是歲，匈奴薁鞬日逐王比率部曲遣使詣西河内附。

二十四年春正月乙亥，大赦天下。

匈奴薁鞬日逐王比遣使款五原塞，[1]求扞禦北虜。[2]

[1]【今注】款：扣。款，大德本作“隸”。　五原塞：兩漢五原郡邊塞的統稱，今内蒙古大青山西端、烏拉山南麓及陰山南坡的秦漢長城障塞。

[2]【今注】扞禦：防禦、抵抗。

秋七月，武陵蠻寇臨沅，[1]遣謁者李嵩、中山太守馬成討蠻，不克，於是伏波將軍馬援率四將軍討之。

[1]【李賢注】縣名，屬武陵郡，故城在今朗州武陵縣。【今注】臨沅：縣名。治所在今湖南常德市。

詔有司申明舊制阿附蕃王法。[1]

[1]【李賢注】武帝時有淮南、衡山之謀，作左官之律，設附益之法。《前書音義》曰："人道尚右，言捨天子，仕諸侯爲左官。左，僻也。"阿曲附益王侯者，將有重法。是爲舊制，今更申明之。【今注】阿附蕃王法：關於"阿附蕃王"的法律。"阿附蕃王"爲漢代罪名，指官吏依附王侯，背公向私，危害中央集權的行爲。西漢武帝時設置有左官、阿黨、附益等法律，均爲防止官吏與諸侯王、外戚、大臣等權貴勢力勾結，結黨營私，危害中央集權的法律。王先謙《後漢書集解》引惠棟曰："漢律鄭元章句曰：封諸侯過限曰附益。或曰阿媚王侯，有重法也。《袁安傳》曰阿附反虜法與同罪是也。"

冬十月，匈奴薁鞬日逐王比自立爲南單于，[1]於是分爲南、北匈奴。[2]

[1]【今注】單于：漢時匈奴對其國君的稱謂。《漢書》卷九四上《匈奴傳上》："單于姓攣鞮氏，其國稱之曰'撐犂孤塗單于'。匈奴謂天爲'撐犂'，謂子爲'孤塗'，單于者，廣大之貌也，言其象天單于然也。"

[2]【今注】南北匈奴：東漢光武帝建武二十三年（47），匈

奴發生王位之争。次年，部領匈奴南邊的薁鞬日逐王比自立爲單于，依附東漢稱臣，史稱“南單于”，自此匈奴分爲南北。光武帝將南匈奴安置在河套地區，建庭五原塞（今内蒙古包頭市）。次年，遷庭於美稷縣（今内蒙古准格爾旗西北），即匈奴“南庭”。漢置使匈奴中郎將率兵保護其安全。留居漠北的匈奴稱“北匈奴”。詳見本書卷八九《南匈奴傳》。案，曹金華《後漢書稽疑》認爲，“‘十月’疑作‘十二月’。《南匈奴列傳》作‘其冬，比自立爲呼韓邪單于’，章懷注引《東觀記》：‘十二月癸丑，匈奴始分爲南北單于。’建武二十四年十二月辛亥朔，‘癸丑’乃初三”（第45頁）。

二十五春正月，遼東徼外貊人[1]寇右北平、漁陽、上谷、太原，[2]遼東太守祭肜招降之。烏桓大人來朝。[3]

［1］【李賢注】貊人，穢貊國人也。貊音陌。【今注】貊：又作薉貉、穢貊、濊貉等。古族名。古代東夷之一種。秦漢時分布於今吉林、遼東及朝鮮之地。

［2］【今注】案，中華本校勘記曰：“《集解》引陳景雲説，謂‘太原’二字非衍即誤。貊人入寇東邊諸郡，不能西至太原内地也。”

［3］【李賢注】大人謂渠神也（大人，大德本、殿本作“烏桓”。神，紹興本、大德本、殿本作“帥”，底本誤。中華本校勘記據《校補》當作“大人，烏桓謂渠帥也”，互脱二字）。【今注】大人：在高位者，此處指首領。

南單于遣使詣闕貢獻，[1]奉蕃稱臣；又遣其左賢王擊破北匈奴，[2]却地千餘里。三月，南單于遣子入侍。

［1］【今注】詣闕："詣"指至、前往，"闕"亦稱"闕門"，指前有高臺建築"闕"的皇宫宫門。古代吏民上書及四方貢獻，皆前往皇宫闕門，稱爲"詣闕"。由守衛闕門的公車司馬令上呈。本書《百官志二》："公車司馬令一人，六百石。本注曰：掌宫南闕門，凡吏民上章，四方貢獻，及徵詣公車者。"

［2］【今注】左賢王：匈奴官名，即左屠耆王。屠耆爲匈奴語"賢"，漢人因稱左屠耆王爲左賢王。爲單于手下的最高官職。匈奴尚左，故常以太子擔任此職。一般統率萬餘騎，居單于東方，最爲大國。下各置千長、百長、什長、裨小王、相、都尉、當户、且渠等官屬，以管理轄地軍政事務。

戊申晦，日有食之。

伏波將軍馬援等破武陵蠻於臨沅。冬十月，叛蠻悉降。

夫餘王遣使奉獻。[1]

［1］【李賢注】夫餘國在海東，去玄菟千里餘（千里餘，大德本、殿本作"千餘里"）。【今注】夫餘：古族名。亦作扶餘、鳧餘、不與、符婁。西漢時亦稱其所建政權爲夫餘。在今松花江中游平原上，以今農安爲中心，南至遼寧北境，北達松花江中游，東至吉林市，西與鮮卑接。西漢隸玄菟郡，東漢末改屬遼東郡。詳見本書卷八五《東夷傳》。

是歲，烏桓大人率衆内屬，詣闕朝貢。

二十六年正月，詔有司增百官奉。[1]其千石已上，[2]減於西京舊制；六百石已下，增於舊秩。

［1］【李賢注】《續漢志》曰："大將軍、三公奉月三百五十斛，秩中二千石奉月百八十斛，二千石月百二十斛，比二千石月百斛，千石月九十斛，比千石月八十斛，六百石月七十斛，比六百石月五十五斛，四百石月五十斛，比四百石月四十五斛，三百石月四十斛，比三百石月三十七斛，二百石月三十斛，比二百石月二十七斛，百石月十六斛，斗食月十一斛，佐史月八斛。凡諸受奉，錢穀各半。"奉音扶用反。

［2］【今注】千石：漢代官吏秩級，高於比千石，低於比二千石，月俸九十斛。

初作壽陵。[1]將作大匠竇融上言園陵廣袤，無慮所用。[2]帝曰："古者帝王之葬，皆陶人瓦器，木車茅馬，[3]使後世之人不知其處。太宗識終始之義，景帝能述遵孝道，遭天下反覆，而霸陵獨完受其福，豈不美哉！[4]今所制地不過二三頃，[5]無爲山陵，陂池裁令流水而已。"[6]

［1］【李賢注】初作陵未有名，故號壽陵，蓋取久長之義也。漢自文帝以後皆預作陵（漢自文帝，大德本作"帝漢自文"。殿本作"漢帝自文"），今循舊制也。【今注】壽陵：指帝后生前預作的墳墓。

［2］【李賢注】《前書》曰："將作少府，秦官，掌宫室，景帝改爲大匠，秩二千石。"《説文》曰："南北曰袤，東西曰廣。"《廣雅》曰："無慮，都凡也。"謂請園陵都凡制度也。袤音茂。【今注】將作大匠：官名。西漢景帝中元六年（前144）由將作少府改名。秩二千石，或以功勞增秩中二千石。掌領徒隸修建宫室、宗廟、陵寢及其他土木工程，植樹於道旁。新莽改名都匠。東漢復

舊，然初不置專官，常以謁者兼領其事。至章帝始真授。〔參見吕宗力《中國歷代官制大辭典》(修訂版)，第678頁〕《漢書·百官公卿表上》："將作少府，秦官，掌治宫室，有兩丞、左右中候。景帝中六年更名將作大匠。"　廣袤：寬度和長度，這裏指土地面積。　無慮：大約、總共。《漢書·食貨志下》："然不能半自出，天下大氐無慮皆鑄金錢矣。"顔師古注："無慮亦謂大率無小計慮耳。"《漢書》卷七九《馮奉世傳》："今反虜無慮三萬人，法當倍用六萬人。"顔師古注："無慮，舉凡之言也。無小思慮而大計也。"王念孫《讀書雜志·漢書第十六》認爲，"慮"本身即有"大凡""大計"之意，故"無慮"爲疊韻字，屬於"連語"。"無慮"應整體解釋爲"粗計"。

[3]【李賢注】《禮》曰（禮曰，大德本作"禮記曰"，殿本作"禮記"）："塗車芻靈，自古有之。"鄭玄注云："芻靈，束茅爲人馬也。"

[4]【李賢注】謂赤眉入長安，惟霸陵不掘。【今注】霸陵：漢文帝劉恒陵墓，有時寫作灞陵。因靠近灞河而得名。位於今陝西西安市東郊白鹿原東北角。

[5]【今注】案，今，殿本作"令"。

[6]【李賢注】言不起山陵，裁令封土，陂池不停水而已。陂音普何反。池音徒何反。【今注】陂：池塘。　裁：裁斷。案，今，紹興本、大德本、殿本作"令"，底本誤。

遣中郎將段郴授南單于璽綬，令入居雲中，[1]始置使匈奴中郎將，將兵衛護之。[2]南單于遣子入侍，奉奏詣闕。於是雲中、五原、朔方、北地、定襄、鴈門、上谷、代八郡民歸於本土。遣謁者分將施刑補理城郭。[3]發遣邊民在中國者，布還諸縣，皆賜以裝錢，[4]轉輸給食。[5]

[1]【李賢注】郡名，在今勝州北。郴音丑林反。【今注】雲中：郡名。治雲中縣（今内蒙古托克托縣東北）。

[2]【李賢注】中郎將即段郴也。《漢官儀》曰“使匈奴中郎將屯西河美稷縣”也。【今注】使匈奴中郎將：官名。西漢時常遣中郎將使匈奴，稱匈奴中郎將。元帝以後雖遣使頻繁，但身份仍爲使節，事迄即罷。東漢光武帝建武二十六年（50）遣中郎將段郴等使南匈奴，授南單于璽綬，令入居雲中，始置使匈奴中郎將以監護之，因設官府、從事、掾史。後徙至西河，又令西河長史歲將騎二千，弛刑五百人，助中郎將衛護單于，冬屯夏罷。自後遂爲常制。本書《百官志五》：“使匈奴中郎將一人，比二千石。本注曰：主護南單于。置從事二人，有事隨事增之，掾隨事爲員。”除監護南匈奴諸部落外，也常將南匈奴騎兵征伐烏桓、西羌等。（參見林甘泉主編《中國歷史大辭典·秦漢史》，第278頁）

[3]【李賢注】施與弛同，解見上。

[4]【今注】裝錢：置辦行裝的費用。王先謙《後漢書集解》引胡三省曰：“賜錢爲辦裝也。”

[5]【李賢注】《東觀記》曰：“時城郭丘墟，掃地更爲，上悔前徙之。”【今注】轉輸：運輸。

二十七年夏四月戊午，大司徒玉況薨。

五月丁丑，詔曰：“昔契作司徒，[1]禹作司空，[2]皆無‘大’名，其令二府去‘大’。”[3]又改大司馬爲太尉。[4]驃騎大將軍行大司馬劉隆即日罷，[5]太僕趙憙爲太尉，[6]大司農馮勤爲司徒。[7]

[1]【今注】契：商人始祖。相傳其母爲有娀氏之女簡狄，食玄鳥蛋受孕而生。據《尚書·堯典》記載，舜任命契爲司徒，主管教化。

［2］【今注】禹：夏后氏首領，夏朝開國君主。鯀之子，治水有功，舜讓位於他。他死後，子啓即位，開始了世襲制度。據《尚書·堯典》記載，舜任命禹爲司空，主平治水土。

［3］【李賢注】朱祐奏宜令三公並去"大"名，以法經典，帝從其議。

［4］【今注】太尉：官名。秦漢最高軍政長官，《漢書·百官公卿表上》："太尉，秦官，金印紫綬，掌武事。"西漢太尉是武將的榮譽職務，並無多少實權，不過是皇帝的軍事顧問，很少參與實際軍務。武帝改太尉爲大司馬。東漢光武帝復改大司馬爲太尉，此後太尉的軍權逐漸加重，於軍事顧問之外，並綜理軍政。（參見安作璋、熊鐵基《秦漢官制史稿》，第74—78頁）

［5］【今注】案，曹金華《後漢書稽疑》謂，"'驃騎大將軍'疑衍'大'字。本紀前文、《劉隆傳》等並作'驃騎將軍'，《後漢紀》卷七、《類聚》卷四十八引《東觀記》也作'驃騎將軍'"（第47頁）。

［6］【今注】趙憙：字伯陽，南陽宛（今河南南陽市卧龍區）人。傳見本書卷二六。憙，大德本作"喜"。

［7］【今注】大司農：官名。西漢武帝太初元年（前104）改大農令置。秩中二千石，列位諸卿。掌全國租賦收入和國家財政開支，凡百官俸禄、軍費、各級政府機構經費等由其支付，管理各地倉儲、水利，官府農業、手工業、商業的經營，調運貨物，管制物價等。（參見林甘泉主編《中國歷史大辭典·秦漢史》，第20頁）《漢書·百官公卿表上》："治粟内史，秦官，掌穀貨，有兩丞。景帝後元年更名大農令，武帝太初元年更名大司農。"　馮勤：字偉伯，魏郡繁陽（今河南内黄縣）人，弘農太守馮揚曾孫。傳見本書卷二六。

益州郡徼外蠻夷率種人内屬。

北匈奴遣使詣武威乞和親。[1]

[1]【李賢注】武威，郡，故城在今涼州姑臧縣西北，故涼城是也。【今注】武威：郡名。治姑臧縣（今甘肅武威市西北）。

冬，魯王興、齊王石始就國。

二十八年春正月己巳，[1]徙魯王興爲北海王，以魯國益東海。賜東海王彊虎賁、旄頭、鍾虡之樂。[2]

[1]【今注】案，曹金華《後漢書稽疑》謂，“是年正月癸巳朔，無‘己巳’。《通鑑》卷四十四從范書，亦誤”（第47頁）。

[2]【李賢注】《漢官儀》曰：“虎賁千五百人，戴鶡尾，屬虎賁中郎將。”又云：“舊選羽林爲旄頭，被髮先駈。”魏文帝《列異傳》曰：“秦文公時梓樹化爲牛，以騎擊之，騎不勝，或墮地髻解被髮，牛畏之，入水，故秦因是置旄頭騎，使先駈。”《爾雅》曰：“木謂之虡。”所以懸鍾磬也。《説文》曰：“虡飾爲猛獸。”【今注】虎賁：又稱“虎賁郎”，秦漢時期皇帝的一種警衛部隊。西漢武帝建元三年（前138）設置期門，平帝元始元年（1）王莽改期門爲虎賁郎，並設虎賁中郎將進行管理。“虎賁”是“衞士”，掌“執兵送從”或“宿衞侍從”，供君主於宫中以至殿上宿衞雜役之用，在皇帝出行時亦擔任警衛和從事雜役。虎賁還兼管省外宫内機關和這些機關工作人員的警衛事務。皇帝常將虎賁賜予諸侯王、大臣，不但賜予活着的諸侯王、大臣，亦賜予死去的諸侯王、大臣。（參見楊鴻年《虎賁羽林》，載《漢魏制度叢考》，第152—170頁）　旄頭：皇帝儀仗中一種擔任先驅的騎兵。《漢書》卷六三《武五子傳》：“旦遂招來郡國奸人，賦斂銅鐵作甲兵，數閲其車騎材官卒，建旌旗鼓車，旄頭先敺，郎中侍從者著貂羽，黄金附蟬，皆號侍中。”　鍾虡：一種懸鐘的格架。

夏六月丁卯，沛太后郭氏薨，因詔郡縣捕王侯賓客，坐死者數千人。[1]

[1]【李賢注】時更始子鯉因沛獻王輔殺劉盆子兄恭，故王侯賓客多坐死。

秋八月戊寅，東海王彊、沛王輔、楚王英、濟南王康、淮陽王延始就國。

冬十月癸酉，詔死罪繫囚皆一切募下蠶室，[1]其女子宫。[2]

[1]【李賢注】蠶室，宫刑獄名。宫刑者畏風，須暖，作窨室蓄火如蠶室，因以名焉。窨音一禁反（大德本、殿本無"音"字）。見《前書音義》。【今注】蠶室：執行宫刑及受宫刑者所居之獄室。因受宫刑者畏風須暖，故進入加温的密室，如養蠶之室，故稱"蠶室"。《漢書》卷五九《張安世傳》："初，安世兄賀幸於衛太子，太子敗，賓客皆誅，安世爲賀上書，得下蠶室。"顔師古注："謂腐刑也。凡養蠶者，欲其温而早成，故爲密室蓄火以置之。而新腐刑亦有中風之患，須入密室乃得以全，因呼爲蠶室耳。"

[2]【李賢注】謂幽閉也。【今注】宫：刑罰名。男子去勢，女子幽閉。

北匈奴遣使貢獻，乞和親。

二十九年春二月丁巳朔，日有食之。遣使者舉冤獄，出繫囚。

庚申，賜天下男子爵，人二級；[1]鰥、寡、孤、獨、篤癃、貧不能自存者粟，人五斛。

［1］【今注】案，二，大德本作“一”。

夏四月乙丑，詔令天下繫囚自殊死已下及徒各減本罪一等，其餘贖罪輸作各有差。[1]

［1］【今注】贖罪：刑罰名。指以交納金錢來替换其他刑罰的一種替代刑。根據簡牘材料，秦及漢初的贖刑分爲兩種，一種是直接針對犯罪規定的贖刑，適用對象具普遍性，多用於過失、未遂等犯罪，學者稱爲“規定贖刑”或“正刑的贖刑”；另一種是因犯罪者的特殊身份而作爲本刑之替换刑的贖刑，僅適用於特定對象，多用於有爵者及其他身份特殊者，學者稱爲“替换贖刑”或“换刑的贖刑”。〔參見［日］角谷常子《秦漢時代的贖刑》，《簡帛研究（二〇〇一）》，廣西師範大學出版社2001年版；丁義娟、于淑紅《從出土簡看漢初律中贖刑種類及其發展》，《蘭臺世界》2015年第12期；徐世虹等《秦律研究》，武漢大學出版社2017年版，第254—259頁〕　輸作：指徒刑，即輸入官府機構進行勞作。　差：差等、等級。

三十年春正月，鮮卑大人内屬，朝賀。

二月，東巡狩。甲子，幸魯，進幸濟南。[1]閏月癸丑，車駕還宫。

［1］【今注】濟南：國名。治東平陵縣（今山東濟南市章丘區西北）。

有星孛于紫宫。[1]

[1]【今注】紫宫：星座名。即紫微垣，古代“三垣”之一，位在北斗七星的東北方，東八顆，西七顆，各成列，似城墻護衛着北極星，故稱爲“紫宫”。本書《天文志上》：“白氣爲喪，有炎作彗，彗所以除穢。紫宫，天子之宫，彗加其藩，除宫之象。”

夏四月戊子，徙左翊王焉爲中山王。

五月，大水。

賜天下男子爵，人二級；鰥、寡、孤、獨、篤癃、貧不能自存者粟，人五斛。

秋七月丁酉，幸魯國。[1]復濟陽縣是年傜役。冬十一月丁酉，至自魯。[2]

[1]【今注】案，曹金華《後漢書稽疑》謂，“建武三十年七月己酉朔，是月無‘丁酉’。《後漢紀》卷八作‘冬十月丁酉，上幸魯國’。十月丁丑朔，‘丁酉’二十一日，當是。《通鑑》卷四十四從范書，亦誤”（第48頁）。

[2]【今注】案，中華本校勘記曰：“汲本、《集解》本‘丁酉’作‘乙酉’。按：是年十一月丁未朔，無丁酉、乙酉，疑‘己酉’之誤。”

三十一年夏五月，大水。

戊辰，賜天下男子爵，人二級；鰥、寡、孤、獨、篤癃、貧不能自存者粟，人六斛。

癸酉晦，日有食之。

是夏，蝗。

秋九月甲辰，詔令死罪繫囚皆一切募下蠶室，其女子宫。

是歲，陳留雨穀，形如稗實。[1]北匈奴遣使奉獻。

[1]【李賢注】杜預注《左傳》云："稗，草之似穀者。"音蒲懈反（懈，大德本、殿本作"解"）。【今注】稗：一年生草本植物，長在稻田裏或低濕的地方，形狀像稻，是稻田的害草。

中元元年春正月，[1]東海王彊、沛王輔、楚王英、濟南王康、淮陽王延、趙王盱皆來朝。[2]

[1]【今注】中元：亦稱建武中元，東漢光武帝劉秀年號（56—57）。中華本校勘記謂，"中元非年號，《刊誤》及《補注》並謂應冠'建武'二字"。

[2]【李賢注】盱音況于反。【今注】案，大德本、殿本無"朝"字。王先謙《後漢書集解》："案盱，本傳作栩，《明紀》永平五年亦作栩，六年仍作盱，《章紀》建初六年亦作盱。"

丁卯，東巡狩。二月己卯，幸魯，進幸太山。北海王興、齊王石朝于東嶽。辛卯，柴望岱宗，登封太山；甲午，禪于梁父。[1]

[1]【李賢注】岱宗，大山也（大，紹興本、大德本、殿本作"太"）。梁父，太山下小山也。封謂聚土爲壇，墠謂除地而祭。改"墠"爲"禪"，神之也。《續漢志》曰："時上御輦升山，即位於壇南，北面，尚書令奉玉牒檢，皇帝以寸三分璽親封之。藏玉牒已，復石覆訖（復，大德本、殿本作"以"），尚書令以五寸印封石檢畢，皇帝再拜。禪祭地于梁陰，以高后配，山川群神從祀焉。其玉牒文祕，刻石文辭多，不載。"【今注】封：封禪，

秦漢時期皇帝在泰山及其周邊小山舉行的一種祭祀天地之禮。“封”指聚土爲壇而祭，“禪”本字爲“墠”，指除地而祭，即所謂“封土曰壇，除地曰墠”。漢代皇帝多於泰山祭天，舉行“封”禮，於泰山下之小山梁父祭地，舉行“禪”禮。　梁父：山名。別名映佛山、迎福山。位於今山東泰安市徂徠山南麓，山勢峭拔險峻。上古至秦漢時期歷代帝王封泰山必禪梁父。

三月戊辰，司空張純薨。

夏四月癸酉，車駕還宮。己卯，大赦天下。復嬴、博、梁父、奉高，[1]勿出今年田租芻稾。[2]改年爲中元。

[1]【李賢注】四縣屬太山郡，故城在今兖州博城縣界。【今注】嬴：縣名。治所在今山東萊蕪市西北。　博：縣名。治所在今山東泰安市東南。　梁父：縣名。又作“梁甫”。治所在今山東新泰市西。　奉高：縣名。爲泰山郡治，治所在今山東泰安市東。

[2]【今注】案，稾，殿本作“藁”。

行幸長安。戊子，祀長陵。[1]五月乙丑，至自長安。

[1]【今注】長陵：漢高祖劉邦與皇后吕雉的陵墓，位於今陝西咸陽市東。

六月辛卯，太僕馮魴爲司空。[1]

[1]【今注】馮魴：字孝孫，南陽湖陽（今河南唐河縣）人。傳見本書卷三三。

乙未，司徒馮勤薨。

是夏，京師醴泉涌出，[1]飲之者固疾皆愈，[2]惟眇、蹇者不瘳。[3]又有赤草生於水崖。[4]郡國頻上甘露。群臣奏言："地祇靈應而朱草萌生。[5]孝宣帝每有嘉瑞，輒以改元，神爵、五鳳、甘露、黄龍，[6]列爲年紀，[7]蓋以感致神祇，表彰德信。[8]是以化致升平，稱爲中興。[9]今天下清寧，靈物仍降。[10]陛下情存損挹，[11]推而不居，[12]豈可使祥符顯慶，没而無聞？宜令太史撰集，[13]以傳來世。"帝不納。常自謙無德，每郡國所上，輒抑而不當，故史官空得記焉。[14]

[1]【李賢注】《尚書中候》曰"俊乂在官，則醴泉出"也。【今注】醴泉：又名甘泉。醴是一種甜酒，醴泉即甘甜的泉水。《禮記·禮運》："故天降膏露，地出醴泉。"

[2]【今注】固疾：同"痼疾"。指長久不愈之病。

[3]【今注】眇：目盲。　蹇：跛脚，行走困難。　瘳：病癒。

[4]【李賢注】赤草，朱草也。《大戴禮》曰："朱草日生一葉，至十五日已後日落一葉，周而復始。"【今注】赤草：亦稱朱草，一種紅色的草，可作染料，古以爲瑞草。

[5]【李賢注】《孝經援神契》曰："德至草木，即朱草生。"

[6]【今注】神爵：西漢宣帝劉詢第四個年號（前61—前58），計四年。　五鳳：西漢宣帝第五個年號（前57—前54），計四年。　甘露：西漢宣帝第六個年號（前53—前50），計四年。　黄龍：西漢宣帝第七個年號（前49），亦爲最後一個年號，計一年。

[7]【今注】年紀：年號。

[8]【今注】表彰：表露彰顯。

[9]【今注】中興：中途振興，指國家由衰退而復興。歷史上稱漢宣帝時代爲“宣帝中興”，或將漢昭帝、宣帝時期稱爲“昭宣中興”。

[10]【今注】仍：頻繁。

[11]【今注】挹：損。

[12]【今注】居：處，當，擔任。

[13]【李賢注】太史，史官之長也。《前書音義》曰：“太史公，武帝置，位在丞相之上。”【今注】太史：官名。周代爲史官之長，太史僚機構負責人，地位甚崇。職掌起草、宣讀、保存文書，發布政令以及天文、星曆、歷史等事務。西漢置太史，隸屬太常，掌管編寫史書和天文曆法。東漢置太史令，秩僅六百石，職掌範圍亦縮小，衹掌管天文、曆法，記録祥瑞、災異等。本書《百官志二》：“太史令一人，六百石。本注曰：掌天時、星曆。凡歲將終，奏新年曆。凡國祭祀、喪、娶之事，掌奏良日及時節禁忌。凡國有瑞應、災異，掌記之。”

[14]【今注】案，空，紹興本、殿本、大德本作“罕”。

秋，郡國三蝗。

冬十月辛未，司隸校尉東萊李訢爲司徒。[1]

[1]【今注】東萊：郡名。治掖縣（今山東萊州市）。　李訢：東萊（今山東萊州市）人，光武帝時原任司隸校尉，建武中元元年（56）任司徒。明帝繼位後，封安鄉侯。永平三年（60）免官。

甲申，使司空告祠高廟曰：“高皇帝與群臣約，非劉氏不王。吕太后賊害三趙，[1]專王吕氏，賴社稷之靈，禄、産伏誅，[2]天命幾墜，危朝更安。吕太后不宜配食高廟，同祧至尊。[3]薄太后母德慈仁，[4]孝文皇帝賢明臨國，子孫賴福，延祚至今。[5]其上薄太后尊號曰高皇后，配食地祇。遷吕太后廟主于園，四時上祭。"[6]

[1]【李賢注】謂高帝子趙幽王友、趙恭王恢、趙隱王如意。【今注】吕太后：吕雉，西漢高祖劉邦之妻。紀見《漢書》卷三。

[2]【李賢注】吕産、吕禄，並吕后兄弟子。吕后崩，各擁南北軍，欲爲亂，周勃、陳平等誅之（誅，大德本、殿本作"禽"）。【今注】禄産：吕産、吕禄，吕后之侄。吕后病重，命吕産、吕禄分掌南、北軍，後被誅殺。

[3]【今注】祧：遠祖之廟。

[4]【李賢注】薄太后，高帝姬，孝文帝之母。【今注】薄太后：史稱薄姬，西漢高祖劉邦之嬪妃，文帝劉恒生母。詳細事迹見《漢書》卷九七上《外戚傳上》。

[5]【今注】祚：帝位。

[6]【李賢注】園謂塋域也，於中置寢。

十一月甲子晦，日有食之。

是歲，初起明堂、靈臺、辟雍，及北郊兆域。[1]宣布圖讖於天下。復濟陽、南頓是年徭役。參狼羌寇武都，敗郡兵，隴西太守劉盱遣軍救之，及武都郡兵討叛羌，皆破之。

[1]【李賢注】《大戴禮》云："明堂者凡九室，一室有四户八牖，三十六户，七十二牖。以茅蓋上，上員下方（員，殿本作'圓'）。赤綴户也，白綴牖也。"《禮圖》又曰："建武三十二年

（二，紹興本、大德本、殿本作‘一’），作明堂，上員下方（員，殿本作‘圓’）。十二堂法日辰。九室法九州。室八窻（窻，殿本作‘牕’），八九七十二，法一時之王。室有十二户（户，紹興本作‘戸’），法陰陽之數。”胡伯始云：“古清廟蓋以茅，今蓋以瓦，下藉茅，存古制也。”《漢官儀》曰：“明堂四面起土作塹（塹，大德本、殿本作‘壍’，本注下同），上作橋，塹中無水。明堂去平城門二里所，天子出，從平城門，先歷明堂，乃至郊祀。”又曰：“辟雍去明堂三百步。車駕臨辟雍，從北門入。三月、九月，皆於中行鄉射禮。辟雍以水周其外，以節觀者。諸侯曰泮官（官，紹興本、大德本、殿本作‘宫’）。東西南有水，北無，下天子也。”《漢宫閣疏》曰：“靈臺高三丈，十二門。天子曰靈臺，諸侯曰觀臺。”《漢官儀》：“北郊壇在城西北角，去城一里所。以方壇四陛（以，紹興本、大德本、殿本作‘所謂’），但有壇祠舍而已（有，大德本作‘存’）。其鼓吹樂及舞人御帳，皆徙南郊之具（徙，大德本、殿本作‘從’，底本誤）。地祇位南面西上，高皇后配，西面，皆在壇上。地理群神後食壇下（後，紹興本、大德本、殿本作‘從’）。南郊焚犢，北郊埋犢。”【今注】明堂：古代最隆重的建築之一，與辟雍、靈臺合稱“三雍”，是國君進行祭祀、朝會諸侯、發布政令之所。其建築結構，一般認爲包括“太室”和堂、室等，並“以茅蓋屋，上圓下方，外水曰辟雍”。　靈臺：古代一種觀測天象的高臺，亦與明堂、辟雍結合，成爲進行祭祀、朝聘之所。《詩·大雅·靈臺》：“經始靈臺，經之營之，庶民攻之，不日成之。”據此，周文王時即建造有“靈臺”。漢代的靈臺當包含多層的高臺及其之上的附屬建築，並成爲“靈臺”機構的辦公場所。　辟雍：環繞明堂的圓形水池。“辟”通“壁”，取四周有水，形如璧環爲名；“雍”同“邕”，指水池環繞的高地及其建築。辟雍是較大的水面，並附有苑囿等區域，有魚鳥集居。西周麥尊等金文材料記載有“辟雍”，辟雍中可以行舟，舉行射禮，進行漁獵等。“辟雍”亦承擔教育功能，是最早的學校之一。（參見楊寬《西周史》，上海人民出版社2003年版，第666—674頁）　北郊兆域：北郊祖廟墓園。

二年春正月辛未，初立北郊，[1]祀后土。東夷倭奴國王遣使奉獻。[2]

[1]【今注】北郊：古祭祀之禮。南郊祭天，北郊祭地。東漢光武帝建武中元元年（56）設置北郊壇，位於洛陽城北四里。

[2]【李賢注】倭在帶方東南大海中，依山島爲國（底本此注錯亂，據紹興本、大德本、殿本改）。【今注】倭奴：又稱“倭”“委”，古代對日本國及其居民的稱呼。《漢書·地理志下》：“樂浪海中有倭人，分爲百餘國，以歲時來獻見云。”西漢武帝征服朝鮮後，倭三十餘國通使於漢，大倭王居邪馬臺國。東漢光武帝建武中元二年，倭奴國奉貢朝漢，光武帝賜以印綬。詳見本書卷八五《東夷傳》。日本福岡博物館藏有一枚“漢倭奴國王”印，或即爲光武帝所賜。　案，王，紹興本作“主”。

二月戊戌，帝崩於南宫前殿，年六十二。[1]遺詔曰：“朕無益百姓，皆如孝文皇帝制度，務從約省。[2]刺史、二千石長吏皆無離城郭，無遣吏及因郵奏。”[3]

[1]【李賢注】伏侯《古今注》曰：“百歲在丁巳（百，紹興本、大德本、殿本作‘是’）。”【今注】崩：古代稱天子死爲崩，秦漢用於皇帝、太后等死亡的代稱。《禮記·曲禮下》：“天子死曰崩，諸侯曰薨，大夫曰卒，士曰不祿，庶人曰死。”《説文》：“崩，山壞也。”段玉裁注：“引申之，天子死曰崩。”　案，中華本校勘

記曰：“惠棟《補注》引蔣杲説，謂光武以二十八歲起兵，中更始二年，建武三十一年，中元二年，則崩時乃六十三歲。《祭祀志》封禪刻石文已云‘在位三十二年，年六十二’，則崩年六十三無疑矣。此‘二’字疑傳寫誤也。”

［2］【李賢注】文帝葬皆以瓦器，不以金銀銅銀爲節（銀，紹興本、大德本、殿本作“錫”。節，紹興本、大德本、殿本作“飾”，底本誤），因其山，不起墳。

［3］【李賢注】《説文》曰：“又（紹興本、大德本、殿本作‘郵’，底本誤），境上行書舍也。”【今注】案，王先謙《後漢書集解》引劉攽曰：“案文多一‘無’字。光武崩，諸侯有奔喪之義。光武從事簡約，既敕刺史、二千石無離城郭，又不得遣吏及因郵奏，不近事情。明此多一‘無’字無疑。蓋凡吊喪及赴葬，皆遣吏及因郵也。《廉范傳》肅宗崩，盧江嚴麟奉章云云，此則遣吏之證。”曹金華《後漢書稽疑》謂，“此説誤矣。《續漢書·禮儀志》載凡大喪‘故事：……部刺史、二千石、列侯在國者及關内侯、宗室長吏及因郵奉奏，諸侯王遣大夫一人奉奏’，《校勘記》‘及因郵奉奏’，‘及’字乃‘各’之誤。又其爲‘故事’，本紀載光武遺詔‘務從約省，刺史、二千石長吏皆無離城郭，無遣吏及因郵奏’，是勿許官吏擅離城郭及用督郵奉奏方式來吊祭也。《御覽》卷九十引《東觀記》作‘葬務從約省。刺史二千石長吏皆無離城郭，無遣吏及因郵奏’，《後漢紀》卷八作‘務從約省，刺史二千石長吏皆無離城郭，無遣使因郵奉奏’，皆有‘無’字。故《校補》引周壽昌説，謂‘此“無”字非多也’”（第51頁）。郵：古代傳遞文書的機構，有時也用來爲過往人員提供住宿。秦漢郵的設置有十里、二十里、三十里之别，對於環境險峻和道路狹窄處，可作變通處理。秦漢時期有專門傳遞文書的郵人，又有負責郵驛事務的“郵吏”，有“郵書掾”等。（參見高榮《秦漢的郵與郵人》，載《簡牘學研究》第4輯）

初，帝在兵間久，厭武事，且知天下疲秏，[1]思樂息肩。[2]自隴、蜀平後，非儆急，[3]未嘗復言軍旅。皇太子嘗問攻戰之事，帝曰："昔衛靈公問陳，孔子不對，此非爾所及。"[4]每旦視朝，[5]日仄乃罷。[6]數引公卿、郎、將講論經理，夜分乃寐。[7]皇太子見帝勤勞不怠，承間諫曰：[8]"陛下有禹湯之明，[9]而失黄老養性之福，[10]願頤愛精神，[11]優游自寧。"帝曰："我自樂此，不爲疲也。"[12]雖身濟大業，[13]兢兢如不及，[14]故能明慎政體，總攬權綱，[15]量時度力，舉無過事。退功臣而進文吏，戢弓矢而散馬牛，[16]雖道未方古，[17]斯亦止戈之武焉。[18]

[1]【今注】疲秏：困頓耗損。

[2]【李賢注】《左傳》曰："息肩于晉。"【今注】息肩：卸去負擔。

[3]【今注】儆：通"警"。

[4]【李賢注】《論語》："衛靈公問陳於孔子。曰：'俎豆之事，則嘗聞之矣；軍旅之事，未之學也（之，大德本作"知"）。'"【今注】衛靈公：春秋時期衛國國君，姬姓，名元，前534年至前493年在位。 案，此典故源自《論語·衛靈公》。

[5]【今注】旦：天亮。

[6]【今注】日仄：太陽偏西。仄，大德本、殿本作"側"。

[7]【李賢注】分猶半也。【今注】夜分：夜半。

[8]【今注】承間：趁機會。

[9]【今注】湯：商湯，亦稱成湯。商朝開國君主。在伊尹等人輔佐下滅夏，建立商朝。甲骨文稱湯爲唐、成、大乙等。清華簡《尹至》記載了商湯滅夏的過程。

[10]【李賢注】黄帝、老子。【今注】黄：黄帝。古華夏部落聯盟首領，姓公孫，居軒轅之丘，名曰軒轅。打敗炎帝神農氏，殺死蚩尤，代神農氏爲天子。因有土德之瑞，故號黄帝。詳見《史記》卷一《五帝本紀》。　老：老子。名耳，字聃。春秋時期思想家，道家學派創始人，著有《老子》一書。關於老子的姓名、身份、籍貫、生活時代以及《老子》一書的成書年代，學界存在較大争議。

[11]【今注】頤愛：頤即頤養，頤愛指保養愛護。

[12]【今注】我自樂此不爲疲也：成語"樂此不疲"的來源，因酷愛幹某事而不感覺疲倦。

[13]【今注】濟：成就。

[14]【今注】兢兢：小心謹慎貌。

[15]【今注】案，攬，大德本、殿本作"攬"。

[16]【今注】戢：收藏兵器。《説文》："戢，藏兵也。"　散馬牛：將戰事使用的馬、牛放散，比喻不興戰事。《禮記·樂記》載周武王勝商後"濟河而西，馬散之華山之陽而弗復乘，牛散之桃林之野而弗復服"。

[17]【今注】方古：與古代相媲美。

[18]【李賢注】《左傳》曰："於文，止戈爲武也。"【今注】止戈之武：《左傳》宣公十二年："於文，止戈爲武也。"即"武"字的字形由"止"和"戈"組成，故"武"的含義是"止戈"，停止戰争。然此説並不符合"武"字的本義。

論曰：皇考南頓君初爲濟陽令，以建平元年十二月甲子夜生光武於縣舍，[1]有赤光照室中。[2]欽異焉，[3]使卜者王長占之。長辟左右[4]曰："此兆吉不可言。"是歲縣界有嘉禾生，一莖九穗，因名光武曰秀。明年，方士有夏賀良者，[5]上言哀帝，云漢家歷運中衰，[6]當再受命。於是改號爲太初元年，[7]稱“陳聖劉太平皇帝”，以厭勝之。[8]及王莽簒位，忌惡劉氏，以錢文有金刀，[9]故改爲貨泉。或以貨泉字文爲“白水真人”。[10]後望氣者蘇伯阿爲王莽使至南陽，[11]遥望見舂陵郭，唶曰：[12]“氣佳哉！鬱鬱葱葱然。”及始起兵還舂陵，遠望舍南，火光赫然屬天，有頃不見。初，道士西門君惠、李守等亦云劉秀當爲天子。[13]其王者受命，信有符乎？不然，何以能乘時龍而御天哉！[14]

[1]【李賢注】蔡邕《光武碑文》云：“光武將生，皇考以令舍不顯，開宫後殿居之而生。”【今注】建平：西漢哀帝劉欣年號（前6—前3）。

[2]【李賢注】《東觀記》曰：“光照堂中（堂，大德本、殿本作‘室’），盡明如晝。”

[3]【今注】異：奇怪。

[4]【李賢注】辟音頻亦反。【今注】辟：通“避”。

[5]【今注】方士：方術之士，指從事方技和數術等迷信活動的人。　夏賀良：重平（今河北吴橋縣東）人。西漢末方士，甘忠可弟子，哀帝時任待詔，陳説漢家氣運已衰，須重新受命。其時社會危機嚴重，哀帝遂采其建議，以建平二年（前5）爲太初元年，改帝號曰“陳聖劉太平皇帝”，企圖以此挽救西漢統治危機。因無效果，他被以誣罔惑衆罪處死。

[6]【今注】歷運：天象運行所顯示的一個朝代的氣數、命運。

[7]【今注】太初：太初元將，西漢哀帝劉欣年號（前5年6月—8月），計三個月。案，中華本校勘記謂，“沈家本謂‘太初’下當有‘元將’二字，事詳《前書》”。

［8］【今注】厭勝：一種禳災、辟邪的巫術，指用詛咒或祈禱壓服、戰勝人、物或魔怪。

［9］【今注】金刀：古代貨幣。《漢書·食貨志上》："貨謂布帛可衣，及金刀龜貝，所以分財布利通有無者也。"顔師古注："金謂五色之金也……刀謂錢幣也。"王莽代漢後，嫉惡劉氏，而"劉"字由"卯、金、刀"組成，故王莽"去剛卯，除刀錢"，改稱錢幣爲"貨泉"。《漢書》卷九九中《王莽傳中》："夫'劉'之爲字'卯、金、刀'也，正月剛卯，金刀之利，皆不得行。"顔師古注："莽以劉字上有卯，下有金，旁又有刀，故禁剛卯及金刀也。"

［10］【今注】白水真人：古錢幣的別稱。王莽代漢後，將錢幣由"金刀"改稱"貨泉"。"泉"字由"白""水"兩字組成，"貨"字由"真""人"兩字組成，故"貨泉"亦稱"白水真人"。此亦暗喻劉秀。劉秀與其兄劉縯起兵於舂陵的白水鄉。

［11］【今注】望氣：通過觀察雲氣以預測吉凶的一種占候之術。馬王堆帛書《天文氣象雜占》載有望氣的圖象和判定吉凶的文字。

［12］【李賢注】唶，嘆也，音子夜反。

［13］【今注】西門君惠：漢代道士，王莽時人。《漢書》卷九九下《王莽傳下》："衛將軍王涉素養道士西門君惠。君惠好天文讖記，爲涉言：'星孛掃宮室，劉氏當復興，國師公姓名是也。'"國師公即劉歆，此時已更名劉秀。劉歆應此讖言謀反被誅。後西門君惠的讖言爲光武帝劉秀所用。　李守：新莽末南陽宛（今河南南陽市卧龍區）人，李通之父。初事劉歆，好星曆讖記，爲王莽宗卿師。子李通欲與劉秀舉事反莽，事覺被王莽所殺。本書卷一五《李通傳》："莽末，百姓愁怨，通素聞守説讖云：'劉氏復興，李氏爲輔。'常私懷之。"李守之讖言對劉秀、李通起兵發揮了較大作用。

［14］【李賢注】《易》曰："時乘六龍以御天。"【今注】乘時

龍而御天：《周易·乾·彖》："六位時成，時乘六龍以御天。""時"爲因時，"六龍"即乾卦飛、潛、躍等六龍。"時乘六龍以御天"指憑因不同時機分别運用飛、潛等六龍以駕御天道。

贊曰：炎正中微，大盜移國。[1]九縣飆回，三精霧塞。[2]人厭淫詐，神思反德。光武誕命，靈貺自甄。[3]沈幾先物，深略緯文。[4]尋、邑百萬，貔虎爲群。[5]長轂雷野，高鋒彗雲。[6]英威既振，新都自焚。[7]虔劉庸、代，紛紜梁、趙。[8]三河未澄，四關重擾。[9]神旌乃顧，遞行天討。[10]金湯失險，車書共道。[11]靈慶既啓，人謀咸贊。[12]明明廟謨，赳赳雄斷。[13]於赫有命，系隆我漢。[14]

[1]【李賢注】漢以火德王，故曰炎正。大盜謂王莽篡位也。《莊子》曰："田成子一日殺齊君而盜其國，向所謂智者，不及爲大盜積者乎（及，紹興本、大德本、殿本作'反'）?"【今注】炎正：漢爲火德，故稱"炎正"。案，中華本校勘記謂，"《校補》謂《文選》'正'作'政'"。 中微：中間式微。

[2]【李賢注】九縣，九州也。飆回謂亂也。三精，日月星也。霧塞言昏昧也。精，或爲"象"。【今注】飆回：意爲混亂、動蕩不定。飆，《説文》："扶搖風也。"指一種暴風、疾風、龍捲風。

[3]【李賢注】誕，大也。《書》曰："誕膺天命。"甄，明也。靈貺謂佳氣神光之類也。【今注】案，光武，中華本校勘記曰："《校補》謂《文選》'光武'作'世祖'。" 靈貺：神靈賜福。貺，《説文》："賜也。"

[4]【李賢注】幾者，動之微也。物，事也。沈深之幾，先

見於事也。《謚法》："經緯天地曰文。"【今注】沈幾先物：事物隱微的徵兆先於事物出現。　略：經略。

[5]【李賢注】貔，執夷，虎屬也。《書》曰："如虎如貔。"言其猛勇也（其，紹興本、大德本、殿本作"甚"）。【今注】尋邑：王尋、王邑。　貔：傳説中的一種猛獸，身形如虎豹。

[6]【李賢注】長轂，兵車。雷野，言其聲盛。《淮南子》曰："雷以爲車輿。"彗，埽也，音詳鋭反（詳，殿本作"議"）。【今注】長轂：兵車。《左傳》昭公五年："長轂九百。"杜預注："長轂，戎車也。"　高鋒彗雲：兵器的尖端蔽拂雲天，形容軍隊之盛。"高鋒"指戈、矛等兵器的尖端，"彗雲"指蔽拂雲天。案，中華本校勘記曰："《文選》'鋒'作'旗'。按：《校補》謂觀李注引東都主人曰'戈鋋彗雲'，則'旗'仍'鋒'之譌。"

[7]【李賢注】王莽初封爲新都侯。《史記》曰，周武王伐紂，紂衣其寶玉自焚而死。莽雖被殺，滅亡與紂同，故假以言之。

[8]【李賢注】虔、劉，皆殺也。《左傳》曰："虔劉我邊垂。"謂公孫述稱帝於庸、蜀，盧芳據代郡也。紛紜，喻亂也。梁謂劉永，趙謂王郎（紹興本、大德本、殿本末尾有"也"字）。

[9]【李賢注】三河，河南、河北、河東也。未澄謂朱鮪等據洛州（州，中華本改爲"陽"，校勘記引張森楷《校勘記》謂時無洛州，"州"當是"陽"之誤），未歸光武也。四關謂長安四塞之國。重擾謂更始已定關中，劉盆子入關殺更始，發掘諸陵也。

[10]【李賢注】《周禮》曰："析羽爲旌。"稱神者，猶言神兵神筭也。《詩》云"乃眷西顧"，《書》云"天討有罪"也。【今注】旌：用羽毛或犛牛尾裝飾的旗子。　遞：依次。

[11]【李賢注】《前書》曰："金城湯池，不可攻矣。"金以喻堅（喻，紹興本作"諭"），湯取其熱。光武所擊，皆失其險固也。《禮記》曰："天下車同軌，書同文。"【今注】金湯："金城湯池"的略語，指金屬造的城，沸水流淌的護城河，形容城池險

固。《漢書》卷四五《蒯通傳》："皆爲金城湯池，不可攻也。"顔師古注："金以喻堅，湯喻沸熱不可近。"

［12］【李賢注】靈慶謂符讖也。《左傳》曰："天啓之也。"人謀謂群不勸即尊號也（不，紹興本、大德本、殿本作"下"，底本誤）。《易》曰："人謀鬼謀，百姓與能。"贊，助也。【今注】靈慶：靈驗吉祥的符讖。

［13］【李賢注】《詩》曰"明明天子"。《淮南子》曰："運籌於廟堂之上，決勝千里之外。"赳赳，武皃也。【今注】謨：謀。中華本校勘記據《校補》引《文選》曰當作"謀"。 赳赳：威武雄健之貌。《詩·周南·兔罝》："赳赳武夫，公侯干城。"毛傳："赳赳，武貌。"《爾雅·釋訓》："赳赳，武也。"《説文》："糾，輕勁有才力也。"

［14］【李賢注】於赫，歎美之詞，音烏。《詩》云："有命既集。"系猶繫也。【今注】於赫：嘆美之詞。《詩·商頌·那》："於赫湯孫，穆穆厥聲。" 案，系隆我漢，中華本校勘記曰："《校補》謂《文選》作'系我皇漢'。又按：《集解》引錢大昕説，謂蔚宗宋人，不應有'我漢'之稱，此必沿東觀舊文。"